実務家教員への招待

人生100年時代の新しい「知」の創造

実務家教員COEプロジェクト編

学校法人先端教育機構
社会情報大学院大学出版部

発行に寄せて

社会の急速な変化に対応するためには、日々新たに必要となる知識や能力を更新し続けることが求められます。しかしながら、社会および産業界のニーズの把握は、単独の大学・研究機関のみで行うには限界があります。国の政策、文部科学行政において、初等教育から高等教育までの連接、交流が志向され、成果も出されていますが、次なる課題は、大学と社会との効果的な連携体制の構築です。産学の力を合わせ、知の拠点として価値を創出していく中で、重要な役割を果たすのは実務家、若手、女性などの多様な人的資源の有する豊富な実務経験です。実務経験を体系的に整理して、必要とする人に伝えていくことは、まさに知の好循環であり、学び続けながら個人も地域も成長し続ける社会が実現します。

少子高齢化、人口減少、東京一極集中、グローバル化に伴う諸問題、科学と倫理の相克、ＡＩと人間の関係性など、人々が立ち向かうべき課題は、複雑さを増しています。変化の激しい現代社会において、大学もまた、進化の時を迎えています。

大学生が自立し活躍するための大学教育の役割は、学問の追究に限りません。昨今では、社会での実践に結びついた教育を同時に行うことの重要性が増しており、そのためには、豊富な実務の経験を有する社会人が「実務家教員」として大学の教壇に立ち、実践で培ってきた知を大学教育に生かしていくことが不可欠です。

同時に社会人もまた、予測困難な社会において、知識やスキルを頻繁にアップデートしていくことが求められ、近年では、社会人が自身のキャリア形成や職業上の必要性に応じた学び直しをする「リカレント教育」が、注目を集めるようになっています。このリカレント教育の現場においても、これまでの実務の経験で培ってきた知見を体系化して、正しく伝えることのできる実務家教員は、重要な役割を果たすと期待されています。

文部科学省では、高度専門職業人の養成を担う専門職大学院において、専任教員の3割、特定の職業のプロフェッショナルの養成を担う専門職大学では専任教員の4割を、実務家教員が担うことを定めています。大学においては、学生の修得単位の1割以上の授業科目を実務家教員が担当することが求められています。さらには、実務家教員の登用促進のみならず、実務家教員養成の仕組みの構築にも力を入れています。

本書でご紹介する「持続的な産学共同人材育成システム構築事業」は、その代表的な事例です。

実務の領域において豊富な経験を持つ社会人が実務家教員として活躍することは、次世代を担う若者への教育ニーズを満たすために有用であることはもちろんですが、企業がグローバルな水準で競争力を発揮することにも資するものです。

企業が送り出した最先端の知見を持つ実務家教員が大学で授業を行い、社会で役立つ実践力を身に付けた若者が輩出されることは、社会全体に活力を与え、企業組織の生産性向上にもつながります。また、豊富な経験を持つ社会人が実務家教員として培ってきた能力は、企業の研修や企業内大学などの現場を通じて、企業内に蓄積される知識の継承に生かすことにもつながります。豊富な経験と多様な価値観から創出される議論や研究は、激動の時代に立ち向かう教養となるでしょう。

私ども学校法人先端教育機構は、「知の実践研究・教育で、社会の一翼を担う」ことを理念に掲げ、教育を通して社会に貢献してまいります。実務の最先端の現場で活躍する数多くの実務家教員の協力を得ながら、経営資源を探し出して新事業を考える高度専門職業人を育成する事業構想大学院大学と、経営の中核を担う広報・情報のスペシャリストを育成する社会情報大学院大学の二つの専門職大学院を運営しており、その中で、いち早く実務家教員養成の仕組みを整えることの重要性を認識し、「実務家教員養成課程」を設置いたしました。実務家教員として大学教育やリカレント教育の一翼を担うためには、実務能力だけでなく、基本的な教育指導力や研究能力を磨くことが重要だという知見を得て、実績を重ねています。

本書では、これまでの私どもの実務家教員養成に関する取り組みと考えをご紹介するとともに、実務家教員について最先端の知見を保有する全国の大学や企業の方々と共に、実務家教員の社会的位置付けや期待、課題について議論をいたしました。加えて、現在実際に実務家教員として活躍する方々や実務家教員を活用する教育機関から、実務家教員として活躍するための要件を抽出し、公開をしながら、変化に迅速かつ柔軟に対応できる教育研究システムの構築に挑戦しています。

本書を通じて、読者の皆さまがこれまで実務で培ってきた経験を体系化し、若者や社会人にその知識を伝達していく実務家教員となることの魅力を感じていただけますと幸いです。

また全都道府県の大学、地方自治体の皆さまと将来像の議論や情報交換の場をいただきながら、未来を築く人材育成と研究を共に成し遂げることができたらと願っております。

学校法人 先端教育機構

理事長　東 英弥

はじめに
——あなたの「経験」を、次世代に継承できる普遍的な「知識」へ

今、大学教育において、社会人の生きた実務経験が求められています。

高度に複雑化した現代社会においては、学術界の知見だけでは解決できないさまざまな課題が生じている一方で、産業界もまた、常に最先端の学術的知見を取り入れる必要に駆られています。

こうした状況において、産業界と学術界を往還し、高度な経験と最先端の学術知を併せ持ち、それらを適切な方法で教育できる「実務家教員」が求められています。それは、社会のさまざまな現場に存在する実践知を、次世代の人々に教育を通じて継承していくことのできる形式知へと変換し、体系化することのできる人材であり、「教育変革のエージェント」と呼ぶべき新しい教育者です。実務家教員には、その配置が制度上求められている専門職大学や専門職大学院といった教育機関だけでなく、大学、専門学校、民間教育、リカレント教育、組織内研修、企業内大学といった多岐にわたる教育の場面での活躍が期待されています。

本書は、今まさに社会に求められる実務家教員をテーマとした本です。実務家教員をめぐる社会的背景や政策動向（第1部・第2部）、教育機関や産業界で活躍する実務家教員の事例（第3部）、さらには、実務家教員が活躍するために必要な能力とそれを養成するための仕組みのあり方（第4

部）など、実務家教員をめぐる多様なテーマについて4部構成で議論しています。

本書は、実務家教員に興味を持つ多様な方々に読んでいただくことを想定しています。第1章から順に読み進めていくことで、実務家教員についての理解を段階的に深められるように配列していますが、各章は互いに独立して書かれていますので、関心を持った順に読んでいくこともできます。ここでは、本書の読み進め方を、読者の皆さまのタイプ別に三つご提案します。

まず、本書で初めて実務家教員という言葉を知った方は、具体的なイメージをつかむために、第3部の「実務家教員が活躍する現場から―事例編―」を最初に読むとよいでしょう。

第7章の「体験的『実務家教員』論」では、現役の実務家教員が、企業で培ってきた経験をどのようにフレーム化し、教育に落とし込んでいるかを解説しています。併せて、産学がボーダレス化しつつある現在、実務家教員を活用しイノベーションを加速するためにどのような施策が組織に求められるかについても議論しています。

第8章の「感覚的な暗黙知の継承」は、「美」という極めて感覚的な暗黙知を教育するために、実務家教員や教育機関がどのような工夫を凝らしているかを解説しています。感覚的な暗黙知、言い換えれば「センス」をどのように言語化・体系化すべきかというテーマは、実務家教員をめぐる議論の大きなテーマの一つです。本章はその点に示唆を与えてくれます。

第9章「教育機関で活躍する実務家教員」と第10章「ビジネスの現場で活躍する実務家教員」

では、さまざまな場面で活躍する実務家教員のほか、実務家教員を活用する教育機関や企業などへのインタビューを通じて、実務家教員の役割や期待、さらには課題を浮き彫りにしています。こうした事例を通じて、実務家教員というキャリアについての理解を深めていただくことが、本書の役割の一つです。

次に、実務家教員を活用したいと考える教育機関や企業などの方には、第3部で提示される事例に加えて、第2部「実務家教員とリカレント教育」を読むことがヒントになるでしょう。

第4章「実務家教員を目指す方に知っておいてほしい『社会人学習』の現状と実務家教員の役割」では、昨今「社会人の学び直し」が注目されている理由について分析を加えるとともに、実務家教員が「実務家」であることの意義について解説します。

第5章「経済界からのリカレント教育と実務家教員への期待」と第6章「大学から見たリカレント教育と実務家教員」では、リカレント教育における実務家教員の役割と課題について、産業界と学術界の双方から検討しています。

理論と実践の両面を学ぶ「専門職大学」や、専門学校における「職業実践専門課程」など、実務直結型の教育課程が整備されつつある現代社会において、実務家教員の効果的な活用について検討するためには、「リカレント教育と実務家教員」の関係性から学ぶところは大きいと思われます。なお、実務家教員を育成するための教育プログラムを自らの組織で開講したいと考えている場合には、後述する第4部が参考になります。

最後に、今まさに、自身の経験を社会の財産へと昇華し後世に継承していく、実務家教員というキャリアを選ぼうとしている方は、ぜひとも第1部の「実務家教員をめぐる理論と実際」から順番に読み進めてほしいと思います。

第1章「実務家教員とは何か」では、実務家教員が求められるに至った社会的背景や、実務家教員に必要な能力について、学術理論を踏まえつつ解説しています。

第2章「専門職教育と実務家教員の養成」では、専門職教育における実務家教員の役割に関する検討を通じて、実務家教員として任用される前に身に付けておくべき基本的な考え方や視点を提供します。

第3章「実務家教員に必要なFD（ファカルティ・ディベロップメント）」では、実務家教員が継続的にアップデートし続けるべき能力が「暗黙知を既存の学問知と結び付ける」営みであることを説明します。併せて、その能力を開発するための学びのあり方についても検討しています。

第1部に続けて第2部、第3部と読み進めることで、自身がどのような教育の場で活躍するか、どのような授業を受け持つか、といった事柄についてイメージを膨らませることができるでしょう。その上で本書は、第4部「実務家教員への招待」において、実務家教員を養成するための具体的な取り組みを紹介しています。第11章「実務家教員養成プログラムの構想と展開」では、文部科学省「持続的な産学共同人材育成システム構築事業」に採択された教育機関によるプログラムを紹介します。併せて、第12章「学術界と産業界を架橋する実務家教員養成のあり方」と、それに附随するコラムでは、２０２０年３月末現在、実務家教員の育成に特化した教育プログラムとして全国に先駆けて開講されている、社会情報大学院大学の「実務家教員養成課程」についても解説しています。第４部を通じて、実務家教員になるために求められる具体的な学びのイメージをつかんでいただけると幸いです。

本書の最大の目的は、読者の皆さま一人一人に、自分なりの「実務家教員」へのイメージを持っていただくことにあります。単に実務家教員を称揚するのではなく、そもそも実務家教員とはどのような人たちか、実務家教員が求められるに至った社会的・政策的背景はいかなるものか、実務家教員になるためにはどのような能力が必要かといった事柄についての情報や議論、事例を各章でできるかぎり分かりやすく紹介することを通じて、実務家教員をめぐる議論の土台づくりをしたいと考えています。

一人でも多くの読者が、ご自身の「経験」を次世代に継承できる普遍的な「知識」へと体系化し、継承していく志を持つ実務家教員に関心を持ち、実際に実務家教員になるための行動を起こしていただければ幸いです。

２０２０年３月

編者一同

目次

第4部　実務家教員への招待

第1部

実務家教員をめぐる理論と実際

第1章 実務家教員とは何か

社会情報大学院大学 教授、先端教育研究所 所長
川山 竜二

はじめに

本章は、現代社会に求められる実務家教員像を明らかにすることを目的としている。本章ではまず、現代社会が知識社会であることを述べ、知識社会に《実務家教員》としての能力を持った者が必要であることを明らかにする。次に、実務家教員として備えるべき能力の三要素である実務能力・教育指導力・研究能力とはどのようなものかを整理する。そして最後に、実務家教員への期待と課題を述べる。

実務家教員が求められる社会的背景

Society 5.0と知識社会

2016年に閣議決定された「第5期科学技術基本計画」にSociety 5.0という社会像が映し出された。Society 5.0は、サイバー空間（仮想空間）とフィジカル空間（現実空間）を高度に融合させたシステムにより、経済発展と社会的課題の解決を両立する、人間中心の社会（Society）と定義されている。このSociety 5.0を筆者なりに解釈すると、「知識社会」の実現であると考えている。

Society 5.0の問題意識として、これまでの情報社会（Society 4.0）では知識や情報が共有されず、分野横断的な連携が不十分であるという問題が指摘されている。Society 5.0で実現する社会は、IoT（Internet of Things）やAI（人工知能）を利活用することで、さまざまな知識や情報が共有され、今までにない新たな価値を生み出せるようになる社会である。ここで重要なことは、Society 5.0の本質は、情報技術そのものを含め、情報技術によって伝達されるあらゆる知識や情報を利活用する社会だということにある。

知識社会をめぐる議論は、1968年にP・ドラッカーが『断絶の時代』で提唱したことに端を発している。「財の経済から知識の経済へ」の移行がうたわれ、知識が生産要素の一つとなる。生産要素である知識への投資が進み、新たな知識が作られるスピードも速くなる。その結果、文理を問わず急速な技術革新が起こる。新たな知識を仕事に応用させるには日々学ばざるを得なくなる。

まさに、知識や情報を利活用することが社会のさまざまな領域の基盤になるという知識社会の特徴を表している。ありていにいえば、社会が高度化・複雑化したことで、多様な知やスキルを要求されるようになったのである。

OECDは『知識経済』（1996年）という報告書において、「知識経済」を「知識や情報の生産、流通、利用を直接的な基盤とする」と定義している。知識や情報が直接的な社会生活の基盤となる中で、知識や情報の生成は極めて多くなる。実はこの知識や情報の生産量が多くなり、利活用が重要になるというだけでいくつかの課題が生じる。

一つ目の課題は、大量の知識や情報を流通させるためには、それ相応のインフラが必要になる点である。この課題は、大容量のネットワーク通信の開発と整備をするというおおよその道筋が立っている。

二つ目の課題として挙げられるのは、大量の知識や情報を整理するための知識（メタ知識）が必要になることである。知識社会では、富の源泉となるそれぞれの領域で細分化された知識が大量に生産される。そうした専門的知識を利活用するためには、「知識のための知識」に基づく知識のマネジメント能力によって、知識を総合する力が不可欠になる。この課題は、知識や情報の利活用を促すために重要な視点であるが、これまであまり注目されてこなかった。

そして三つ目の課題は、知識や情報が絶えず生成されるのであれば、知識や情報の陳腐化のスピードも速くなることである。したがって、知識のアップデートが必要となってくる。そのためには学校教育を終えた後でも、最新の知識を維持するための「継続教育」が必要である。これは最近注目されているリカレント教育と関係する。

以上のうち、後者二つの課題である「知識のマネジメント」と「リカレント教育」の課題を解決する鍵が「実務家教員」である。

リカレント教育の台頭とハイパー・ラーニングソサエティ

現代社会では、絶えず知識が変化し続けるので、常に新たな知識を習得する必要が生じてくる。このような知識社会においてリカレント教育の台頭は必然である。こうした状況にあって、ドラッカーもまた、知識社会を担う者を養成するためには専門知識を身に付けるための学校教育と、最新の知識を維持するための継続教育が必要であると述べており、昨今注目されるところのリカレント教育の重要性を示唆している。

では、昨今注目されている「社会人の学び直し」とも称されるリカレント教育とは何かを確認してみよう。

リカレント教育の定義は、OECDの報告書『リカレント教育』（1973年）に見られる。

リカレント教育とは、学校教育が終了した後生涯にわたって教育を何度でも、つまり、仕事やそのほかの余暇などの諸活動とクロスさせながら、分散することである。リカレント教育の目的は、生涯にわたって不断に新しい知識や経験を吸収し、新しい状況にその都度適応することに役立て、また人々が自分の運命を自分で司る能力を高めることに役立てることである。

OECDは、リカレント教育には二つの側面があると指摘している。一つめは、自分自身がこれまで蓄積してきた経験を整理し、一般的な枠組みの中に置き直し、自分自身の生活との関連を検証することである。二つめは、《仕事と関連した》教育である。

先にも言及したが、高度に複雑化した社会では、さまざまな知識が大量に必要となる。そのために従来は、学校教育の期間を延長することによって解決しようとしてきた。しかし、一度習得した知識もますます急速に陳腐化することを踏まえると、生涯の初期に教育期間を集中させることは、必ずしも最善の解決策とはならない。これに対してリカレント教育は、学校教育の期間を延ばすのではなく、学校教育修了後の必要に応じて学び直すことを想定する。これは学び手が必要性を感じてモチベーションが高い状態で学習することを可能にする。また、教育を受ける機会を生涯にわたって延ばすことにより、いわゆる「学歴社会」の弊害を打破できる可能性もある。つまりリカレント教育には、学校教育の期間を延長していくという考え方に対する別の解決策を与えるという側面がある。社会人の学び直しにとどまらず、教育のあり方の戦略として、リカレント教育は提示されているのである。

リカレント教育は、教育領域における変革のみを意図しているのではない。社会全体の仕組みの抜本的な変革をも意図するものであり、それなしには成果は出ないものであろう。というのも、例えば社会人が学び直しをするためには、働いている職場の理解が不可欠であるからである。つまり、リカレント教育の推進のためには、社会的、経済的、労働市場（産業界）的諸政策と緊密な調整が必要になる。そうした社会全体の教育の意識改革も意図されているのがリカレント教育である。

読んで字のごとく知識が社会の基盤となり、常に知識が作り出され、作り変えられることが盛んになる知識社会において、誰もがいつでも学べるような仕組みを整備することの重要性を提起した人物に、R・ハッチンスがいる。シカゴ大学の学長であったハッチンスは、全ての成人にいつでも自由に学習する機会を提供するだけでなく、真の人間になるためにも学習に基礎を置く価値観を持つ社会を「学習社会（learning society）」と呼んだ。学習社会においては、誰もが自由に学習機会にアクセスできることが重要となる（学びのユニバーサル・アクセス）。ただしハッチンスは、人材の養成を教育の目標とすることはありえないと言い、リカレント教育のように職業教育やキャリアメイクのための教育には消極的な態度を取っている。ハッチンスの考えを「ラーニングソサエティ（学習社会）」とするのであれば、現状は「ハイパー・ラーニングソサエティ（超学習社会）」と言えるのではないか。現在の社会状況から見ると、学びのユニバーサル・アクセスを越えて、学びのユニバーサル・アテンダンスへ状況は変化しているということである。つまり、生涯を通じて学習することを自身の選択で自由に行い、またその学習成果について自身で責任を負うこと。言い換えれば、新しい知識を習得する、しないの自由は保障されているが、その選択結果は個人の責任となるし、学びの内容についても、自身のキャリアメイクという形で自身に跳ね返ってくることになる。個々人が自発的に学び直しをすることを社会が既に期待しており、個人の学習が社会に組み込まれている状態になっているのではないか。こうした学びのユニバーサル・アテンダンスな状況を、本章では「ハイパー・ラーニングソサエティ（hyper-learning society）」と呼ぶことにしよう。こうしたリカレント教育とハイパー・ラーニングソサエティを支える人材が実務家教員なのである。

このように考えると、社会人に対する教育の重要性がますます高まっていることが分かる。社会人に対する教育の担い手はさまざまに想定されるが、その一端は実務家教員が担っている。というのも、実務を行う上での職業的な知識や技能を教育する役目を実務家教員が担っているからである。実務上、どのような知識が必要なのか、そしてどのようなスキルがいかなる場面で必要であるかを、実務家である実務家教員は知っているからである。

高等教育のあり方と質保証に向けて

これまで述べてきた社会状況の変化に対応するため、高等教育機関においてもさまざまな変革が求められている。そもそもなぜ、実務家教員がクローズアップされているのだろうか。今般文部科学省から公表された「２０４０年に向けた高等教育のグランドデザイン」にも、実務家教員養成プログラムの開発が掲げられている。より広い文脈で考えてみると、実務家教員のなすべき役割が見えてくる。実務家教員が大学改革におけるキーワードとなるには、それなりの理由があるだろう。

例えば、いわゆる「高等教育の無償化」の機関要件を見ると、「社会で自立し活躍できるように、学問追究と実践的教育のバランスの取れた質の高い教育を実施する大学等を機関対象」にするとしている。その機関要件の中には、「実務経験のある教員等による授業科目が一定数以上配置されていること」がある。高等教育機関において学問追究と実践的教育が求められており、その担い手として実務家教員が期待されている。

高度に複雑化した社会では、さまざまな知識やスキルが要求されるようになった。こうした知識生産に対応する社会制度が大学である。大学は、従来より学部学科というディシプリンが基礎となる知識を生産する社会組織である。こうした学部学科制度に依拠した知識生産の方法は、高度に専門的な知識をもたらしたが、社会と学問の間に大きな乖離を生み出すことになった。

それらに対応するため、学際領域の発明や大学の中に研究センターなどをつくり、社会から大学に対するストレスを緩和させてきた。これらは、学問と学問の隙間を埋めようとする努力であった。ところが、それでは現代社会が要求する知識やスキルを満たすことは困難な状況になっている。いまや、学問と学問の隙間ではなく、学問と社会、あるいは学問とほかの社会領域の隙間を埋めなければならないのである。この点は教育でも同じである。大学教育は、学問的な専門分野を基盤に教育課程を編成している。専門分野を基礎とした専門能力を身に付けることも重要ではあるが、それをそのまま生かして社会人のキャリアをたどるわけではない。ほとんどの学生は、学問的な専門分野の知見をそのまま使うことはない。そのためには、大学の従来からの知と、社会から要求されるさまざまな知識やスキルを融合させなければならない。社会に散在する知識やスキルを結晶化させることが必要である。社会に散在する知識やスキルの担い手は、現に活躍する実務家である。そうした意味で、実務家教員の期待と責任は大きい。

とはいえ、実務経験のある実務家がそのまま大学などで指導することは難しい。今後、実務家教員の役割が高まれば高まるほど、実務家教員の質が高等教育の質を左右することになる。

したがって、実務家教員には実務家教員たるための能力開発が必要となる。

実務家教員とは何か

実務家教員とは何か

では、複雑化した現代の社会課題に対応するために、多様な知やスキルをどのように獲得すればよいのだろうか。先に述べたように、伝統的に新しい知を生み出す役割を果たしてきたのは大学である。ところが、従来の大学の学部などに代表されるような学問体系に依拠した知識生産だけでは、社会からの多様な知やスキルの要求に対応できなくなってきている。既存の学問体系を越えた知の生産をいかにして行えばよいのか。

社会から要求される多様な知やスキルの需要に応えるためには、社会の中に分散して埋め込まれている知やスキルを掘り起こして、新しい実践知＝専門知として誰もが利用できる形にしなければならない。では、その社会に散在する知やスキルを実践知＝専門知にしていく担い手は誰か。

実社会での経験を持つ企業人（あるいは広く実務家といってもよい）が、多様な知やスキルを実践知＝専門知にする担い手であると考えられる。実際、企業などでの経験をもとに大学の教壇に立つ方々は、実務家教員と呼ばれている。これから実務家教員の役割は、ますます大きくなっていくだろう。先ほど述べたように、社会が要求する知やスキルを実践知にしていく役割が実務家教員には求められているからである。

もちろん、実務家が経験したことがそのまま即、実践知＝専門知になるわけではない。これまでの専門分野の知の結晶である理論と、実務家が経験してきた経験知を融合させながら、新しい実践知＝専門知を形成していくことが求められる。こうした実践と理論の融合こそが、現在の複雑化した社会課題を解決するための「新しい知」となっていく。そういった意味で、学問の専門分野に基づいて研究をするのが研究者教員であるとするならば、実務経験から実践知の体系化を図るのが実務家教員である。

実務家教員に類似した言葉に「社会人教授」という言葉がある。この社会人教授と実務家教員の概念はイコールではない。社会人教授はどちらかというと、社会人経験を経て大学院へ進学し、研究者へとキャリアチェンジした人を指す。本章で述べている実務家教員とは少し趣を異にする。実務家教員で重要なのは、自ら実務経験を持ち、その実務経験そのものを体系化することである。

そのような意味で実務家教員像のモデルとして挙げられるのは、『科学的管理法』で知られるフレデリック・W・テイラーである。私はここでテイラーを、経営学あるいはマネジメントの領域に特化した実務家教員として取り上げたいのではない。彼が積んできた研究スタイルと姿勢を参考にしたいのである。テイラーは法学部の出身であり、マネジメントを直接的に修めたわけでもないし、いわゆるアカデミシャンの訓練を受けていない。詳細は経営学史やテイラー研究に譲りたいが、健康上の都合で工場見習いからスタートし、工場管理のコンサルタント経験を経て、ハーバード大学で経営管理論の講義を行った。

テイラーは、砂をシャベルですくうような肉体労働という実務経験を持ち、その実務を研究したのである。今から見れば、典型的な、そして理想的な実務家教員の経歴である。今でこそ『科学的管理法』は、経営学の基礎を超え古典となっている。しかし当時は、マネジメントや業務管理そのものが研究や観察の対象となっていなかった。そのような状況でテイラーは、自分自身の経験をもとに、日々の業務改善を体系化したのである。

『科学的管理法』を読んでみると、専門用語で書いているわけでもなく、学術論文を多く引用しているわけでもない。テイラーの手法は、実務家教員に必要な実務への省察の結晶である。自らの実務を個々の動作に分解して、丁寧に実務と向き合い、他者を説得するように体系的に分かりやすく描かれている。実務家教員として必要な実務を体系化するエッセンスが盛り込まれている。

テイラーから引き出せる実務家教員像は以下の通りだ。一つめは、自身の行っている実務を当然視せずに、観察することである。二つめに、自身の実務にはどんな目的があるのかを見定めることである。そしてどのような場所で、なぜ役立つのかを意識すること。三つめに、実務で活用する知見を言葉にすることである。当時は、経営学もマネジメントも研究として見なされていなかった。しかし、テイラーは工場現場の労使対立の深刻さを憂い、どうにかしなければならないと考え、実務研究を続けたのである。今日、当然視されていて体系化されていない実務が、これから実践知として評価されることが出てくる。ぜひ実務家教員の研究という観点から『科学的管理法』を読んでみてほしい。業務を自明視せず、自分自身の業務を観察してほしい。本人が思っている以上に、自身の経験は言葉になっておらず、体系化もされていない。

歴史的背景――大学設置基準・専門大学院・専門職大学院・専門職大学

日本において、実務についての専門的な知見を教えることの歴史は、おそらく明治期の「お雇い外国人」にまで遡ることができるだろう。しかし、昨今の注目されている実務家教員との連続性があるわけではない。

実務家教員と関係する範囲に限って歴史を遡ると、1985年8月、大学設置基準の教授資格に社会人からの大学教員の任用を認める「専攻分野について、特に優れた知識及び経験を有し、教育研究上の能力があると認められる者」が追加されたところに端緒がある。この背景には「教育改革に関する第一次答申」において、「高等教育の高度化、個性化」が求められていたことがある。この段階においては、高等教育の改革による大学の活性化の一つの方策として、実務家教員の登用が意図されていたことになる。

１９９８年、大学審議会にて「21世紀の大学像と今後の改革方針について」の答申が出された。この答申では、「特定の職業等に従事するのに必要な高度の専門的知識・能力の育成に特化した実践的な教育を行う大学院修士課程の設置を促進する」ことが提言された。同答申を受けて、１９９９年に高度専門職業人の養成に特化した大学院の修士課程としての「専門大学院」が制度化された。こうした制度化の背景には、21世紀は「知」の時代であり、社会が高度化・複雑化したことにより、今まで以上に高度で専門的な職業能力を有する人材が必要とされるようになったという認識がある。ところが、専門大学院は既存の修士課程の枠内で行われたこともあり、現在制度化されている専門職大学院と異なり、実務家教員を積極的に配置する構成になっていなかった。

２００２年、専門大学院を発展的に解消させる形で、専門職大学院が制度化された。その背景には、科学技術の進展や社会・経済のグローバル化に伴う、社会的・国際的に活躍できる高度専門職業人養成へのニーズの高まりが挙げられている。専門職大学院は、専門大学院のように既存の修士課程の枠ではなく、「高度の専門性が求められる職業を担うための深い学識及び卓越した能力を培う」新たな大学院の専門職学位課程として、創設されることとなった。そしてこの制度に基づいて、多くのビジネス・スクール（ＭＢＡ）、法科大学院や教職大学院が誕生している。

専門職大学院設置基準という法令には、実務の経験や能力を生かして専門職教育を行うのが実務家教員と明示的に定められている。実務家教員は概ね5年以上の「専攻分野における実務の経験を有し、かつ、高度の実務能力を有する者」（専門職大学院設置基準第5条第4項）と定義されているのである。これによって、法科大学院で2割以上、教職大学院で4割以上、一般的な専門職大学院では3割以上の実務家教員を配置することが必須条件となった。

2019年4月には、理論にも裏付けされた高度の実践力を持ち、専門業務を牽引でき、社会の変化に対応し新たな価値を創造できる人材を育成する専門職大学制度がスタートした。この制度に基づく専門職大学・専門職短期大学は、実践的な職業教育を高等教育レベルで行う教育機関である。これによって、1964年に短期大学が制度化されて以来、55年ぶりに大学体系に新しい大学の種類が追加された。学校の種類を規定している「学校教育法」の第1条に専門職大学、専門職短期大学が条文として加えられたのである。専門職大学は、各種学校に分類される専門学校と異なり、いわゆる一条校であるため、文教振興政策の恩恵を相対的に受けやすい。その代わり、大学卒業の証明としての学位の授与にあたって、大学の教育課程と同程度の教育の水準が求められている。つまり、実践的な職業教育だけでなく、それを支える教養を教授することで、実践と教養を学生がバランスよく修得できる教育機関が目指されている。

社会の高度化に伴い、さまざまな専門職業の必要性が高まっていることは言うまでもない。

さらにＩＣＴの発達により、既存の専門職業ですら職業の高度化が求められているのではないだろうか。また、他方で大学改革が叫ばれて久しい。専門職大学のような高等教育機関が創設される背景には、社会的要請も当然ある。何が問題なのかといえば、端的にいえば社会と大学の関係の希薄化であろう。それはどのように社会とつながるのかという点に関わってくる。それは大学の教育や研究内容が役立つであるとか、役立たないといった次元の話ではない。かつて教育社会学者のマーチン・トロウは、社会変動によって大学の機能が変化すると説いた。例えば、大学教育の生涯化（はやりの言葉で言えばリカレント教育）への役割を思い浮かべればよいだろう。大学が社会の変化に合わせてどのような役割を果たすべきか、再検討することが求められているといえよう。

実務と理論の架橋は、専門職大学院が設置されたときから目指されていた。だが、それだけで実務と理論の架橋となり得たであろうか。専門職大学が大学教育と同様の教育課程を求められているのであれば、まさに実務と理論の架け橋の実践は喫緊の課題である。学位として認定する以上、体系的なカリキュラムが存在するはずである。体系的なカリキュラムを下支えするのは、これまでの学術的蓄積と結びついた理論であるはずだ。

まさに、課題はそこにある。「実務と理論の架橋を考えるための」理論枠組みが必要なのではないか。そのためには、実務と理論の往復を絶えず実践していくしかない。その教育方法は果たしてどうするのか。専門職大学の教育的成功は、実務と理論の架け橋の具体化が鍵を握っているといえるだろう。

そもそも専門職大学などの新教育制度の創設によって、教育の選択肢が広がることについて反対する者はいないだろう。日本の教育制度は、これまで単線型教育を取ってきた。専門職大学制度の成否によっては、キャリアトラックの複線化も見えてくる。また、ドイツやフランスの職業教育とも異なる、日本独自の教育制度として発展する可能性もある。

そのためにも、現代社会や産業界において必要な専門職業人としての知識やスキルを整理して、大学と同様の水準の教育課程を構築する必要が生じてくる。これからの職業教育の体系化と高度化には、実務家あるいは専門職業としての知見が必要となる。

実務家教員に必要とされる能力とは何か

実務家教員に必要とされる能力とは

実務家教員としての必要な条件は何だろうか。一つは専門職大学設置基準に示されている通り、専攻分野における実務能力と経験である。そして、教員としての教育指導能力が求められていることは言うまでもないであろう。

ところが、今般制度化された専門職大学の設置基準においては、次のような要件が加えられた。必要とする専任実務家教員の2分の1以上は、研究能力を併せ有するものでなければならない。つまり、すべての実務家教員に必須ではないにしろ、これまでの実務能力と経験そして教育指導能力のほかに研究能力までもが求められるようになっているのである。この研究能力とは、研究者教員のそれとは異なる。それは、まさに実務経験という暗黙知をどのように形式知化し、体系化した実践知（専門職知）とすることができるのかという問いに答えるための能力である。この課題は、看護でもビジネス・マネジメントでも行政でも介護でも、理論と実践を架橋することで展開される全ての専門職教育に共通する。

実務家教員や専門職教育に求められているのは、「理論と実践を架橋する」ための方法論である。そうした実践知を体系化する方法論として、省察的実践（＊1）やナレッジ・サイエンス（＊2）、知の理論（ＴＯＫ）（＊3）など、手がかりとなるものは無数にある。

よく考えてみれば、実務経験・教育指導能力・研究能力はそれぞれ関連し合っている（図表1－1）。つまり、自分の実務経験を振り返って、その経験を第三者から見ても分かるように体系立てて整理し、従来の通説（理論）と比較をする。体系立った経験知だからこそ、系統的な教育が可能となるわけである。そうして蓄積された知が、新たな実務経験や専門職業を遂行する上での手がかりとなる。つまり、実務家教員としての三つの素養は、何も実務家教員だけにしか使えないものではない。何気ない日常の業務でも役立つ汎用性のある能力なのである。

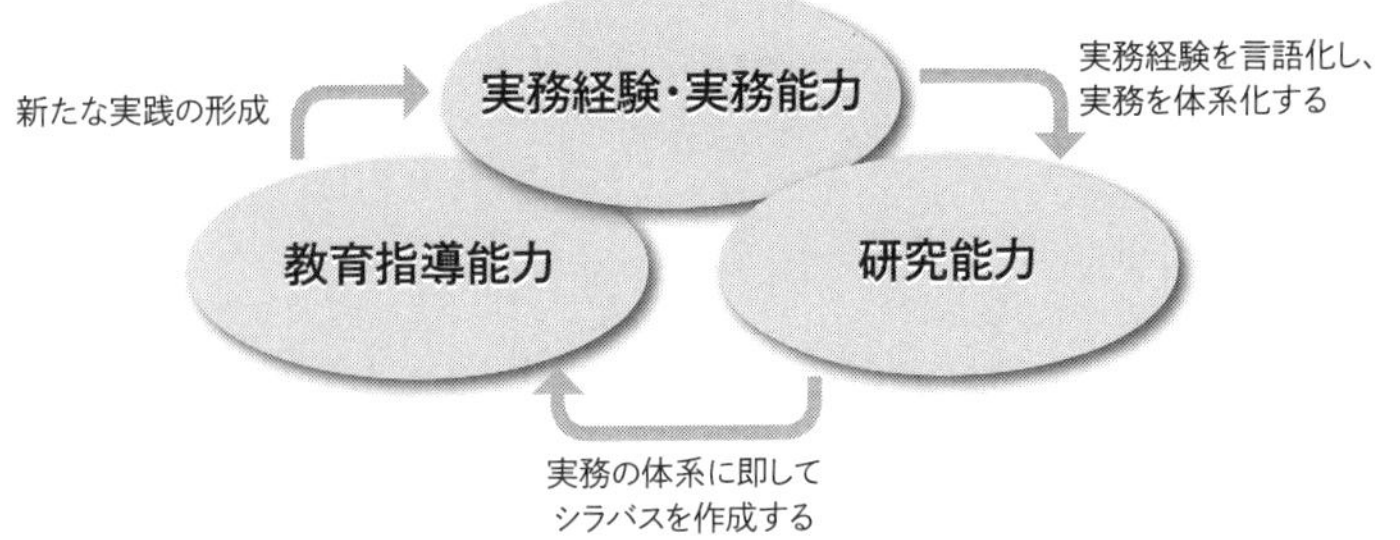

新たな実践の形成
実務経験・実務能力
実務経験を言語化し、
実務を体系化する
教育指導能力
研究能力
実務の体系に即して
シラバスを作成する

図表1-1　実務家教員に必要とされる3能力

ここで実務経験、教育指導能力、研究能力をそれぞれ考えることにしよう。

実務経験

専門職大学院設置基準などの法令が定める実務家教員は、「専攻分野における実務の経験を有し、かつ、高度の実務の能力を有する者」（専門職大学院設置基準）である。その実務経験は概ね5年以上とされる。おそらく、ここで疑問となるのは「専攻分野における実務経験」とは何を指すのかという点である。ここでいう「専攻分野」というのは、文部科学省が示す「学部の種類」の専攻分野のことを指している（図表1－2）。

例えば自分にマーケティングの実務経験があるとしたら、それは「マーケティング」の授業を担当する実務家教員ということになる。マーケティングの専攻分野は「経営学」であり、「経営学」は図表1－2でいうと4の経済学関係となる。実務経験を専門分野で厳密に区別して運用しているわけではないが、自

1. 文学関係	2. 教育学・保育学関係	3. 法学関係
4. 経済学関係	5. 社会学・社会福祉学関係	6. 理学関係
7. 理学関係	8. 工学関係	9. 農学関係
10. 家政関係	11. 美術関係	12. 音楽関係
13. 体育関係	14. 保健衛生学関係（看護学関係）	
15. 保健衛生学関係（看護学関係を除く）		

図表1-2　文部科学省が提示する専攻分野の大分類（出典：「専門職大学設置基準」）

身の実務経験がどこで役立つのかというガイドラインにはなるだろう。ところで、「どんな実務経験であればよいのか」という質問をよく受ける。その答えとしては、どの領域の実務経験でもよいのである。知識に上下がないのと同じように、実務にも上下はない。接遇、営業、介護、マネジメント、経理など、ありとあらゆる実務経験が実務家教員の教育指導や研究の素となる。

実務に従事していることは当然として、実務経験や実務能力で課題となるのは、自分がどのような実務経験を経てきたのかを振り返る能力である。というのも、自分自身の知見やスキルがどの領域で活用できるのかを見定める必要があるからだ。そもそも実務能力を見せることはできない。したがって、実務経験を記述して、第三者から見て実務能力があると分かるようにしなければならない。自分の実務経験を振り返る省察的能力は、実務家教員に必要な教育指導力と研究能力にも関係する最も根幹となる能力である。

教育指導力

実務家教員は教員である。法令にも示されている通り、実務家教員にも「高度の教育上の指導能力」を有していることが必要である。教育指導力にも2段階のレベルがある。第一のレベルは、「授業ができる」ことである。第二は、「授業を設計し、授業を行うことができる」レベルである。第一のレベルは、担当する授業の内容の構成がある程度与えられて決まっている状態である。したがって、そこで求められるスキルはそれぞれの1コマ（90分）の授業を行うことができ、授業の到達目標に向かって15回を通して行う能力である。2段階目のレベルは、実務家教員自身が一から授業科目をデザインする。すなわち、シラバスを作成し、授業科目を運営することになる。

実務家教員が、大学、専門学校、リカレント教育、企業内研修でも、授業するときに共通する重要な点がある。それは、授業のゴール設定である。別の言い方をすれば、授業の教育目標である。まずは、自分が何を教えるかではなく、自分の授業あるいは研修を受けた人がどんな能力が身に付いているのかを設定することが重要だ。すなわち、授業や研修を通じて養成したい人材像を思い描くことが必要である。そうすると自ずとゴール設定の主語は、受講者になるはずである。つまり、「この授業（研修）を受けると、○×ができるようになる」という具合である。語弊を恐れずに言えば、これが組織（学校）単位の設定になると「ディプロマ・ポリシー（卒業認定・学位授与の方針）／ＤＰ」ということになる。授業設計手法の一つとして注目を浴びるインストラクショナル・デザインであっても、前提にあるのはどのような人材を育成するのかという点である。

養成したい人材像、身に付けることのできる能力だけでは、実は不十分ではないかと考える。授業や研修後に身に付いた能力をどのような場所で発揮できるかという位置づけも必要になってくる。つまり、養成する能力は社会や組織のニーズに合致しているのかも含めて想定しておくことが大切である。

このように社会や組織から求められる養成したい能力を想定した上で、その能力を身に付けさせるためには、どのような内容を教えるべきなのかを練っていく必要がある。一つひとつの授業内容が養成したい能力とどう対応しているのかを見極めていく作業が必要だ。授業内容の方針を決めるというのは、これも組織（学校）でいう「カリキュラム・ポリシー（教育課程編成の方針）／ＣＰ」にあたるだろう。

そして最後に、どのような受講者を想定するのかという観点も重要である。教員であるとどうしても、幅広い人に授業や研修を受けてもらいたいと思う。それは当然だ。しかし、受講者側からすると、幅広い受講者がいるとそれだけ内容も広くなり、結局何を学んでいるのか分からなくなる。そうならないためにも、受講者を想定する必要がある。受講者を想定するという考えは、組織でいう「アドミッション・ポリシー（入学者受け入れの方針）／ＡＰ」ということになる。

これらのDP・CP・APを踏まえた上で、いよいよどのような指導方法がよいのか、教授法はどうすればよいのかという、ややテクニック的な話になってくる。例えば、自分が教えようとする授業は、講義形式がよいのか、ワークショップ形式がよいのかということも考えることになる。しかし、迷うことはない。なぜなら、DPとCPに沿って適切な授業方法を考えればよいからである。授業の方法ではなく、それぞれの授業の大枠をまずつくることが重要なのである。

研究能力

実務家教員は「実践の現場で生じる実務」を教えるだけでよいわけではないと、筆者は考えている。実務家教員に研究能力が必要なのだろうかと考える者もいるかもしれない。だがしかし、実務家教員に研究能力は必須のものである。というよりも授業科目を設計するためには、実務家教員の研究能力が必要である。研究能力を求める必要はないと考える者は、おそらく「研究能力」の意味を狭義に捉えているのではないだろうか。つまり、学会発表や論文を執筆し、学会誌に掲載される学術業績を研究と考えているのではないだろうか。もちろんそれは、研究能力を示す分かりやすい形ではあるし、学術業績を有するに越したことはない。だが、学術業績のみを研究能力の証左とみなすのは有益なことではない。

専門職大学設置基準第36条によれば、「研究能力を有する実務家教員の定義」は以下の通りである。第一に、大学において教授、准教授、専任の講師又は助教の経歴（外国におけるこれらに相当する教員としての経歴を含む）のある者。第二に、博士の学位、修士の学位又は専門職学位（いわゆる専門職大学院で授与される学位のこと）を有する者。そして第三に、企業等に在職し、実務に係る研究上の業績を有する者。

前者の二つについては、履歴書を見れば分かる内容であり、外形的である。一方で、第三の「企業等に在職し、実務に係る研究上の業績を有する者」には解釈の余地がある。

研究とは何か。一つの答えは、「新しい知の発見／創造」である。いわゆる暗黙知は、表出していない知である。それらを言葉にし形式知にすることは「新しい知の発見／創造」にほかならない。研究能力を「新たな知見」を生み出すことであると考えれば、より多義的で重層的な見方をすることができるのではないだろうか。ここで言いたいのは、学術業績によって生み出される学知と、実務家教員によって形成される実践知の、どちらがより優位なのかということではない。実務家教員が唱える持論が、全て実践知になるわけでもない。実務家教員の研究能力というのは、実務経験を持論として言語化し、さらに誰もが納得でき実際の現場で活用できるような実践知にする能力ということになる。

実務家教員が関与する実践知としては、「実践の理論」がキーワードになるだろう（図表1‐

実践知を形式知化したもの（実務上の知識）
実践現場に土着した知識であり、
その実践現場固有の知見を体系化したもの
上記の知識は、組織や社会でどう役立つのか

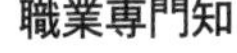

共有可能（説得性があり、他者に伝達することができる）
有用性（どのように役立ち組織・社会に位置づけられるのか）

中範囲理論への可能性
実践からの脱埋め込み化

図表1-3 「実践の理論」とは

3)。この「実践の理論」という単語は、専門職大学に関する文部科学省の資料にも掲出されているし、「個人の能力と可能性を開花させ、全員参加による課題解決社会を実現するための教育の多様化と質保証の在り方について」という文部科学省の答申にも示されている。しかし、「実践の理論」そのものの定義は、明確にはなされていない。それでも、この単語の文脈を考えて言えば、理論と実践を架橋するもので、職業実践や社会課題解決にも寄与できる知識体系のことども言える。

知識の社会史を紐解けば、さまざまな分野において学術研究者と実務経験を持つ実務家の知見が相互に作用して新たな知識が形成されてきた。「実践の理論」とは、まさにこうした学知と実践知が融合した専門知の体系なのではないだろうか。したがって、「実践の理論」の構築は、研究者教員、実務家教員どちらもが担わなければならない。お互いの対

話によって生み出されていくものではないだろうか。

実践の理論

したがって、実務家教員は自身の実務経験を振り返り、実践の理論を構築する必要がある。これまでの実務経験を単に振り返るだけでは、ただの持論や昔話になってしまう。そうではなく、実務を省察し論理を構築し、持論から実践の理論へと昇華させる必要がある。

こうした実践の理論が生成される中で、従来の専門知と実践知の融合が図られるのである。専門知と実践知の融合という新たな知識生産が社会から求められており、それらを実現するのに一役買うのが実務家教員なのである。

実務家教員は、「実践知」の体系としての「実践の理論」を創造して終わりではない。実務家教員には、自ら創造した「実践の理論」を最大限普及させ、活用させることも役割として課せられているのだ。そうした要請に応えるためには、二つの観点に注意を払う必要がある。一つは、創られた「実践の理論」が社会にどのように位置づけられるのかという点である。もう一つの点は、自らが創造した「実践の理論」そのものを反省し相対化する視点である。

前者の論点について簡潔に述べよう。実践知や実践の理論は、社会に遍在する知見や経験知、暗黙知などを結晶化させたものである。しかしそれらは、形式知として結晶化させたものでしかない。したがって、実践知や実践の理論が、社会や産業のどのような領域・場面で活用され役立つのかという「実践知の布置」を明らかにしなければならない。さらに言えば、「実践の理論」という体系の中には、そのような「実践知の布置」も包摂されていなければならない。つまり、抽象と具体の往復運動が「実践の理論」には組み込まれている。

それでは後者の反省と相対化の論点はどうだろう。自らの経験や暗黙知は、自らが拠って立つ価値観を常に反省し、問い直すことでより先鋭化する。ときには、真っ向から対立する「実践の理論」とぶつかったときも相対化することが求められる。そのような観点から、自らの経験から創造した知識や価値観を反省し相対化することが必要である。

実践の理論は、実務の現場で活用されることになるが、実践知の活用によって状況は常に変化する可能性を秘めている。社会や実践の置かれている状況が変われば、実践の理論は常に見直しが必要となってくる。また、同じ領域の実践の理論といえども、価値観や視座が異なれば当然対立することもあるだろう。そうした場合、双方の理論を相対化して受けることも必要になってくる。

このように挙げた「実践の理論」などの実践知を適切な形で社会や組織に位置づけることを、ソーシャル・ナレッジ・マネジメント（Social Knowledge Management＝SKM）と呼ぶことにしよう。このSKMは、実務家教員だけに求められている能力ではない。例えば、企業組織で暗黙知を形式知化したときにも、その知識がどのような実践場面で活用されるのかという観点からの整理が必要になる。つまり、実践知を体系化しようと思う者は「その知識が社会や組織において、どのような場面で位置付けられ、活用されるのか」を管理することも求められるのではないか。それこそが「実践の理論」を創造した者の責務である。

実務家教員に必要とされる能力はジェネリックスキル

このように考えてみると、実務家教員に必要とされる能力は、これからの社会に広く必要とされる能力だとあらためて言うことができる。高度に専門性が求められる職業と聞くと、ハードルが高そうなイメージがある。だが、よくよく考えてみてほしい。現代のように高度に複雑化した社会においては、それぞれの実務において多様な知やスキルが必要とされているのであろうか。皆がそれぞれ、状況に合わせた高度な実務の経験を有しているといってよいのではないだろうか。多様な知やスキルを要求される社会においては、それらに応えるさまざまな実践知を教育することが求められるのである。リカレント教育が要求される社会においては、誰しもが実務家教員としての素養を持ち合わせている必要があると言ってもよいだろう。

多くの情報や知識が流通するようになると、必然的に知識のアップデートも頻繁に行われるようになる。量的にも質的にも変化が激しくなるので、常に新たな知識を習得し続ける必要が生じる。人生100年時代とともに語られる「社会人の学び直し」は、こうした文脈のもとで語られる。そう考えると、新しい知識を学んでもすぐに陳腐化して、学んでも学んでもきりがないことになる。そのような事態にならないためにも、知識社会における「知識についての知識」を身に付ける「メタ化」戦略が必要なのではないか。知識や情報が大量に流通する中で求められる能力は、「情報・知識を整理するためのスキル」である。

これから身に付けるべき能力と実務家教員が求められる能力が、符合するのではないかと考えられる。つまり、学び続けなければならないというのは「知識のフォロワー的な体質」である。新たな知識が出てくるたびに知識を学ぼうとするのではなく、新しい知識を作り出そうとする姿勢が重要である。これを「知識のリーダー的体質」と呼ぼう。もう一つ「知識のリーダー的体質」で重要なことは、新たに作り出した知識を、どのように役立て組織・社会に位置づけられるのかを把握することである。こうした「知識についての知識」について考える「メタ戦略」的な視点が求められるであろう。こうした能力は、実務家教員の研究能力に合致するところでもある。他方で、新たな知識を作り出したり、あるいは組織や社会に位置づけるだけでは不十分である。つまり、それを誰かに共有できなければ意味がない。新たな知識そのものにも、共有可能性が求められるが、どのように教えることができるのかという点も重要になってくる。どのような知見がどのような場面で必要であり、どのように指導し共有することができるのか。ここでは、実務家教員の教育指導力が重要性を帯びる。そう考えると、実務家教員に必要とされている能力は、これからのＳｏｃｉｅｔｙ ５・０時代の社会を生きていくために必要なジェネリックスキルなのかもしれない。

実務家教員が活躍するフィールド

これからの社会に必要な能力を身に付けた実務家教員が活躍する場は、さまざまにあるだろう。

職業教育

第一に、実務家教員は職業教育の中核を担うことは間違いないだろう。専門職大学をはじめ、専門職大学院や専門学校や大学校でも職業教育を行っている。さまざまな職業教育の指導だけでなく、職業や実務の体系化としての役割を担うことになるだろう。ここでの実務家教員は、もちろん大学などの高等教育機関で教鞭を執ることも含まれているが、広くリカレント教育の担い手を指している。当然のことだが、ただ単純に指導をすればよいというものではない。学校教育の現場でも、セミナー、研修であれ「質の高い学び」を提供できなければ学び直しの意味がない。主体的で深い学びを実現するために、何を教えるのか「授業設計」を組み立てて、適切な指導方法を用いて授業やセミナーを運営する人材は、これから必須となる。

リカレント教育の需要に応える

実務家教員は、必ずしも伝統的学生（およそ18歳〜22歳）に教えるだけではない。リカレント教育の担い手として、社会人学生（就労経験がある学生）にも教えることがありえる。そのときに期待されていることは、単純に科目の授業を担当するものとして教えるだけではなく、リカレント教育のプログラムを設計することである。

リカレント教育とは社会人の学び直しとも言われているが、ここで確認しておきたいことは、大人に指導するということだ。子どもに対する指導のための理論には、教育学（pedagogy）がある。それに対して、大人に指導することを研究する領域にアンドラゴジー（andragogy）がある。アンドラゴジーは、アダルト（adult）と教育学（pedagogy）を組み合わせた造語である。

アンドラゴジーを提唱したのは、M・ノウルズである。彼のアンドラゴジー理論は、簡単に言えば三つの柱からできている。一つは、成人学習者の特徴についてである。次に、成人学習者を指導する者が留意すべき点である。最後に、教育プログラムの設計方法である。おそらく最も重要であり、今回と関連するのが、最後に言及した成人教育における教育プログラムの設計であろう。

ノウルズは、成人教育のプログラムを立案する際に、次の五つの点を指摘している。①対象者にふさわしい成人学習のための個人的・組織的・社会的ニーズを診断すること、②成人教育プログラムに効果的な開発と実施のための組織構造の形成と運営を考えること、③ニーズに見合う目標の設定とその目標に合わせた活動プログラムをつくること、④プログラムの効果的な実施のために必要な手続きの作成と運営をすること、⑤プログラムの効果を評価すること、である。

成人教育のプログラムを立案するときに、特に気をつけなければならないのは①と③である。つまり、社会人の学び直しで重要なのは、「社会人が学びたい」という関心を入り口として、最終的に社会人の「真のニーズ」を満たすことである。社会人は自分の興味関心から学びを始めるという特性もある。そうすると、本当に必要な学びと当人の興味関心がズレていることも多々ある。したがって、社会人が自らのニーズを発見して、それらを満たすことに興味関心を示すプログラムを開発する必要があるわけだ。社会人が学びたいと考えていることを、真のニーズを満たすことへ変換できる教育プログラムをつくることが重要である。そのためにはまず、組織や社会での「真のニーズ」が何かという点を見つけ出すことが最初にするべきことになる。その点において、実務家教員は当該の実務を担ってきたのであり、何が必要なのかを教育プログラムに落とし込むことを期待されている。

組織内教育

大学などの学校機関に行くことだけが、学び直しの場ではない。組織や企業内で学びの場を提供することも重要である。熟練者の知識やスキルを組織の風土に合わせて、組織的に承継していくことがこれからの課題となるだろう。

そのためには、暗黙知を体系化し、どのような場面でどのように活用できるのかを整理し、承継者に伝達可能な知識にしなければならない。ナレッジ・マネジメントだけでなく、実践知を体系化し指導するということも、これからの組織の課題になるだろう。どのような組織内学習が必要なのか、組織内に実装するにはどうすればよいのか。もしかしたら、企業内大学を設置する方が効率的だろうか。こうした組織の人材育成は、組織それぞれの環境によって異なる。こうした組織内学習や組織の知識を整理し管理する人材。これから組織に必要なのは、ＣＫＯ（Chief Knowledge Officer）である。

実務家教員の課題と展望

実務家教員としてのキャリア

実務家教員の果たす役割の中で最も重要なことは、現代社会に対応できる「実務の知見」を体系的に教授することにある。また現代社会において、実務の現場での知見もすぐに陳腐化したり、時代遅れになったりすることがよく起きる。そこで、実務家教員に関係する人たちが直面する問題がある。もし仮に、大学の教育課程の中核を担う実務家教員として教育研究活動に従事すると、実務家教員は実務の現場から離れてしまうことになる。これを「実務家教員のパラドックス」と呼ぶことにしよう。

実務家教員が実務家教員であるためには、常に実務の現場から最新の知見を学び続けている必要があるということである。ここでの問題は、実務家教員の持つ知見そのものが陳腐化し、時代遅れになり、実務家教員の期待される役割を全うできなくなるということである。

こうした主張は大学側の問題であるが、実務家教員本人からすれば、キャリアの問題となる。実務家教員としてのキャリア形成について考えられる道は、大きく三つある。

第一は、研究者へのキャリアシフトである。実務家教員としてキャリアを積むのではなく、新たな教員のタイプとして「実務経験のある研究者教員」という選択肢である。そのためには、実務家教員として大学での教育研究に従事するにあたって、実務研究という新たなフィールドを意識する必要がある。

第二は、実務家教員としての役目を一度終えて、また実務の世界に戻るというキャリアである。最初の研究者へのキャリアシフトがリニア型だとしたら、こちらは往還型キャリアになる。実務家教員という《実務経験》を生かして大学と実務の世界の架け橋として、これまでにない新たな職域を切り拓くことになる。さらにまた、実務の経験を積んだ上で、再び実務家教員として大学へ戻るということもありうるだろう。

第三に、実務家教員として教壇に立ちつつ、自分の実務の現場をも続けるという選択肢である。リニア型、往還型に続き、パラレルキャリア型である。実は、法令上にも実務家教員には「みなし専任教員」という枠もある。実際の経験者に聞くと、「二足のわらじ」であるがゆえに、慣れるまでなかなか大変であるようだ。しかし、経験したばかりの実務での気付きを授業にダイレクトに生かせるという醍醐味も大きい。

このように、実務家教員として実際に活躍することになっても、自身のキャリアを見定める必要が生じる。したがって、実務家教員としてどのようなキャリアを歩もうとするのか、教育研究に従事する前からよく考えておくことが重要である。どのキャリアを歩むにしても、実務家教員として自分の領域の実務について研鑽し、常に学び続けるという態度が重要であることは間違いない。

産業界との連携

この実務家教員という伝統的でもあり新しい試みを成功させるには、産業界との連携が不可欠である。実務家教員が実務と教育研究を両立できるように、教育機関と一体となって取り組む必要がある。ビジネスパーソンの中では名が知られているP・ドラッカーであるが、彼はマネジメントの重要性はもとより、仕事に関する知識の充実をも主張している。ぜひ、産業界からも仕事に関する知識を充実させる後押しをするためにも、実務家教員養成に関わっていただきたいと考えている。

実務家教員としての質保証

また、大学側にも課題は多い。正直なところ実務家教員に関する悪い評価を聞くこともある。その多くは「教育ができるのか」あるいは「研究できない」のではないかというものである。そのような評価を打破するためには、実務家教員としての最低限の質を保証することが重要である。また、それと同時に実務家教員という新たな教育研究型を受け入れる素地を準備していかなければならないだろう。

実務家教員は、Ｓｏｃｉｅｔｙ ５・０の社会を牽引し、これからの知識・教育・経済を変革し、職業教育をはじめ、教育機関と社会を結ぶ教育変革のエージェントとして期待される人材なのである。

＊1　省察的実践とは、D・ショーンが提唱した概念である。実践を進めながら、体系的に状況や経験を振り返りながら行動を適切に調整して、洞察を深めることである。このような実践が自身の実務経験を体系化する緒になるはずである。詳しくはD・ショーン『省察的実践—プロフェッショナルの行為と思考』（2007、鳳書房）を参照。

＊2　ナレッジ・サイエンスとは「知識科学」とも言われている。知識そのものを対象にする科学である。類似の学問分野には知識社会学や科学哲学を挙げることができる。北陸先端科学技術大学院大学知識科学研究科監修『知を再編する81のキーワード—ナレッジ・サイエンス』（2008、近代科学社）を参照のこと。

＊3　知の理論は、「知ること」について知る、知るための方法、知識の領域、評価、の四つの観点から「知」について深める学習体系のことである。国際バカロレアの学士入学プログラムにおける必修科目となっている。

川山 竜二（かわやま りゅうじ）

社会情報大学院大学 教授、先端教育研究所 所長。筑波大学大学院人文社会科学研究科にて社会学を専攻。専門学校から予備校までさまざまな現場にて教鞭を執る実績を持つ。現在は、「社会動向と知の関係性」から専門職大学、実務家教員養成の制度設計に関する研究と助言も多数行っている。海洋開発研究機構普及広報外部有識者委員。また、教育事業に関する新規事業開発に対するアドバイザリーも行う。そのほか、研究施設などの広報活動について科学コミュニケーションの観点からアドバイスを行う。

第2章

専門職教育と実務家教員の養成

武蔵野大学副学長、法学部長・大学院法学研究科長、
産官学連携・研究推進センター長

池田 眞朗

プロローグ――今、なぜ実務家教員か

今、世の中では実務家教員が求められている。令和時代に入った現在、文部科学省は、「学問追究と実社会のニーズに対応した実践的教育とのバランスの取れた質の高い教育」を大学に求め、その中で実務家教員の数的確保を要求するに至っている。

例えば2020年4月から始まる高等教育無償化（「高等教育の就学支援制度」）においても、対象となる大学側の機関要件として、実務経験がある教員の授業を一定数以上配置していることを求めている。ただ、このような施策に対しては、無償化とのつながりが不明であると

か、実務家教員を想定しにくい分野もあるので一律に要件とするのはいかがかという声も聞かれる。

しかし、論じるべきは、個々の施策の是非ではなく、わが国の高等教育の本質、ないしはその本質の変化、さらには、その変化を求める「時代意思」についてなのではないだろうか。

「今、なぜ実務家教員か」という命題は、そういう問題意識の中で分析されるべき、と私は考えている。

はじめに

文部科学省の「持続的な産学共同人材育成システム構築事業」において、社会情報大学院大学を中核拠点校とし、武蔵野大学をその共同申請校3校のうちの1校とする「実務家教員COEプロジェクト」が2019年に採択された。本プロジェクトでは多様なレベルの実務家教員の養成が期待されるが、武蔵野大学は、とりわけ大学院レベルで、例えばビジネス法務のプロフェッショナル人材について、教育指導能力の涵養を図りたいと考えている。本章は、そのようなスタンスから、専門職教育における実務家教員の養成を中心に論じるものである。なお、以下はあくまでも現時点での筆者の私見であることをお断りしておく。

時代の要求する実践知とは

例えば、従来の大学が施してきた教育と、企業が大学に要求するものとの差を考えてみたい。とりあえず、法律、政治、経済などの社会科学分野を基準に考えると、やはり大学が与える教育がいわゆる学理面に偏重しており、知識、理論、研究方法論、などの教授が中心になっていたことは否めない（それに比べれば経営、商学分野ではやや実践面が重視されているのかもしれないが）。それが、企業側が大卒人材に要求する創造的思考力、分析力、問題解決力、コミュニケーション能力、などのジェネリックスキルの開発と乖離していることは明らかであろう。

ただ、こういう問題設定をすること自体に対して、出口論に過ぎるとか、役に立たない学問こそ重要であるとかの批判がなされる。けれども、単に企業の要求に合わせた大学教育をせよというレベルの議論であれば、それは反論を受けても当然なのだが、より広く深いパースペクティブで考えるとどうなるか。

つまり、現代社会の喫緊の課題は、地球規模のSustainability（持続可能性）、より日常的な言い方をすれば、人間社会の生き残り、なのである。人は、現実社会の紛争を合理的に解決し、生活の無駄をなくし、国連ＳＤＧｓのいうところのように、誰一人として取り残さない社会の形成に努めなければならない段階に来ているのである。

そのような課題意識を持つならば、大学教育のもたらすべきものは、一昔前よりも、現実社会の維持改良に貢献できる人材を輩出することにより比重がかかるのは当然ということになるのではなかろうか。

つまり、大学教育自体が、社会の維持改良に直結する実践的な知識やノウハウ、あるいは従来の学問理論の現実社会への当てはめの手法を、より多く教えることにシフトしなければならないのである。そしてそれらのノウハウや手法を教授する役割を多く担うのが実務家教員であり、一定数の実務家教員の配置というのは、そのような役割を果たせる実務家教員の存在を想定してこそ肯定されるものではないだろうか。

時代はそのような意味で「実践知」を求めているのである。

法律学専門教育における実務家教員の導入実績

法科大学院における実務家教員の登用

筆者の専門は民法学であるが、実は、法律学の専門教育の分野は、実務家教員登用では先駆的な実績を持っている。それが2004年の法科大学院制度創設である。この、新司法試験と連動させた法科大学院制度の導入は、わが国の法曹養成教育に大きな質的変化をもたらした。つまり、従来の（司法試験合格者を対象とした）司法研修所教育の一部を法科大学院に下ろすという制度構築にしたがって、全国の法科大学院に多数の法曹（主として弁護士だが裁判官や検察官も含まれる）が、専任ないし非常勤の実務家教員として採用されるに至ったのである。

それまでの研究者教員による法律学教育（大学法学部教育）の内容は、いわゆる法解釈学の比重が圧倒的に大きかった。例えば一つの条文について、その意味を解釈する学説がA説、B説、C説とあり、これに対して判例は何説である、といった類の講義が続くのである。しかしながら、法曹の業務の目的は、世の中の紛争の解決である。まずは、具体的な紛争にどういう条文を当てはめて紛争を解決するか、が最重要の使命のはずなのである。実務家教員は、主としてこの紛争解決教育の導入に舵を切るのに役立ったのである。

理論教育から紛争解決教育へ——入口と出口の改善

このように、法科大学院教育を、従来の理論型法学部教育から現実の紛争解決教育へとシフトさせるためには、法曹実務家の登用は不可欠であった。そして、新しい法科大学院教育に合わせて（というか、どちらが鶏でどちらが卵かは両論あるのだが）司法試験の改善も図られた。つまり、法曹になるための必須の関門である司法試験の問題も、従来の論点型問題（解釈学上争いのある点を出題して論じさせる。どれくらい勉強して知識を持っているかが問われる）から、現実の紛争事例に近い事例を出して解決させる問題（紛争解決能力を見る）に変わったのである（少なくとも、当時新司法試験の設計にあたった私ども考査委員の代表メンバーの意識はそのようなものであった）。考えてみれば、司法試験は、法曹としての適性のある人を選抜する試験であるべきなのであって、どれだけ良く勉強した人かを判定する試験ではないからである。

職能教育における実務家教員導入の限界

したがって、法科大学院教育においては、後述するように研究者教員と実務家教員のコラボレーションで授業運営をするノウハウなどが既に蓄積されている。

しかしながら、この法科大学院教育での実績は、必ずしも高等教育全体に汎用性のあるものではなかった。つまり、法科大学院教育自体が、法曹養成のための非常に高度な職能教育の域に達しているものであったため、多くの成果がその閉じた世界のノウハウに終わってしまっていたのである。

一例を挙げれば、いわゆる答案の書き方の問題である。例えばある検察官出身の法科大学院教授の方は、その詳細な論考で、答案は判決書のように結論から書けと指導していた（＊1）。これは、学者が研究レポートの書き方のように指導すると、まず考えられる複数の可能性を示し、それぞれを検証し、結論に至るという書き方になってしまうことに対する批判である。

確かに、多くのビジネス文書においても、まず結論を示す書き方が必要であろうと思われ、このような意見は全国の法科大学院の中でも多く見られたのであるが、この検察官教員の方の論考のような指導法が、（例えば判決書という具体的な基準を示してなされればなされるほど）法曹養成という特殊な職能教育のノウハウとなってしまい、広く大学教育全般に（もっと言えば、一般の法学部教育にさえも）浸透する共通財産となっていなかったうらみがある。

実践知の「普及」という概念

別の表現をすると、ここでは、実践知が世間の共通知とはなりえていなかったということである。もちろん、その職能領域だけに通用するノウハウというものもないわけではない。けれども、そこから社会全体を裨益する知的財産が抽出できるのであれば、それは適切に広く伝授されるべきであろう。すなわち、専門実践知の「普及」という概念が意識されるべきなのである。この点を本章の第一の「伏線」として提示しておきたい。

閉ざされた法曹教育から、開かれたビジネス法務教育へ ――「時代意思」の選択

「ビジネス法務専攻」という選択

さて、筆者が研究科長を務める武蔵野大学大学院法学研究科は、2018年の新しい開設であるが、ビジネス法務専攻という修士課程を開いた（企業法務、金融法務、知財法務などを教授する）。つまり、従来型の研究者養成の法学研究科でもなく、法科大学院（結果的に認可され過ぎた形で閉校が相次いでいる）でもない、第三の道を選んだのである（＊2）。

「ビジネス法務専攻」という大学院は、わが国ではまだほとんど例を見ない。また、これまでの文系大学院の中でも資格重視型の専門職大学院（法科大学院のほかに公認会計士や税理士などの資格に直結する大学院）は一定の学生を集めやすいが、資格に直結しない修士号の取得は、すぐには受験者が多数集まるようなトレンドにはなりにくいことも容易に想像できる。けれども、われわれは「時代意思」を汲んだのである。

それはどういうことかというと、第一にビジネス法務は、フィンテックに代表されるように、ITやAIを活用する、最先端のイノベィティブな分野になりつつある。それに関連する法律についても、これまでの、時代を後追いする「規制法」ばかりの時代から、新しい取引を

開拓し支援する「促進法」の時代が来ているのである。

第二に、ビジネス法務は、社会人のリカレント教育に適した分野であり、また国際取引の増大から、(これまでの法律学のドメスティックな色彩を改めて)留学生を積極的に受け入れるべき分野になってきているのである。

第三に、ビジネス法務に関わるいわゆる士業は、弁護士以外にも、司法書士、不動産鑑定士、弁理士など、多彩なのである。そして、企業法務や金融法務に携わる多くの人々にとっても、進化・発展していく専門知の「普及・共有」が必須の課題となってきているのである。

したがってビジネス法務教育は、法科大学院のような狭い領域の職能教育よりもかなり広範な広がりを持ちうることが理解されよう。

社会人、留学生、学部卒業生のトライアングル型大学院

そうすると、ビジネス法務専攻の大学院としては、社会人、留学生、ビジネスや難関士業を目指す学部卒業生、これらをほぼ3分の1ずつ採用して教育する大学院、というものが一つの理想形として想定されるのである。

実際、まだ数名ずつの実績ではあるが、武蔵野大学大学院法学研究科ビジネス法務専攻では、1期生、2期生は、見事に社会人、留学生、難関法律資格試験希望の学部卒業生、とほぼ

3分の1ずつ色分けされている。課題は、ここから志願者をどう増やしていけるかという点であり、それは志願者にとってビジネス法務を学ぶ社会的メリットがどれだけあるか（あるいは、そのメリットが存在していても実際にどれだけ認知されるか）にかかると思われる。

誰がどう教える？ ビジネス法務教育――実務家教員に要求されるもの

本題に戻ろう。そうすると、法科大学院の法曹養成教育の場合は、大学の研究者教員以外の実務家教員というものは、ほとんどが法曹三者（弁護士、裁判官、検察官）で占められていたわけであるが、ビジネス法務の場合は、同じ法律関係の専門分野でも、教える実務家教員側の資格や経歴が、ずっと多様に広がることが理解されよう。

実際に、武蔵野大学の法学研究科ビジネス法務専攻では、不動産鑑定士、金融機関の部長職、起業家などの方々が客員教授や非常勤講師の肩書で教壇に立っている（人数の内訳でいえば、専任教員10名のうち研究者教員が6名、実務家教員が4名〔弁護士3名、元税務関係公務員1名〕、非常勤教員8名のうち研究者教員が1名、実務家教員が7名〔弁護士4名、不動産鑑定士1名、金融機関部長1名、起業家経営者1名〕ということで、全体では研究者教員7名、実務家教員11名と実務家教員のほうが多いのである。その意味では、法科大学院以外で見た場合の、実務家教員活用のパイロットケースと言えるかもしれない）。

そこで今後の展望として、このような分野では、どういう実務家教員が、何をどういうふうに教えるのか、が大きなテーマとなってくるのである。

実務家教員の役割、効用——実務家教員養成の理念論

ここからが、本章の本題である。ビジネス法務に限定せずとも、大学専門教育においては、実務家教員を増やすというのであれば、その教育能力、教育手法の開拓、さらには、非常勤教員の場合はともかく、専任教員として採用する際にはその基準、資格（学歴）などが当然に問題になってくるのである。

まず理念論から

ここで、具体的な「教え方、資格」などの議論に入る前に、理念論を押さえておきたい。なぜ実務家教員が必要なのか、どのような考え方で実務家教員の増員がうたわれるのか、という議論である。

例えば、先に述べた武蔵野大学大学院ビジネス法務専攻修士課程の、研究者教員7名、実務

家教員11名という数字の必然性である。そこでは具体的に研究者教員は何を教え、実務家教員は何を教えているのかというと、研究者教員が担当するのが「ビジネス民法総合」「ビジネス会社法総合」「ビジネス民事訴訟法総合」「ビジネス倒産法総合」といった基幹科目である。これに対して、実務家教員が担当するのが、「金融法（FinTech）」「金融法（ＡＢＬ）」「再生可能エネルギー法」「エンターテインメント法」「リーガルライティング」などの、他大学の法学研究科では必ずしも置かれていない、新しいイノベィティブな科目なのである。

これらは、現代のビジネス法務については非常に重要な、あるいは重要になりつつある最先端の科目であるが、それについての専門的実践知を持っている教員は、全国の研究者教員の中にはほとんど見当たらない。もちろん、実務家教員の中でも決して多いわけではないが、それらの専門家の中でも、有数のエキスパートと目される方々を武蔵野大学は指名し、登用しているわけである。

したがって、これらの科目においては、ビジネス法務の最先端を教えて、実践知を普及させていけるのは、現状では非常に限られた実務家教員しかいないのである。ということは、もし大学院法学研究科が、既存の学理の研究を超えて、自らがビジネス法務分野の創造的なエンジンとなることを目指すならば、右のような人数構成比は必然ということになる。

難関士業のビジネス法務への接近

さらに言えば、例えば武蔵野大学のビジネス法務専攻には、まだ難関士業と言われるものの中でも司法書士関係の実務家教員はいない。けれども、あるいは世間には不動産売買の際の登記実務を行う士業というくらいにしか認識されていないかもしれない司法書士は、現在、急速にビジネス法務のチームスタッフに加わってきている（若手の司法書士で、コンサルティング会社の社員を兼ねるような人も増えてきている）。商業登記や債権譲渡登記などを通じて、司法書士の業務が経営戦略につながってきているのである（この傾向を踏まえて私は、「令和時代の司法書士業務は、事実を正確に書面上に表示することの重要性は維持しつつ、「受け身」ではなく、自ら働きかけるクリエイティブな要素を持つものに変容していくべきなのではないか」と書いたことがある）（＊3）。したがって、この分野からの実務家教員のニーズも高まってくると予想されるのである。

実務家教員が身に付けるべき「教え方」

実務家教員に要求される「教授法」

それでは、いわゆる教授法の話に入ろう。一般論として、従来の大学教員（研究者教員）側の反応として、実務家教員の重要性は認めながら、実務家教員の教育能力を疑問視する声が多い。専門知識やノウハウは持っていても、「教え方」が上手ではないのではないかというのである。もちろんそれは、実は個人差なのであって、いわゆる教歴の少ない実務家で教え方の上手な人はいるし、逆に教歴は長くても、同業者から見て教え方が下手だと思う教員も存在するのである。

しかしながら、確かに大学教員として一通りの共通技術を身に付ける必要はあろう。つまり、現代では、一昔前の大学教員と異なり、要求される共通技術が結構多いのである。シラバスの書き方に始まって、学期の講義内容の構築、さらには、教材作成の仕方、講義の技術やレポートの書かせ方、試験問題の作り方、採点の仕方、論文指導の仕方、等々である。これらについて、一通りの手ほどきを受ける必要はあろう。社会情報大学院大学で実施しておられる「実務家教員養成課程」のプログラムなどは、まさにそのニーズに応えるものと考えられる。

実践知から形式知へ？

ここで、実務家教員には、それぞれの持つ固有の実践知を、伝授するための形式知に変える必要があると説かれる。これがいわば実践知におけるノウハウなどの「普及」法の問題である。

ただ、それは教育の分野やレベルによっては、そう簡単な話ではないのである。比較的簡単な、定型的なマニュアルを教えればよいというケースは別として、大学専門教育のレベルでは、どこまで教えるべきか（どこまで教えれば足りるか）という問題と、どこまで教えられるか（形式知に変換できるレベルの限界）という問題は、どの分野でもつきまとうはずだからである。

私の「教授法」――（1）テキスト論

「教え方」といっても、それは実はそう簡単な話ではない、と書いた。筆者自身、長年の大学教員のキャリアの中で、自分なりの教育技法を開発し、それを発表してきているが、本当は、大学の民法教育のテキスト一つにしても、教わる側の学年ごとに段階を踏んだテキストが用意されるべきなのである。それこそ専門的な話になるのでここでは詳細は避けるが、私は法律学教育を、法学部生対象の導入教育、専門基幹教育、専門展開教育に分け、さらに法学部生以外の学生対象の入門教育も別に想定して、それらすべての分類に対応したテキストを出版している（＊4）。

つまり、厳密に言うならば、法学部法律学科の1年生への民法の導入教育と、もうこの授業でしか民法を学ばないという他学部生や一般市民に対する入門教育では、同じ民法を教えるのでも教え方が違うし、テキストも違えなければならないのである（さらに私の場合は、民間企業に就職するマジョリティの法学部生用の専門基幹教育レベルの民法教科書と、法科大学院進学希望者など、法律専門家を目指す法学部生用の専門展開教育用の民法教科書も書き分けて出版し、あわせて「補助教材」として、契約書や登記簿のひな型などを集めた教材や、判例学習の手法を解いた解説書なども共著で出版している）。

もちろん、大学の教歴の長い研究者教員でも教育面でここまでやっている教員は正直言って少ないし、実務家教員の皆さんにすぐにこのレベルまでを要求する必要はなかろう。しかし、実務家教員には研究者教員にはない経験と視点があるはずなのであって、それぞれの分野で、実務家教員なりのレベル分けをした、オリジナリティのあるテキストが作られることと思うし、その分野での実務家教員へのニーズに合わせた教授法が確立すれば、各分野での段階的教育論などが生まれ、それに応じたテキストが作られる、という状況もありうると思うのである。

私の「教授法」――（2）大教室双方向授業論

次は、教室での授業法である。実務家教員の方々が、どの程度の規模の教室で授業をすることになるかは、これまた千差万別であろう。しかしながら、大学によっては（そしてその科目がカリキュラム上の基幹科目である場合には）、いわゆる大教室での授業を持つこともありうる。そうすると、当然のことながら、十数名程度のゼミナール的な授業と、数百名の大教室の授業では、教え方が大きく異なることを認識しなければならないのである。

私自身は、前任の慶應義塾大学で、定員460名の大教室が満員になる授業も経験してきた。その時代に確立させた「大教室双方向授業」を現在所属する武蔵野大学でも実践し、他の法律学科の教員にもそのノウハウを教えて実践してもらっている。

これについても前掲の雑誌に書き、また大学公式HPなどにも写真や映像があるのでここでは詳述しないが、いわゆる大教室の講義形式の授業で、ハンドマイクを2本持って教壇を降りて、学生の席に入っていって質問をしながら講義を進めるのである（＊5）。

200人規模の大教室で行われる「双方向授業」（出典：武蔵野大学提供）

これは、ことに法律学の世界では、伝統的に、教授が高い教壇からいささか偉そうに講義をして学生はひたすらノートを取るという、権威主義的な色彩もある講義形式が多かったので、それに対するアンチテーゼという意味合いもあったのだが、私の場合、教室の最後尾まで歩き回って学生諸君にマイクを向けるので、数百人の教室でも私語ひとつなく授業が進行するようになるという大きな効用がある。

ただこれにも数多くのノウハウがある。また、質問に対してどんな答えが出てきても対応できるようになるためには、一定のレベルまで講義内容に習熟している必要があるし、かといって講義内容に習熟したシニアの教員は90分間や100分間歩き回る体力がなくなる、という、ゴルフで言うエイジシュートのような色彩もある。またその学生に対する問いかけの仕方も、最近では、アカハラ（アカデミックハラスメント）と言われないように気を付ける必要もある。

それでも、こういう授業の手法については、一般に実務家教員の方のほうが上手にでき、また習熟も早いように思われる。ただ実際に90分16回で2単位の授業でこれを取り入れると、あまり頻繁にやると講義内容が終わらないなど、それこそ現場での実践経験が必要なものでもある。

私の「教授法」――（3）レポート、論文指導法

さらに、実務家教員においても、レポートの出題、採点にはじまって、卒業論文、修士論文、さらには博士論文と、高度な専門論文指導に至るまでの一連のノウハウを身に付ける必要がある。学生に対して、レポートと論文の違いから教え、論文のテーマ選択、資料集め、等々を順次指導していく方法が、これまた個々の専門領域における違いを踏まえつつ、伝授されなければならないのである。ちなみに卒業論文段階でも、テーマを与えて実験指導をしていく理系の場合と、教員がテーマを与えてはいけない文系の場合とでは大きな違いがある。法学系の場合は、あわせて判例なども含めた文献の検索法、引用法も教授する必要がある（＊6）。

高度専門職実務家教員における学位の要請

日本の現状

以上のような、教員としての共通技術を身に付けることに加えて、最近は、大学専任教員となるための資格（学位）の要求も厳格になってきている。

法曹以外の法律関係の難関国家資格としては、司法書士、不動産鑑定士、弁理士などがある。それらの実務家の持つ専門知識は、大学教育ないし大学院教育において教えられる必要が増している。実際、それらの実務家が、大学ないし大学院の授業に非常勤講師やゲストスピーカーとして招かれるという機会も増えているようである。しかしながら、非常勤講師や数回のゲストスピーカーとしてならば特段の資格は要求されないことが多いが、専任教員ということになると、最近では、研究者教員の場合はほぼ全員、博士号か、あるいは修士号があって博士学位取得の見通しが立っていることが要求されるようになってきた。

法律学分野では、かつては一部の国立大学などで、そもそも学部から直接テニュアーの助手に採用されて大学院に行かずに教員となるのが最優秀のケースとされてきた時代もあって、政治学や経済学よりも博士号をなかなか与えない風土もあったのだが、現在では課程博士の制度が他分野と同様に機能する時代になっている。またそれに加えて、以前は難関司法試験を経て取得した法曹資格があれば、大学院での学位を問わずに実務家教員を採用してきた時代もあったのだが、法曹以外の国家資格では必ずしもその優遇が一般化していない場合もある。さらに言えば、企業の法務部のエキスパートの方々を大学が専任教員として採用しようとすると、それらの方々は学部卒業で就職しているケースが多いので、博士号はもちろんのこと修士号も取得していないケースが多いのである。

海外との比較——日本は低学歴社会？

実はこの問題は、今日の欧米諸国と比較すると、より鮮明になるといわれている。つまり、欧米では、一般企業の採用においても（しかも文系であっても）、修士号、博士号が重要視され、またそれらの取得学位が給与体系にも反映されているというのである（最近は新聞報道などでもそのような状況を紹介する記事を見かける）。日本でそうなっていない理由については、社内研修の充実など、固有の理由があるのかどうかなどの分析も必要であろうが、実際、外資系企業の場合の国際的な採用基準では、学位のないことが不利に働くケースも出てきているようである。そのような角度からの大学院教育とその学位取得の重要性の再認識も、今後改めて指摘されることになろう。

大学院博士課程における実務家教員養成の必要性

以上の分析から当然の帰結として見えてくるのは、今後の高度専門職教育における実務家教員における、学位ごとに博士学位の必要性である。これからの大学院ビジネス法務専攻は、博士課程を設置する場合、これまでの研究者養成一辺倒から、その一つの新たな目標として、研究・教育能力を合わせ持った実務家教員の養成を掲げるべきであろうと思われるのである。それが、大学院教育のイノベーションとして社会から評価される日も近いと私は考えている。

もっとも、学位の有無があまりに実務家教員の専任教員としての採用の道を狭めてもいけないことは確かであるし、大学側も、教授会に参加しない特任教授などの形で学位と関係なしに実務家専任教員を採用する道を確保するのも一法であろう。

産官学連携と実務家教員

大学と産官学連携

さて、もう一つ大きな「時代意思」の要請は、産官学の連携である。かつて大学が「象牙の塔」と呼ばれた（揶揄された）時代には、大学はことさらに産官からの独立を謳っていた。しかし、先にも述べたように、現代は地球規模での持続可能性、人類の生き残りを考える時代なのである。社会の進化改良に、さまざまな角度からの知を結集しなければいけない。産官学連携は、時代の必然の要求と考えるべきである。

そうすると、産官学の間で、人的交流がより盛んに行われるべきであり、産官が、大学実務家教員の供給源となることが当然に考えられる。その場合、例えば官から大学に一定期間の移籍（出向など）をするケースも既に多く行われているが、これからは、産官と大学との間でいわゆるクロスアポイントメント制度（出向元機関と出向先機関との間で、出向に係る協定を結び、当該協定に基づいて労働者が複数の機関と労働契約を締結して、双方の業務について各機関で求められる比率に基づいて就労することを可能にする制度）を活用することも考えられる。そしてこのような雇用形態の普及が、実務家教員の増加の追い風になることが想定されるのである。

産官学連携の実務家教員登用例としての「起業ビジネス法務総合」

産官学連携と実務家教員登用を結び付けた具体例を一つ挙げよう。武蔵野大学大学院ビジネス法務総合が、２０２０年度に新設した科目に、「起業ビジネス法務総合」というものがある。起業のノウハウを教え、実際の会社設立の手順を教え、さらに起業と会社経営に必要な法律を概観するという、オムニバス形式の科目である。この科目の担当教員構成は、起業家客員教授、知的財産法担当特任教授（弁護士）、税法担当専任教授（元税務関係公務員）という3名の実務家教員と、民法教授、会社法准教授、外国法（中国企業法）教授、という3名の研究者教員から成る。成否はこれからであるが、実務家教員登用例の代表的なものとしたいと考えているところである。

ちなみにこの科目は、社会人のリカレント教育にも適したものであるし、他の専門の大学院生にも関心のあるものであろうと考えられるので、正規のビジネス法務専攻の院生以外にも、広く科目等履修生を募る方針である。

現代の大学教育に求められるものと実務家教員養成

研究倫理と利益相反

ただそのような実務家教員の積極的な登用の場面で、意識し、教えられなければならないのは、研究倫理の問題と、利益相反の問題である。

まず研究倫理については、研究者教員・実務家教員を通じて徹底をしなければならないことであるが、捏造、改竄、盗用などの不正行為や、著作権侵害、さらに二重投稿などの不適切な業績発表方法などについて、すべての大学人は一通りの認識を得て、それに配慮した活動を心がけなければならない（＊7）。実務家教員も、大学専任教員として研究論文などを発表していくことになるのであるから、このような問題についての理解を持たなければならないことは当然である。これについては、教員全員に研究倫理プログラムの受講を課している大学も多い。

次に利益相反の問題である。この問題は、現代では複雑さを増している。基本的には、大学教員が企業の役員を兼ねていて、その企業が大学と取引をするケースなどが想定されるが、最近は、大学発のスタートアップ企業も増えており、その中で大学教員が（これも研究者教員・実務家教員を問わず）その企業の役員となるケースも多い。そもそもが、社会全体の利益を目指すべき大学と、企業ないし個人の利益追求のスタンスから生じる利益相反行為という図式で語られてきたものではあるが、大学が全額出資するスタートアップ企業などの場合は、大学をひとつの企業体と見て分析する必要もあろう（大学は、文部科学省から収益事業を行う認可を得る必要がある）。いずれにしても、大学内で利益相反に対するチェック機能を果たす部署を置いてしっかり機能させなければならないし、また全教員に利益相反行為に関する十分な認識を与える必要がある。

高度専門職教育における内部質保証、ＦＤなど

さらに、実務家教員養成のためには、現在の文部科学省が大学に要求している、教育の内部質保証の問題や、ＦＤ（ファカルティ・ディベロップメント）の問題などについても情報を与えなければならない（考えてみれば、今日では大学教育も随分と細かい要請がされるものになっているのである）。

例えば、授業改善のＦＤのテーマになりそうな例を一つ二つ挙げてみよう。

①２００４年に法科大学院制度が創設されたとき、私の前任校である慶應義塾大学の法科大学院では、かなりの数の科目で、研究者教員と実務家教員（弁護士、裁判官）の2名による共同担当制度を採用した。これは、当時としては（人件費もかかったであろうが）非常に慧眼で、質の高い教育が行われたといえるのだが、ただその導入当初は、まだ十分なノウハウがなく、せっかく教室に2名の教員がいるのに、週ごとに1人ずつ交代で講義をして終わってしまうようなこともあったのである。

もちろん、そのようなやり方で、学術的な論点と、実務的な論点を交互に教授するというのは、それでもそれなりに（それまでの学者の法律解釈論一辺倒の授業よりははるかに）教育レベルを上げるものではあったのだが、それではまだ不足なのである。

私が当時パートナーの弁護士教員と実践したのは、例えばある1コマの授業をパートナーが主担当で行う回は、私が学生の反応や受け答えの内容をチェックして、その授業の終わりの10分くらいを使って、気が付いたことをコメントするというものであった。つまり、そのコメントを、実務ならばどう、理論的にはどう、というようにそれぞれの専門からの意見を述べ合うだけではなく（それだけでも十分な進歩ではあったのだが）、君は質問に対してこう答えたがどういう発想でそう答えたのか、など、講義を進行する側ではない教員が、パートナーの講義中に学生を観察しておいて、それに基づくアドバイスを与えて指導するという内容のものとしたのである。そのようなことが実践できるのが、この研究者教員と実務家教員の共同担当授業の最もハイレベルな「付加価値」と考えたゆえである。

つまり、授業を進行させながら学生一人一人の反応を観察し、しかもそれを記憶するというのは、結構難しい作業なのである。それが二人体制ならばかなり容易にできるわけである。教える側は、そのメリットを最大限に生かさなければならないのである（そして、究極的には、それを一人でできるようにならなければならないのだが）。実際、そのように、一人一人の学生について、受講の仕方や発想、着眼などまで目配りをして指導すると、教育効果は格段に上がる。まことに、教育の神髄は「観察」にあるというべきなのである。

②法科大学院では、ソクラテスメソッドと呼ばれる、対話型の教育方法を採用しているところが多い。しかしこれも、やり方によっては生産的なものにならない。例えば、私が実際に授業参観をした例では、ある法曹実務家の教員の方が、あらかじめ学生に予習を求めておいた課題について、ポイントを一つずつ学生に質問して答えさせるやり方をしていた。そしてその答えの評点を一人ずつ出席簿に記録していくのである。教室にはその場で評点がつくのでそれなりの緊張感が張り詰めていたが、これは私に言わせればソクラテスメソッドの良いところが一つもない授業である。つまり、予習をさせて正解を答えさせる、という授業では、全く創造性がない。学生にその場で問題を投げかけて考えさせ、想像力と創造力を鍛えて、紛争解決能力を高める、というところにこそ、ソクラテスメソッドの価値があると私は考えている。

結びに代えて――高度専門職教育における「実務家教員COEプロジェクト」の青写真

以上述べてきたことから、法学系大学院レベルで高度専門職教育における実務家教員を養成する青写真を描いてみよう。

検討すべき項目の概要

そこでは、①実務家教員を養成する理念、②実務家教員に必要な共通技術の伝授、③実務家教員が教えるべき内容、の3点がまず想定されるのであるが、高度専門教育においては、③の、実務家教員が教えるべき内容というものは、既にその実務家教員候補者となる各人が身に付けているものであって、ことさらにそれを大学院で教えるべきものではないといえる（ただし、博士課程における実務家教員養成の場合には、各人がその有する実践知を、既存の学理と融合させて理論化する形での博士論文をまとめる必要があり、そのための指導がなされるべきことはもちろんである）。

おそらくこの点は、一般の技能教育、研修教育とはかなり異なる部分となろう。一般の技能教育や研修教育においては、実務家教員各人が持つ実践知を、どのように形式知に転換して受講者に教えるかが重要な養成教育の内容となるはずだからである。したがって、高度専門職教育における実務家教員養成の場合は、主として検討すべきは①と②となる。

①の養成理念については、それぞれの分野の専門教育における実務家教員の役割やその存在の有用性・必然性が、養成する側にもされる側にも十分理解される必要がある。単に国家的トレンドというだけでは不足であり、不適切である。

そして②の部分は、本章が縷々述べてきたような「教授法」が、共通技術として教えられる必要がある。これについては、例えば武蔵野大学大学院の場合は、共通技術の中の「共通部分」については、中核拠点校である社会情報大学院大学における実務家教員養成課程の講座の受講を活用することも考えられる。一方でビジネス法務に特化した「教授法」技術についてのところが、独自カリキュラムの中心として開発されなければならない部分となろう。

高度専門職教育における「シラバス」「テキスト」とは

さて、高度専門職教育においては、一般の大学学部教育とはいわゆるプロトコル（手順、議定書などの意味）がだいぶ異なるところがある。その第一が「シラバス」である。博士課程などでは、シラバスを作ってその通りに教えるなどということはナンセンスであって、既に修士号を持ち、それぞれの専門分野を確立している人たちを対象に、しかもそれぞれのオリジナリティで勝負するレベルの研究を指導するのであるから、「シラバス」を作ってその通りに教えるなどということは、まったく的外れの要求になる。

同様に「テキスト」についても、博士課程の指導内容はそう簡単にテキスト化されるものではないし、そうされてしまうようなら博士レベルの研究ではないということになるわけである。

高度専門職教育における実務家教員養成教育とは

しかしながら、例えば博士課程で「実務家教員」を養成するということになると、話は全く異なる。そもそも、これまでの博士課程は、研究者養成しか考えていなかったので、実務家教員を輩出させることを目的にすること自体が背理に近い（博士課程で実務家教員養成を目的の一つに加えること自体が、発想の大転換なのである）。

もちろん、博士課程である以上、個々の実務家博士課程生にしかるべき研究者としての博士論文を書いてもらうことは当然なのだが、その実務家博士課程生を教員に仕立て上げる教育の部分については、やはりそれなりのプロセスが「形式化」されなければならないのである。

そこには当然、「教え方」についての「共通知」があり「形式知」があるはずであって、それを上手に取り入れた「高度専門職実務家養成のためのトータルな教授法」を編み出すことが、これからの博士課程教育の一つの新しいイノベィティブな課題となるといえよう。

エピローグ

そして最後に述べておきたい。高度専門職教育においては、形式知（広く教えられることが可能な知識）に転化できる実践知というものは、いささか語弊のある言い方ではあるが、やはり一流のものとはいえないのである。つまり、本当の神髄というものは、教えられないものであって、弟子は師匠を観察して盗み取るしかないものなのである。

私はかつて、当時非常に評判の良かったフレンチレストランで食事をした後、そのオーナーシェフと話をしたことがある。そのとき彼が、「最近は厨房の誰が作っても同じ味になるように教育している」と話すのを聞いて、私はこれはだめだと思い、二度とその店に行かなかった。そして実際その店はそれから1年もたたずに閉店した。つまり、本当の一流店は、シェフでなければ出せない味にこだわり続けなければならないのである。

高度専門職教育についての実務家教員養成教育の神髄は、「教えられないことがあることを分からせる」ところにあるべき、と私が考える所以である。

もっとも、そのことは、優秀な実務家教員候補者ならば、誰よりもそのご本人が理解していることであろう。それだけの高度な実践知を持っているという矜持のある実務家にこそ、実務家教員となる門をたたいてほしいというのが、筆者の願うところである。

＊1　田中嘉寿子「結論から書く司法試験答案―実務教育としてのリーダー・フレンドリーな答案の書き方」法学セミナー２０１４年9月号32頁以下。

＊2　この武蔵野大学大学院ビジネス法務専攻開設の狙いの詳細については、池田眞朗「『イノベィティブな法務』をめざして――武蔵野大学大学院法学研究科ビジネス法務専攻の目標と本シンポジウムの趣旨」（特集・武蔵野大学大学院法学研究科ビジネス法務専攻開設記念シンポジウム「ビジネス法務の未来を語る」）武蔵野法学10号（２０１９年2月）5頁以下参照。

＊3　池田眞朗「令和時代の司法書士業務を想定して」（巻頭言）月報司法書士５６９号（２０１９年7月号）2頁以下。そこでは、「未来の司法書士業務の核心は、「ここまでの事実」の表示ではなく、「ここからの事実」の示唆にあるといえようか」とも書いた。なお、現在の司法書士試験は大変な難関であり、学部在籍中に合格できる学生は非常に少ないのが現状である（例えば２０１８年度の司法書士試験では、受験者１４３８７名に対し最終合格者は６２１名、その中の22歳までの合格者は10名である）。

＊4　池田真朗「新世代法学部教育の実践―今、日本の法学教育に求められるもの」連載第4回「新世代法学教育とそのテキスト＋教材」書斎の窓６４６号（有斐閣、２０１６年7月）14頁以下。なお、法律学についての段階的教育論は、筆者が日本学術会議の法学委員会委員長を務めていた時期の学術会議の報告に反映させている。日本学術会議・報告「大学教育の分野別質保証のための教育課程編成上の参照基準・法学分野」（２０１２年）参照（なおこの点については、池田・前掲連載第1回「マジョリティの法学部生のための、専門性のある法学教育」（書斎の窓６４３号20頁）も参照）。

＊5　池田・前掲「新世代法学部教育の実践―今、日本の法学教育に求められるもの」連載第2回「大教室双方向授業」書斎の窓６４４号（２０１６年3月）20頁以下。また武蔵野大学公式ＨＰの法学部長メッセージや武蔵野ＴＶの法学部法律学科紹介動画も参照。

＊6　筆者の法学専門教育における論文の書き方を指導する文献として、池田真朗「法学情報処理―民事

法の文献検索・引用法と論文の書き方」池田『新世紀民法学の構築』（慶應義塾大学出版会、2015年）109頁以下。私はそこで、三段階、四段階の資料収集の必要性を説いている。その他、筆者は、大学受験における小論文と、レポートの違いから説き起こした論考も公にしている。池田真朗「社会科学系の小論文の書き方」日本語学（明治書院、2015年11月号）26頁以下。

＊7 筆者が日本学術会議会員として発表したものとして、池田真朗「研究倫理と『悪意』—法学者のエッセイとして—」学術の動向19巻8号（2014年8月）78頁以下参照。

池田 眞朗（いけだ まさお）

武蔵野大学副学長、法学部長・大学院法学研究科長、産官学連携・研究推進センター長。1949年生まれ。慶應義塾大学経済学部卒業、同大学院法学研究科博士課程修了、博士（法学）（慶應義塾大学）。専門は民法債権法および金融法。フランス国立東洋言語文明研究所招聘教授、司法試験考査委員、国連国際商取引法委員会（UNCITRAL）国際契約実務作業部会日本代表、日本学術会議法学委員長、日本金融法学会副理事長等を歴任。2012年紫綬褒章を受章。慶應義塾大学名誉教授。

【主要著書】『債権譲渡の研究』全4巻（弘文堂、1993年〜2004年）、『ボワソナードとその民法』（慶應義塾大学出版会、2011年）、『解説電子記録債権法』（編著、弘文堂、2010年）、『新標準講義民法債権総論〔全訂3版〕』（慶應義塾大学出版会、2019年）、『スタートライン債権法〔第7版〕』（日本評論社、2020年）、『民法はおもしろい』（講談社現代新書、2012年）など。

第3章 実務家教員に必要なFD（ファカルティ・ディベロップメント）

大阪大学 全学教育推進機構 教育学習支援部 准教授
佐藤 浩章

はじめに

本章の目的は、実務家教員に必要なFDとは何かを明らかにすることにある。FD（ファカルティ・ディベロップメント）とは、文字どおり「大学教員の能力開発」のことである。大学教員は、小・中学校や高校の教員と異なり、法令上で規定された教員免許状は不要である。そのため、入職後に各大学が提供する研修を受講したり、関係諸学会に参加して情報を得たり、書籍を読んだりすることで、自らの能力開発に努めることになる。しかしながら、実務家教員にはどのような能力が求められ、それをどのように開発していけばよいのかについては必ずしも明らかになっているわけではない。

そこで、本章ではまず、大学教員一般に求められる教育能力を整理してから、とりわけ実務家教員に求められる教育能力を提起する。その上で適切な能力開発の方法を提起したい。

なお、本章で大学教員と言った場合、「広義の大学教員」と「狭義の大学教員」という二つの意味がある。前者の場合、そこには実務家教員も含まれる。後者の場合は、実務家教員とは異なる伝統的な大学教員のことを意味する。両者の違いを明確にしたい場合、前者を「大学教員一般」、後者を「伝統的な大学教員」と表現する。

また、大学教員に求められる能力には、教育能力に限らず、研究能力、マネジメント能力、社会連携能力もある。よってFDと言った場合は、教育能力以外の各種能力についても検討するべきであるが、本章では実務家教員に最も期待されている教育能力に焦点を絞って論を進める。

大学教員に求められる教育能力

実務家教員に求められる教育能力を考える以前に、大学教員に求められる教育能力を整理しておこう。大学設置基準では「大学教授の資格」が規定されており、その中で教育能力は「大学における教育を担当するにふさわしい教育上の能力」（第14条）と説明されている。このように法律上の表現は抽象度が高いため、各大学には能力規定の裁量がある。ところが実際には、明確にその能力を規定している大学は極めて少ない（佐藤２０１６）。

そもそも「教育上の能力」は、可視化しにくく適正に評価するのが困難である。例えば、教員の教育業績評価にあたって、担当授業コマ数や指導学生数を指標とする大学があるが、これらは「教育上の能力」を示す指標とは考えにくい。また、学生による授業評価アンケートの結果をその指標として使用する大学もある。先行研究によれば、授業評価アンケート結果は統計的に信頼度が高いとされるものの（Cashin, 1999）、これも「教育上の能力」のほんの一部を示したに過ぎず、本人の「教育上の能力」を総合的に示したものにはならない。

その結果、教員の業績評価にあたっては、「教育上の能力」に比べて、研究論文数や学会発表数のような可視化しやすい「研究上の能力」の方が評価されやすくなっているのが現状である。

大学教員に求められる「教育上の能力」の可視化に、いち早く取り組んできたのが英国である。英国では、２００６年以降、生涯にわたって大学で教え続けるためには資格が必要とされるようになっている（加藤２００８）。この資格を取得するために大学教員に求められる教育能力は、「専門性基準枠組み」として示されている。この「専門性基準枠組み」を参考にして、２０１９年にＦＤ担当者の専門家団体である日本高等教育開発協会が公表したのが「大学教員の基本的な教育職能の基準枠組」である。これは、大学教員が身に付けていることが望まれる

教育職能の領域	教育職能の観点
1. 大学コミュニティについての理解	1-1　大学に関する基礎知識がある。必要に応じて更新する。 1-1-1　所属する大学組織について理解する。 1-1-2　所属する大学の教育システム・環境について理解する（教育理念、各ポリシー、プログラム構成、学生の特長・実態、活用できる教育・学習環境など）。 1-1-3　大学、部局の各種ガイドラインについて理解する。 1-1-4　高等教育の全体構造、一般的動向について理解する。 1-2　同僚とのコミュニケーションをとる。 1-2-1　教員間、その他組織の構成員と教育への思いや困難について共有する。 1-2-2　コミュニティ形成の基礎がある。
2. 授業のデザイン（目標設定、実施計画、成績評価）	2-1　授業デザインのための基礎知識がある。必要に応じて更新する。 2-1-1　授業デザインの意義、設計及び改善の方法、教育プログラムとの関連について理解する。 2-2　授業デザインのためのスキルを持つ。 2-2-1　教育プログラムのポリシーに照らして、授業の目的、意図する学習目標を設定する。 2-2-2　学習目標に合わせた科目の授業計画を設定する。 2-2-3　学習目標を明確にした1回の授業計画を設定する。 2-2-4　学習目標に合わせた成績評価の基準と方法を設定する。 2-2-5　学習成果の省察に基づいて、意図する学習目標・授業計画を改善する。
3. 教育の実践	3-1　教育実践に関する基礎知識がある。必要に応じて更新する。 3-1-1　学生の学習についての基礎知識、学生の学習を促す授業方法についての基礎知識がある。 3-1-2　自らの授業実践について論理的な説明をする。 3-2　学習者中心の授業および学習支援を実現し、学生の学習を促進する。 3-2-1　学習目標および学生の実態に合わせて、教育・学習の内容・方法を実行する。 3-2-2　学生の学習を促す授業の準備、授業運営を行う。 3-2-3　聞き手に配慮した明確なプレゼンテーションを行う。
4. 成績の評価、フィードバック	4-1　教育の評価やフィードバックについての基礎知識がある。必要に応じて更新する。 4-1-1　成績評価の意義と目的を理解する。 4-1-2　評価の構造と機能を理解する。 4-1-3　評価の方法と特徴について理解する。 4-1-4　評価自体の評価について理解する。 4-2　適切な成績評価およびフィードバックを行う。 4-2-1　学習目標に合わせて、成績評価の基準と方法、成績評価のフィードバックなどを適切にデザインする。 4-2-2　学内の成績評価の方針・システム、成績評価に求められる社会的意義をふまえた評価設計を行う。
5. 継続的な教育開発と自己改善・キャリア開発	5-1　教育開発および教育活動での自己改善・キャリア開発に関する基礎知識がある。必要に応じて更新する。 5-1-1　FDの概念、構造、制度基盤についての基礎知識を持つ。 5-1-2　教員自身の自己改善・キャリア開発とFDの関連を理解する。 5-2　教育開発、自己改善・キャリア開発のためのスキルを持つ。必要に応じて更新する。 5-2-1　学生や教育プログラムの実態、社会の状況、自らの教育活動を統合的に振り返り、改善する。 5-2-2　FDの機会を積極的に活用するとともに、その効果について振り返り、今後に生かす。

図表3-1　大学教員の基本的な教育職能の基準枠組

基本的な教育職能を示したものである（図表3－1）。

これらは、あくまで大学教員に求められる基本的な教育能力である。当該大学の使命や役割によっては、これ以外にも必要な能力はあるだろう。例えば、研究中心大学の場合は、大学院生に対する研究指導力や、留学生などに対して英語で授業をする能力が求められるだろう。教育中心大学の場合は、個別学生に対するコーチング能力や学生支援（キャリア教育、メンタルサポートなど）に関わる能力が求められるだろう。

また、大学教員がキャリアを積むことによって、求められる能力も変化していく。例えば、中堅教員になれば、カリキュラム運営に関わる能力が求められてくるし、ベテラン教員になれば、教育政策の理解や組織運営、制度・規則設計能力も求められてくる。

実務家教員に求められる教育能力

松野（2019）は実務家教員に求められる資質・能力として、①執筆力、②説明力、③プレゼンテーション力、④コミュニケーション力、⑤問題提起力、⑥問題分析力、⑦問題解決力を挙げている。しかしながら、これらは大学教員一般に求められる能力なのか、特に実務家教員に求められる能力なのか、あるいは教育能力なのか研究能力なのかといった点が明確にされていない。改めて、既に見た大学教員一般に求められる能力に加えて、とりわけ実務家教員に求められる能力とは何かを考えてみたい。

実務家教員の定義については、専門職大学設置基準において「専攻分野における概ね5年以上の実務の経験を有し、かつ、高度の実務の能力を有する者とする」（第36条）と規定されているものの、大学設置基準同様「高度の実務の能力」については具体的に定められていない。

教職大学院における実務家教員の役割について言及した中央教育審議会「今後の教員養成・免許制度の在り方について（答申）」（2006）では、「実務家教員には、事例や事例知識等をコーディネートしていく役割とともに、理論と実践の架橋を体現する者として、研究的省察を行い、リードする役割が求められる」と述べられている。

また、大学での実務家教員養成に取り組む先端教育機構では、実務家教員の役割として「産業界と学術界を往還し、高度な経験と最先端の学術知を併せ持ち、それらを適切な方法で教育できる」、「社会のあらゆる場に遍在する『実践知』を、継承・教育可能な『形式知』へと変換し、体系化できる」役割が求められるとしている（先端教育機構）。

これらを手がかりに考えると、まず実務を経験している教員に期待されているのは、当然ながら実務経験について説明する能力だろう。つまり、学問として体系化された知識（学問知／形式知）を提供するのが伝統的な大学教員の役割だとすれば、実務家教員には経験に裏付けられた知識（経験知／実践知）を提供することが期待されていると思われる。

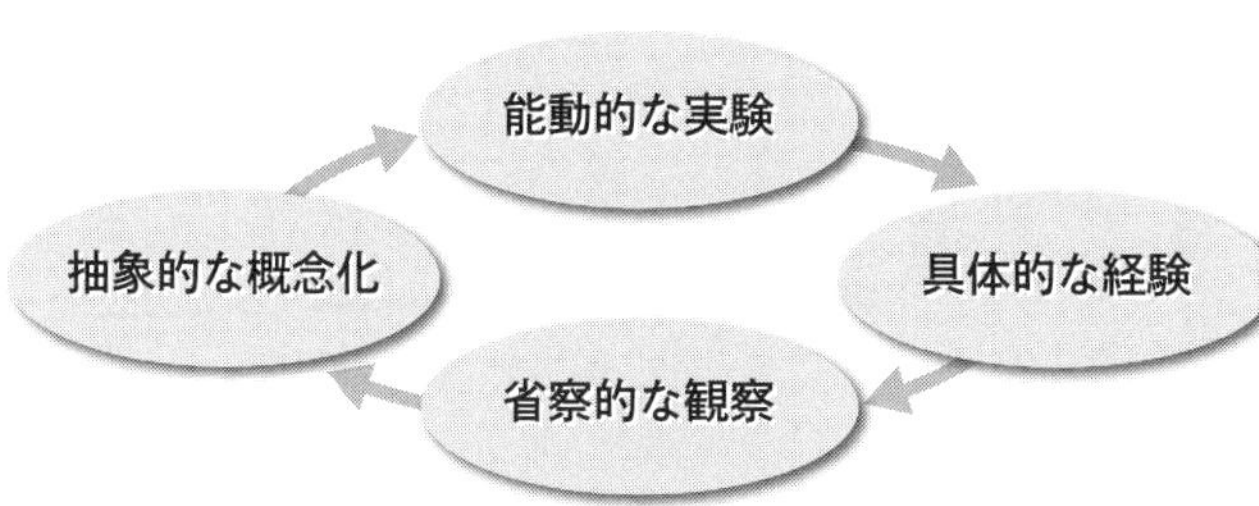

図表3-2　経験学習モデル（Kolb, 1984をもとに作成）

しかしながら、両者の教員の授業から学ぶ学生の中には、両方の知識を結び付けることが難しい者もいる。だとすれば、経験知を説明するだけではなく、学問知と経験知がどのように結びついているのかを説明することも実務家教員には求められる。これは決して実務家教員のみに求められる能力ではなく、伝統的な大学教員にも求められる能力であろう。しかしながら、より実務家教員にその役割が期待されている。

ところで、経験知とは一体どのように形成されるのだろうか。これについては、経験学習論の知見が参考になるだろう。社会人が行う経験学習のプロセスを表現したのが、コルブによる経験学習モデルである（Kolb, 1984）。このモデルでは、学習を「経験を変換することによって知識を作り出すプロセス」と定義した。経験学習モデルは「具体的な経験（concrete experience）」「省察的な観察（reflective observation）」「抽象的な概念化（abstract conceptualization）」「能動的な実験（active experiment）」という四つのステップが循環する構造となっている（図表3－2）。

実務家にこのモデルを適用すると、「具体的な経験」である実務を行った後、自分の実務を振り返って観察し、注意深く分析をして（「省察的な観察」）、そこから一般化したり抽象的な仮説や法則を見出したりして（「抽象的な概念化」）、それらを次の実務に適用する（「能動的な実験」）という過程が経験学習となる。

このモデルを活用すれば、実務家教員が授業で語るべき内容とは、具体的な経験そのものというよりは、省察的な観察を経て、抽象的な概念化が行われたものであるべきである。この過程で最も必要とされる能力とは、メタ認知である。メタ認知とは、「認知活動それ自体を対象とした認知する心の働き」（三宮２００８）のことである。抽象的な概念化にはメタ認知が欠かせない。

つまり、まず経験を言語化すること、その経験をメタレベルで振り返り、意味づけを行うこと、結果として経験は当初より厳選されると同時に抽象度が高くなる。これこそが「経験知」である。しかも、その経験知と関連する学問知を探し出し、両者の結び付きを分かりやすく説明するということが、「経験知と学問知を結び付ける」ということである。このように、実務家教員に求められる教育能力は、認知的に非常に高度な能力である。

実務家教員に求められるＦＤ

こうした実務家教員に求められる能力はどのように開発していけばよいのだろうか。既に見たように、大学教員として教えるにあたっては教員免許が不要である。また、教員免許を取得するための教職課程も存在していない。そのため、実際にはFDの方法は多様なものとならざるを得ない。以下では、典型的な五つの方法について説明する。

(1) 研修会に参加する

最も一般的な方法は、講演会・ワークショップ・セミナーといった研修会に参加することである。多くの大学では定期的に授業づくりや授業改善のための研修会を開催している。図表3－3に示したものは、大阪大学において、2日間にわたって開催されている「授業づくりワークショップ」（全学教育推進機構教育学習支援部主催）のスケジュールである。この研修は主に新任教員を対象に、授業の構想・設計・実施・評価に関わる一連の過程を体験しながら、大学教員として授業をするために必要な最低限の能力を身に付けることを目的としている。

しかしながら、このような体系的な研修を提供している大学の数は多くはないのが現状である。そのため大学教員として採用されたとしても、職場でこのような研修を受講することができない場合もある。その場合は、学協会や民間企業が主催する同様の研修に参加するとよいだろう。例えば、日本教育工学会主催「大学教員のためのFD研修会（ワークショップ）」や大

1日目

時刻	内容
10:00-10:20	オープニングセッション 1-1）研修概要、スタッフ＆参加者紹介とお願い
10:20-10:50	演習①「ミニ授業（5分講義）」の個人発表
10:50-11:50	講義①「インストラクショナル・デザイン」 1-2）ID ＆ ISとは 2-1）学習者を分析する 2-2）目的を設定する 2-3）目標を設定する
11:50-12:50	写真撮影・ランチ
12:50-13:50	2-4）内容を設計する 2-5）教育方法を選択する 2-6）評価方法を選択する 2-7）シラバスを点検する
13:50-14:00	休憩
14:00-15:50	講義②「インストラクショナル・スキル」 3-1）わかりやすく教える（理解） 3-2）記憶に残るように教える（記憶）
15:50-16:00	休憩
16:00-16:20	演習②「ミニ授業（5分講義＋KP法）」の準備
16:20-17:00	「ミニ授業（5分講義＋KP法）」の個人発表と相互フィードバック
17:00-17:15	休憩
17:15-17:45	講義③「インストラクショナル・スキル」 3-3）魅力的に教える（伝達）
17:45-18:00	初日の振り返りと宿題提示 ・15分ミニ授業の準備 ・シラバスの提出
18:00-20:00	交流会【任意参加】
授業外学習	修正したシラバスを以下提出先にアップロードしてください。 ＊締切：2日目の08:00まで

2日目

時刻	内容
10:00-11:30	演習③「ミニ授業（15分アクティブラーニング）」の発表
11:30-12:30	昼食
12:30-14:00	講義④「インストラクショナル・スキル」 3-4）学びに参加させる（参加）
14:00-14:15	休憩

14:15-16:00	講義⑤「インストラクショナル・デザイン」 2-8）パフォーマンスを評価する 2-9）ルーブリックを作成する
16:00-16:15	休憩
16:15-16:45	演習④「ミニ授業（15分アクティブラーニング）」のブラッシュアップ
16:50-17:20	「ミニ授業（15分アクティブラーニング）」の発表
17:20-17:35	講義③「インストラクショナル・スキル」 3-5）面白く教える（動機づけ） 授業のお悩み解決コーナー
17:35-18:00	クロージングセッション 4-1）研修を振り返る 4-2）行動計画を立てる

図表3-3　大阪大学　授業づくりワークショップ　スケジュール

学セミナーハウス主催「新任教員研修セミナー」は、毎年開催されているものである。全国各地で開催されている大学教員向けの研修については、京都大学が運営する「あさがおメーリングリスト」にて最新の情報が提供されている。

実務家教員向けの研修会に関しては、文部科学省による「持続的な産学共同人材育成システム構築事業」（2019～2023年度）によって取り組みが開始されている（第11章参照）。初年度は東北大学や社会情報大学院大学など4校5件が拠点として採択されたが、いずれも実務家教員の養成を活動として掲げている。今後はこれらの拠点を中核にして、実務家教員のニーズに対応する研修の機会が増えていくだろう。

(2) 書籍を読む

大学教員にとって書籍を読むという行為は、日常的なものである。また、読書を通じた能力開発は、一人で自分の都合の良い場所と時間帯に行うことができるという点においても、大学教員には都合の良い能力開発の方法である。ところが、教育学の中でも、大学教育学というのは歴史が浅い分野であり、小中学校・高校教員と比較すると、大学教員向けに書かれた教育書の数は圧倒的に少ない。日本において、大学教員向けの授業の教科書が出版されたのは1980年代であるが、それらは英国や米国の翻訳書であった。

日本人による初めての教科書は、名古屋大学のFD担当者が作成した『成長するティップス先生―授業デザインのための秘訣集』（池田ら2001）であろう。その後、少しずつ数は増えていき、「大学の教授法」という体系的な教科書シリーズも出版されている（中井2015、中島2016、佐藤2017、近田2018、中島2018）。

なお、愛媛大学教育・学生支援機構教育企画室（2016）では、大学教職員が読むべき書籍をリストアップしている。

（3）動画教材を視聴する

大学教員向けに、授業づくりや授業改善を目的としたオンライン上の動画教材も開発されている。東京大学大学総合教育研究センター作成「インタラクティブ・ティーチング」、関西地区FD連絡協議会作成「シリーズ大学の授業を極める」、東北大学高度教養教育・学生支援機構作成「専門性開発プログラム」などは、誰でも無料で視聴できるものである。そのため実務家教員になる前の段階からも学べるものとなっている。この他、大規模私立大学で構成される全国私立大学連携フォーラムに加盟する大学においては、立命館大学教育開発推進機構教育・学修支援センター作成「実践的ＦＤプログラム」という動画教材が新任教員研修の教材として活用されている。

(4) 授業参観・授業公開を行う

このように授業に関する知識をインプットすることは重要なことではあるが、これだけでは社会人は学べないというのが成人教育学の知見である。つまり、既に見たように、社会人の学びにおいては経験学習が有効である。だとすれば、授業を実際に実施したり、他者の授業を見学したりするという経験を基盤にした能力開発手法は効果的であろう。それが授業参観・授業公開である。いずれも、所属組織におけるＦＤ担当部署や委員会が主催することが多いが、自ら同僚に呼びかけて実施することもできる。

授業参観とは文字通り、他者の授業を参観することである。多くの場合、同僚の教員の授業を1コマ参観する。授業の一部分を参観することも可能ではあるが、参観する部分の前後の文脈が分からないと意味が理解できないこともあるので、可能な限り1コマ分は参観することが

	実務家教員による授業	伝統的な大学教員による授業
自らと同じ 専門分野の授業	授業内容／経験の言語化	授業内容／経験知と学問知の接点
自らと異なる 専門分野の授業	授業方法／経験の言語化	授業方法／経験知と学問知の接点

図表3-4　授業参観時における授業タイプ別学習観点

望ましい。

授業参観の意義は、他者の実践をかがみにして自らの実践を振り返る機会にすることにある。授業を実施したことのない教員にとっては、実際に授業をする前の代理経験の機会となる。この際、自らと同じ専門分野の授業／自らとは異なる専門分野の授業、実務家教員による授業／伝統的な大学教員による授業など、さまざまなタイプの授業を参観することが望ましい。なぜなら、それぞれ気づいたり、学んだりする観点が異なるからである。これらを整理したものが図表３－４である。

まず、自らと同じ専門分野の授業を参観することで、主に授業内容に関する気づきがある。専門用語の説明の仕方、扱っている内容の適切さ、授業の構成などが観点になる。一方で、自らとは異なる専門分野の授業を参観することで、主に授業方法に関する気づきがある。説明の技法、資料の提示方法、発問の仕方などが観点になる。

次に、実務家教員による授業からは、経験をどのように言語化していくのかについて学ぶことができる。一方で伝統的な大学教員の授業からは、経験知と学問知の接点はどこかについて学ぶことができる。

授業参観と立場が逆になるのが授業公開である。つまり、自らの授業を公開して、さまざまな教員に授業を参観してもらい、その後、口頭もしくは文書によるフィードバックをもらうことを通して学ぶという方法である。この際も、できるだけ多様な教員に参観してもらうと、多様な観点からフィードバックがもらえて有益である。専門分野や、実務家教員か伝統的な教員かという違いだけでなく、新任教員・中堅教員・ベテラン教員というキャリアの違いも異なる観点を生む。

たとえ、十分なフィードバックがもらえなかったとしても、参観者がいるだけで、自らの授業をメタ認知しやすくなるため、さまざまな気づきが得られるはずである。

このように授業参観や授業公開を実施した後には、授業検討会が開催されるのが一般的である。通常は、当日の夕方などに、1時間程度で実施される。参加者は、授業公開をした当該教員、授業参観を行った教職員で構成されることが一般的である。当該授業に対するフィードバックを中心にして、授業の良かった点と改善できる点を明らかにしていくことが目的である。

（5）教育実践についての論文を書く

授業参観や授業公開を行った結果、良い学びがあった場合、本格的に授業改善に取り組みたいと思う教員もいるだろう。自らの授業実践をテーマに論文を執筆し、それを学会で発表することになるが、こうした行為も能力開発方法の一つである。

教員は、自らの授業を実施している途中、あるいは実施した後に、何らかの気づきがあるはずである。例えば、授業中の学生の様子を観察する中で、学生の表情が曇ったり、眠そうな学生が増えたり、反応が薄かったりということに気づくことがある。あるいは学生の書いたコメントトシート、そしてテストやレポートの結果から、理解度が不足していることに気づくこともある。こうした気づきを深く分析することで、自らの授業の課題・問題点と解決策を見いだす。そして、その解決策を実行に移すことで、授業改善を図ろうとする。この一連の活動は経験学習のプロセスそのものである。ということは、自らの授業実践を論文化することでメタ認知能力が高まっていく。

このような論文は、大学教育研究という分野における学術論文となる。大学教育学に関わる学会も存在するし（大学教育学会、日本教育工学会など）、学問分野別でも教育に焦点化した学会が存在する（日本医学教育学会、日本看護学教育学会、日本工学教育学会など）。また、研究を主たる目的とした学会内に教育部会が設置されていたりする場合もある。しかしながら、自らの授業実践を対象とした教育研究を研究活動として位置づけていない学会の方が多いのが実態である。一方で、教育研究を論文として投稿できる紀要やジャーナルを持っている大学もある。

おわりに

本章では、実務家教員に必要なＦＤとは何かについて検討してきた。実務家教員自体が新たな概念であるため、必要な能力は何か、最適な能力開発方法は何かについて明らかになっている知見は少ないというのが現状であろう。今後、実務家教員や能力開発の実践事例が増えていくことによって、研究・実践の知見が集積されていくことに期待したい。

参考文献

愛媛大学教育・学生支援機構教育企画室（２０１６）「大学教職員のための32冊」

池田輝政・戸田山和久・近田政博・中井俊樹（２００１）『成長するティップス先生―授業デザインのための秘訣集』玉川大学出版部

加藤かおり（２００８）「英国高等教育資格過程（ＰＧＣＨＥ）における大学教員の教育職能開発」『高等教育研究』11

佐藤浩章（２０１６）「大学教員の教育能力の開発―ファカルティ・ディベロップメントの現状と課題―」統計研究会『ECO-FORUM』31／2

佐藤浩章編著（２０１７）『講義法（シリーズ　大学の教授法2）』玉川大学出版部

佐藤浩章・中井俊樹・小島佐恵子・城間祥子・杉谷祐美子編（２０１６）『大学のＦＤ　Ｑ and Ａ』玉川大学出版部

三宮真智子編著（2008）『メタ認知―学習力を支える高次認知機能』北大路書房
先端教育機構　https://www.sentankyo.ac.jp/alab/faculty/（2020年1月29日閲覧）
近田政博編著（2018）『研究指導（シリーズ　大学の教授法5）』玉川大学出版部
中央教育審議会（2006）「教職大学院における「実務家教員」の在り方について」（「今後の教員養成・免許制度の在り方について（答申）」参考資料）
中井俊樹（2015）『アクティブラーニング（シリーズ　大学の教授法3）』玉川大学出版部
中島英博編著（2016）『授業設計（シリーズ　大学の教授法1）』玉川大学出版部
中島英博編著（2018）『学習評価（シリーズ　大学の教授法4）』玉川大学出版部
松野弘（2019）『社会人教授入門―方法と戦略』ミネルヴァ書房
Cashin, W.E. (1999) Student Rating of teaching: uses and misuses. Seldin, P. (ed.) *Changing practices in evaluating teaching*. Anker Pub.
Kolb, D. A. (2014) *Experiential learning: Experience as the source of learning and development, 2nd ed.*, FT press.

佐藤　浩章（さとう　ひろあき）

大阪大学 全学教育推進機構 教育学習支援部 准教授。1997年北海道大学大学院教育学研究科・修士課程修了、2002年同研究科・博士後期課程単位取得退学。博士（教育学）。2002年4月より愛媛大学大学教育総合センター教育システム開発部講師・准教授、教育・学生支援機構教育企画室准教授・副室長を経て、2013年10月より現職。この間、ポートランド州立大学客員研究員、キングスカレッジロンドン客員研究フェロー等を歴任。専門は、高等教育開発。

第2部

実務家教員とリカレント教育

第4章

実務家教員を目指す方に知っておいてほしい「社会人学習」の現状と実務家教員の役割

リクルート進学総研主任研究員（社会人領域）・白百合女子大学非常勤講師
乾 喜一郎

はじめに

「実務家教員」は、自分自身が社会人学習者であると同時に、今後ますます重要性を増すリカレント教育において社会人学習者への教育を担うことが期待される存在でもある。この章では、社会人学習の促進に長年携わってきた者として、学習者の事例に基づき、学ぶ側の立場からその実情と今後についての課題を解説し、最後に社会人学習における実務家教員の役割を考えていきたい。主なポイントは次の4点である。

・社会人の学びと子どもの学びはどう違うのか

・社会人の学び方の新たな姿―越境型学習
・学ぶ社会人と学ばない社会人の違い
・実務家教員が果たすべき役割

私は2002年ごろから、社会人学習の専門誌である『ケイコとマナブ』や『稼げる資格』『スタディサプリ社会人大学院』などの制作に携わってきた。いずれも、実際に学ぶ社会人の事例紹介をメインコンテンツとしており、そこで取り上げてきた社会人学習者の事例は3000例を超える。3000人といっても学習者全体の数からするとわずかではあるが、たまたま見知った一人二人の事例や自らの周囲の偏ったコミュニティの状況をもとに大声でその問題点を指摘するような論者がいるテーマでもある。多様な学習者の事例を見てきた立場から、できる限り実像を踏まえたその全体像をお示ししたいと思う。

「社会人の学び」と「子どもの学び」の違い

マスコミなどで学習や教育について語られるとき、特に言及されない限り、扱われているのは子どもたち、若者たちを対象とした学校教育だ。そして社会人学習やリカレント教育については、その延長線上、同じ枠組みで語られることが多い。しかし、社会人の学びには、子ども・若者の学びと決定的に異なっているポイントを少なくとも3点挙げることができる。いずれも、社会人学習を考える際、絶対に踏まえておきたい内容だ。

まず1点目、「社会人は、自らの意思で学んでいる」ということである。学校に通い学ぶことが主たる活動であり、また教育を受けることが当たり前である子どもたちと異なり、社会人は、企業などでの勤務や家庭内での仕事など、学習とは異なる活動を主としており、学ぶ必然性、学ぶ義務といったものはない。だから、学習を実施する社会人は、「学びたい」「学ばなければ」という意思を持った上で、その金銭や時間を学習に投入しているのである。自分磨きなら海外旅行やエステティックに通ってもいい、リフレッシュならショッピングや外食に費やしてもいい、そうしたほかの競合する活動を抑え、学びたいという意思を優先した結果の行動だ。それまで学んでいなかった社会人が学習を始めるには、ほかの活動ではない、学びに対する強い動機が喚起される必要があるし、学習の後はその内容が投じたお金や時間に比べて割に合っていたのか、シビアな目で評価を行っている。

2点目は、「社会人はゼロから知識なりスキルなりを身に付けるのではなく、自らの経験を踏まえ、学んだことと接続している」ということだ。

子どもたちを対象とする教育の場合、教える相手である子どもたちは「まっさら」な状態であり、そこに教える側の知識を移転することが前提となっている。新しい学習指導要領で「主体的・対話的で深い学び」が掲げられるなど変化の兆しはあるものの、多くの教室では、教員は生徒・学生が何も知らないことを前提に授業を行っていることだろう。

もちろん社会人が学習する場合においても、多くの教室では、「知っている」教員が「知らない」社会人学生に知識を提供する同じ構図で授業が行われている。しかし、たとえ見かけはそうであったとしても、授業を受ける学び手の側は異なる。彼ら彼女らはそれぞれ、教室に向かう前に、これまでの仕事やライフイベントを通じて多くの経験を持っている。望むと望まないとにかかわらず、新しく学んだ内容は自分がこれまでに持っている知識と関連付けられるし、自分のこれまでの歩み、キャリアの中で価値あるものとなるように意味付けられる。例えばキャリア論には、偶然の出来事がキャリアの中で大きな役割を果たすことを示す「計画された偶然性」という理論があるが、この理論を授業で聞いたとき、偶然が味方してくれたという経験を業務の中で豊かに持っている人と、これまで偶然の出来事が味方してくれたことなどないと感じている人とでは、その受け取り方、定着の仕方は全く異なる。

3点目は、「社会人は、学習と実践を繰り返している」ということである。

資格を取得し稼いでいる人に話を聞くと、現在その稼ぎにつながっている知識の中で、資格取得時までに身に付けた知識の割合は非常に小さい、そう考えておられることが多い。これは弁護士や医師など、資格取得までに非常にたくさんの知識が必要な職種であっても当てはまる。皆さん口をそろえて、使える知識の多くは、勉強して資格に合格した後、現場での実践や継続的な学習を通じて得たものだという。だからといって、資格や学位を取得した際の学習が意味を持たないというわけではない。どのように実践から意味のある経験を抽出するか、新たな学説や理論が常に耳に入るようにするにはどのような日常的活動が必要かなど、学習者は資格取得までの学習によって、そうした「学び続ける力」を身に付けている。

リカレント教育や「社会人の学び直し」の必要性について語られる際、それが上滑りの、いまひとつ説得力を持たないと感じられることがある。それらは、「学び直す」必要性の根拠として、「人生100年時代でキャリアが長くなり」、また「VUCA（＊1）の時代、変化が激しくなった」から、「20歳前後に学んだことは陳腐化してしまう」というふうに論を進める。だが、知識そのものがすぐに陳腐化するのは、今に始まったわけではない（江戸時代の教育者たちだって同じことを言っている）。それは、新しい判例や学説が次々と加わる弁護士や医師といった職種に限ったことでもない。例えば「職人」の世界。素人目には修業時代を終え、一人前になったら全く同じことを続けているように見える。しかし、一流と言われる職人は学び続けている。ある高齢の竹細工職人の方から「一つとして同じ竹などない、だから毎日が勉強」「工芸展に出品してお客さんの声を直接聞いている」「ほかのジャンルの工芸の職人から学ぶことも多い」と聞いてその方の貪欲な姿勢に感動したことがあるが、ジャンルを問わず、プロフェッショナルたちは学び続けることを当然のことと捉えている。

逆に「陳腐化も何も、学生時代に学んだことが役に立ったことなどない」と笑う人もいる。

いずれにしても共通しているのは、「学んだことは陳腐化する」という考え方が社会人に学び直しを促す説得力につながらないということだ。

学び方が変わる

「自らの意思で」「これまでの経験を踏まえ」「学びを重ねていく」社会人学習の姿は時代を越えて普遍的なものだが、社会人学習者の「学び方」は不変ではない。社会環境、キャリアのあり方の変遷に応じ、社会人の学びのあり方も様変わりしている。

高度成長期、終身雇用を前提に働く社会人も、もちろん学習を実施していた。ＯＪＴを通じてその会社独自の技術や仕事の進め方を身に付け、入社年次や職場ごとに行われる研修も数多く用意されていた。「職能資格制度」や管理職になるための昇任試験など、会社が用意した個人のキャリアプランを実現する制度も確立され、組織で高い地位を獲得している管理職は皆、組織の中に蓄積された知を自らの内側にインストールしていた。もちろん、今も同様の制度を続けている企業は数多い。職場のみんなが同じ知識と価値観を共有しているほうが効率的だし、学習という観点からは、学んだらどうなれるのかというロールモデルが職場に数多く存在しているから、自然に学習意欲が培われる。

デメリットもある。学ぶ内容は組織ごとに最適化されているため外部では通用しにくく、また組織全体の成長力が鈍化し学ぶ内容が更新されなくても、内側にいるとなかなか気付けない。良くも悪くも所属組織と一蓮托生。昭和以来のこの学び方を「組織型学習」と名付けておこう。

平成に入り、組織と個人のあり方は大きく変わっていく。組織による身分や雇用の保障は小さくなり、成果主義が導入される中、組織の中にとどまらない学習である資格取得への関心が高まった。私が編集長を務めていた資格情報誌『稼げる資格』は、金融機関の破綻が相次いだ1997年前後、またリーマンショック後の2009～2010年には大きく部数を伸ばした。社会で普遍的に評価される知識・スキルを手に入れるなら、まず明確な目標である資格取得が検討されたということだろう。実際この時期には語学、金融、法律、ITなどの分野の資格が数多く創設され、新しくMBAが次々と開学していった。自らがキャリアの主体となり、自らのエンプロイアビリティの向上を目的とするこうした学習は、ジョブ型採用に対応したものでもある。企業の人材獲得競争、また今後予想される国籍を越えた人材間競争の激化を考えると、今後も下火になることはないだろう。平成になってメジャーになったこうした学び方を、「資格型学習」と名付けておこう。

グローバルスタンダードといえる資格型学習だが限界はある。資格型学習で学ぶ内容は、それぞれの分野の専門家たちが過去の実績をもとに抽出し、長年の精査を経て構築された知識・

スキルだ。そうでなければ資格にせよ、ＭＢＡなどの学位にせよ、そもそも点数をつける共通の判断基準など作れないし、世の中で広く通用する客観的な価値を持つこともできないのだから当然のことである。しかしそれは同時に、それらを身に付けるだけでは、これからの環境変化に適応し、自ら変化を作っていこうとするには不十分だということを示す。資格型学習で得られた知識やスキルは、そのままこれからの変化の時代に通用するものというより、あくまでその土台だからだ。そこで、新しい学び方が必要だと感じる人々が実践していると考えられるのが、次項以降で紹介する「越境的学習」である。

令和の学び――事例から

組織の内側の知を身に付ける昭和以来の学び「組織型学習」と、組織の外側で普遍的な価値を持つ知を身に付ける平成の学び「資格型学習」。近年の社会人学習者の中には、この二つの姿にはとどまらない形で学習を続ける姿が目立つようになった。

その特徴は、「実践の場」と「学習の場」の境界を行き来し、異なる価値観を持つ他者との対話を通して新たな知恵を生み出していこうとすること。

具体的な事例をご紹介するとイメージがつきやすいだろう。

Iさん（仮名・取材時49歳）はもともと、金融業界に身を置くファイナンスの専門家。組織の中での学習はもちろん、自分の専門を磨くための学習も常に続けていた。しかし、組織の中では人事構成上長い間同じ部門・同じポジションでの仕事が続いており、このままでいいのか、というモヤモヤを感じていたと言う。そんな中でたまたま、ビジネススクールのある科目を受講することになった。「せっかく会社が負担してくれるのに若手が誰も応募していなかったので、じゃあ、と手を上げたんです」。ケーススタディを中心とする授業は、異なる業界、異なる経験を持つ人々との対話をベースに展開されていた。「自分が当たり前だと感じていたファイナンスの知識が、他社に所属する人々の目から見ると貴重なものだということに気付かされました。自信になりましたね」。Iさんはそこで、震災復興のＮＰＯにプロボノとして参加することを決める。ファイナンスの専門家としての自分の知識と経験が生かせる、これは自分がやらねばならないことだと感じたためだ。「ボランティアでの活動は非常にうまくいきましたが、事業に関わっていく中で、今度は自分の経験や知識の偏りに気付かされました。これは体系的に学ばなければ責任が果たせない、と痛感したのです」。

翌年、Iさんは社会人大学院へ進学し、イノベーション・マネジメントを専攻。プロボノとして行った活動をもとに論文をまとめた。修了直前に、所属企業では経営管理部門に異動。ボランティア活動も継続し、新たな実践の場へと踏み出している。

学んだことを直接生かすのが困難だったが、逆にそれが大きな学びとなったという方もいる。

Pさん（仮名・取材時38歳）は人事部門で長く教育研修を担当するうちに心理学やモチベーションマネジメントに関心が高まり、複数のセミナーを受講後、大学院へ進学する。「先生やほかの企業の方々とのディスカッションを通じ、自社の教育研修が抱える課題が明確になりました。これは私がやらなければ、と在学中から改革に向け取り組みを始めたのです」。しかし、Pさんが進めようとした改革案は、社内でなかなか理解を得られなかった。「上司はその可能性を認めてくれたのですが、決して積極的に後押ししてくれるというわけではなく、やりたいなら頑張ってみろ、と（笑）。そこで関係各所に理解してもらおうと根回しを始めても、これまでのやり方を変えたくはない方々からは大反対です。『ほかで効果があったか知らないが、ウチの風土には合わないよ』と。説得力を持たせようと使った最新の理論や専門用語などはむしろ逆効果で、『大学院で変なのにかぶれてきやがって』と思われていたのかもしれません。まさに空回り、でした」。悩んだPさんは一緒に学んだ仲間たちからのアドバイスをもとに、理解を求める方法を考えた。「いったん最初の企画書は全ボツにして、でも根っこは変えずに新しく企画をまとめました。『皆さんからいただいたアドバイスをもとにやり直しました』と。新しい資料からは専門用語は削り、創業者が残した言葉をたっぷりと引用。現場発の、自社の風土に即したものだと強調したのです」。今度は上司からも積極的な支援が得られ、新しい研修の企画は無事実現することになった。「大学院でも多くのことを学びましたが、それよりも、その後実践に移そうとして起こしてしまった軋轢から学んだことのほうが大きかったかもしれません（笑）。それによって学んだ理論が血の通ったものになったのではないかと思います」。

Iさんも Pさんも、組織の中で完結する「組織型学習」や普遍的な知識を身に付ける「資格型学習」とは異なる学び方をしていることがお分かりいただけると思う。そしてもちろん、こうした学び方をしているのはこのお二人に限ったことではない。

越境型学習の「8の字モデル」

実践の場＝職場（ホーム）と学習の場＝大学（アウェイ）を行き来しながら学ぶ令和の学び。図表4－1は、学習者の事例や「越境型学習」を提唱する法政大学大学院の石山恒貴先生をはじめ多くの皆さんとの対話をもとに、その姿を「8の字モデル」として図式化したものである。

8の字の上の円が実践の場である職場、下の円が学習の場である大学院などを示している。その学習のプロセスを、左上側の【①持論形成】のところから順を追って説明していこう。

【①】 Iさんの場合もPさんの場合も、それまでの業務経験を通じて自らの「持論」を持っていた。その上で組織の境界を越え、「下の円」である学びの場に向かったのである（【②】）。「越境」したわけだ。その原動力として特にミドルの方々から聞くことが多いのは、「仕事はこれまで蓄積したやり方で順調に回るけれど、このまま過ごしていていいのか」というモヤモヤとした危機感だ。多くの企業では、昭和の時代のように次々と新たなキャリアステージが用意されるという状況ではない。組織構成上、長く同じキャリアにとどまっているケースも多い。言葉本来の意味での「役不足」。物足りなさと同時に、この先の将来を考えると不安感が募る。一方で、自分がこれまで蓄積してきた専門性をより広く生かしたいという意欲もある。そうした思いが学びの場へ踏み出す原動力となっているのだ（それは、私自身が学習に取り組む原動力でもある）。

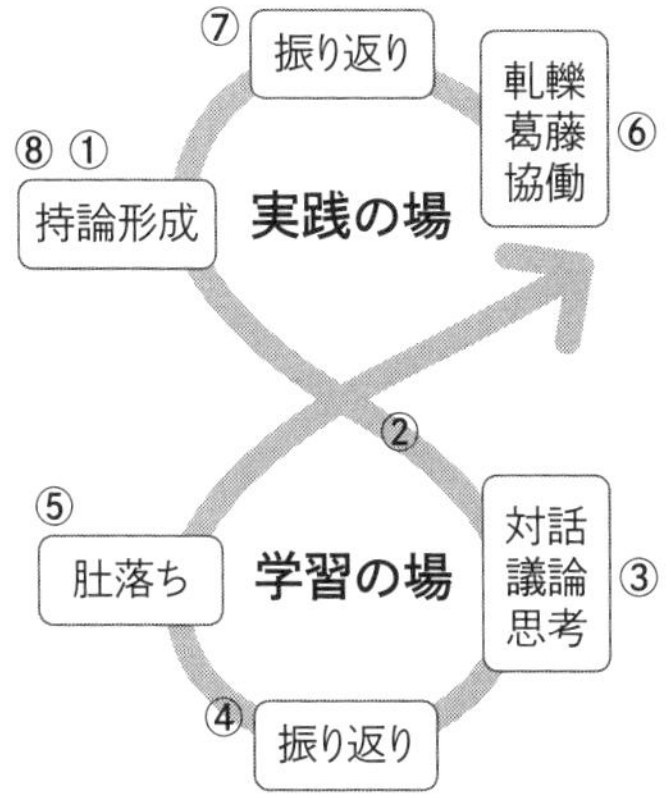

図表4-1　実践の場と学習の場を往還する「8の字モデル」

【③】学習者は、書籍やネット、動画など多彩なコンテンツにアクセスしているが、先のような思いを受け止めてくれるのは、リアルなコミュニケーションが得られる対面の場だ。同じテーマに関心を持ちつつ、自分とは異なる背景を持つ他業界・他職種、異世代の学習者との対話を通じ、自分の経験が世の中で持つ価値を意識したり、自分が前提としている判断基準や思考の土台が決して普遍的ではないことに気付く。自らの価値観が揺るがされる。決して楽な経験ではないが、授業で得た新たなインプットと自分の経験を合わせて深く思考し、ひねり出したアウトプットに対して教員やともに学ぶ仲間から厳しいフィードバックを得られる経験は、日常的に過ごしている職場では得られない貴重な機会だ。

【④】学んだことを振り返り、【⑤】肚に落とす。学んだことをこれまでの経験に照らし、自分のキャリアの上で位置付ける上では、振り返り・内省が欠かせない。学んだ後に、ブログなど自ら「書く」ことを通じて、意識的にこのプロセスを踏んでいる方も多い。また社会人学習者を数多く指導してきた教員の中には、このプロセスを重要視し、積極的にサポートしている方もいる。

【⑥】学んだことを実践の場に持ち込む。学んだ内容がそのまま現場に応用できることは少なく、Pさんの事例のように軋轢や葛藤が起こることのほうが普通だ。しかし、越境型学習を行う人々にとって、この軋轢・葛藤こそが貴重な学びの機会。学びの場で手に入れたものが、実践の場にもともとある価値観とすり合わせされることで、生きた知恵、使える知識となっていく。現場で新たな協働を作っていく。こうした経験を【⑦】振り返り、内省することを通して、【⑧】自らの持論がアップデートされていく。これが令和の学び、「越境型学習」のプロセスである。

ところで、こうした学び方を行っている人が、常に越境型の学習を行っているというわけではない。同じ人が「組織型学習」「資格型学習」も行っている。「組織型学習」はこの8の字の上の円、実践の場の中だけで完結している学習と言えるだろう。職場の中でのインプット・アウトプットの経験を振り返り、持論を形成し、また実践に向かう。「ＰＤＣＡ」のプロセスと同様だ。「8の字」の場合と異なり境界を越えることがなく、一つの価値観の中で完結している分、高速で効率的な学習が可能である。

「資格型学習」のほうは下側の円、学習の場の中で完結している学習といえる。客観的に構成された知をインプットし、定着させ、次のインプットにつなげていく。例えばファイナンシャルプランナー同士で新制度の講習を受けたり、内視鏡専門医が学会で発表を聞いたりするような、同じ資格を持つ者同士の行う継続学習もこのタイプだ。参加者が皆、同じ理論的背景や前提となる知識を持っているため、こちらの学習も効率的に進む。

そして、実践の場と学習の場は、固定しているわけではない。学んだことを持ち込む実践の場は、職場ではなく、ボランティアや地域での活動になるかもしれない。学びの場に持ち込む実践の経験は、仕事を通じたものではなく、育児や介護を通したものという場合もある。学習の場も、大学や大学院のようなフォーマルな場から、数人で行う勉強会のような場まで、さまざまな場がありえる。

「越境型学習」は、複数の実践の場と複数の学習の場を越境し続け、ぐるぐると8の字を回し続ける学びだ。それは、変化の激しい時代に新たな課題を見出し、イノベーションを生み出すための新しい知恵を必要とした学び手が生み出した、新たな学びの形なのである。

越境型学習の重要な要素「アウトプット」「対話」「リフレクション」

一方で「教える側」はどのように越境型学習に対応しているのだろう？

例えば社会人を学習者の中心とするＭＢＡは、今その姿を大きく変えている。過去のケースをもとに固定されたフレームを身に付けているだけだ、という過去のＭＢＡに向けられた批判は、もはや多くのＭＢＡには当てはまらない。

所属企業で自分が今まさに取り組んでいる課題をケースにして、教員や学習者からのフィードバックを得ながら、実践の場と同様のプレゼンテーションを行い、評価を受けることを修了の要件とする大学院や、学習者同士の対話を活性化させるため、時間と場所の制限を受けないウェブ上の場を用意する学校もある。先に触れたように、学習者のリフレクションを促すため、教員が1on1（＊2）でサポートを行うような工夫をしている学校もある。

同様の工夫は、ビジネスパーソンを対象とした講座だけではなく、キャリアカウンセラーの養成講座や看護師・助産師のブラッシュアッププログラムといった、専門職を対象とした学びの場でも導入されている。

これらは、実践の場からの要請や学習者の要望に応えたものだが、どの工夫も越境型学習の重要な要素である「アウトプット」「対話」「リフレクション」を支えている。

授業を聞く、本を読むなどインプットを行うだけでアウトプットを行わなければ、他者からのフィードバックを得ることはできない。それでは、せっかくホームである実践の場を出て学びの場に向かっても、自らの持論の前提となっている価値観が揺るがされることはない。ほかの二つの要素、「対話」も「リフレクション」も成立しなくなってしまう。令和型学習が成立するためには、カリキュラムの中にアウトプットの機会が埋め込まれていることが不可欠である。

「対話」もまた重要な要素だ。ディスカッションとは異なり、事前に定められたルールのもと、知識の正しさを戦わせるわけではなく、学習者同士がお互いのアウトプットの背景にある価値観を理解しながらその間に橋を架け合う対話の機会があってこそ、学習者が自分の持論を変化させることができる。新たな知恵を創造していくためには対話の機会は不可欠だ。

学んだことを自分の言葉で自らの経験に紐づけ、実践の場で活用できる知恵として肚に落としていくための「リフレクション」。これは個人で行うものだが、効果が大きなことが分かっていても、実行することは正直しんどいものだ。できればインプットの後はそのまま飲んで寝てしまいたい（笑）。そのモチベーションを維持するためには、学習者同士での励まし合いや教員によるサポートが威力を発揮する。学習の場の側でサポートを受けながらリフレクションを行う習慣を身に付けると、実践の場の側で行う振り返りの質も上がる。これまで職場の価値観の中だけで行っていた振り返りが、いくつもの価値観に照らしたものになる。そうして形成した持論は、より普遍的な価値を持っていく。

こうした越境型学習を支える立場である教員は、自らの知識を伝えるだけの役割では済まなくなっていることが分かる。初等・中等教育においても「主体的・対話的で深い学び」を実現するため、教員に学習ファシリテーターとしての役割が求められているが、社会人を対象とする教育においても同様、あるいはそれ以上に、学習者のアウトプットと対話を促し、リフレクションをサポートするファシリテーターとしての役割が重要になっていくだろう。自らも学習者としてアウトプットを行い、異なる業界や世代の学習者と対話し、リフレクションを行ってきた経験を持つ実務家教員が、今後教育現場で期待される所以だ。

社会人学習者はマイノリティ

さて、学習を続けている人にとっては非常に魅力的に感じられる越境型学習だが、その実践者はまだまだ非常に限られている。いや、越境型学習だけではない、自らの意思に基づき学ぶ人自体が、実はマイノリティなのである。

日本の社会人はどれだけ学習をしているのか。いくつかの調査結果がある。

内閣府が実施した「生涯学習に対する世論調査」（調査実施２０１８年６～７月、対象は全国18歳以上の日本国籍を有する者、有効回収数１７１０人）では、「この1年間での学習経験あり」が58・4％となっている。ただしこの「学習」の定義は非常に広く、職場における教育研修から自宅での読書、インターネットでの調べものまでも含まれている。そこまで含めての「58・4％」だ。平成型の資格の勉強も趣味の調べものも、何より自分の意思によらない昭和型の研修への参加も含まれている。

リクルートワークス研究所による「全国就業実態調査」（調査実施２０１８年１～２月、対象は15歳以上の雇用されている者、サンプル数３万２２３人）の設問は、「あなたは、昨年１年間に、自分の意思で、仕事に関わる知識や技術の向上のための取り組み（例えば、本を読む、詳しい人に話を聞く、自分で勉強をする、講義を受講する、など）をしましたか」というものだ。この問いへのＹｅｓの回答は33・1％。趣味の習い事は除かれている一方、職場での研修はもちろん、社内で詳しい人に話を聞く、というような行動も含まれているが、「自分の意思で」という条件が入っている。内閣府の調査に比べ数字が一気に下がってしまっているのはそのためだろう。

リクルートマーケティングパートナーズの「学び事・習い事の実施率に関する調査」（調査実施２０１７年12月、対象は全国の20～69歳の働く男女、サンプル数９６００人）は私が担当として行ったものである(図表4－2)。その質問内容は「あなたはこれまで、勤務先からの指示以外で、学び事・習い事をしたことがありますか」というもの。「職場からの指示以外」と自らの意思による学習実施を問うている。一回完結の趣味の体験レッスンやインターネットでの講座まで含まれるが、職場での研修やＯＪＴ、自宅での調べものは含まれない。こちらは男女・年齢帯ごとの数字となっており、「現在も実施している」「1年以内にしたことがある」と答えた者の合計は、最も高い「男性25～29歳」で24・9％、最も低い「男性60～69歳」に至っては「9・0％」に過ぎない。

週刊誌を読みながら「今どきの若い者は…」と愚痴る中高年男性ほど、自分は学んでいない。非常に残念な数字である。いや、残念といって他人事にしている場合ではない。多くの職場で責任のある立場にいるのは、まさにこの年代の男性だ。皆バブル崩壊前入社だから、その若手時代の経験から、学習機会は会社が用意して当然、そうではないものは必要ない、という認識であることも珍しくない。社会課題に関心を持つ若手社員が社外に出て学ぼうという意欲が理解できず、下手をすると妨害的な行動に出てしまうことも少なくはない。企業の人事部門の方とお話しすると、組織の中では活躍していても組織の外に出ようとしない、この年代の男性の意識に課題を感じているという声をよく聞く。

いずれにせよ、自分の意思で学びを実施している人は非常に少ない。それが、われわれの社会の現実なのだ。

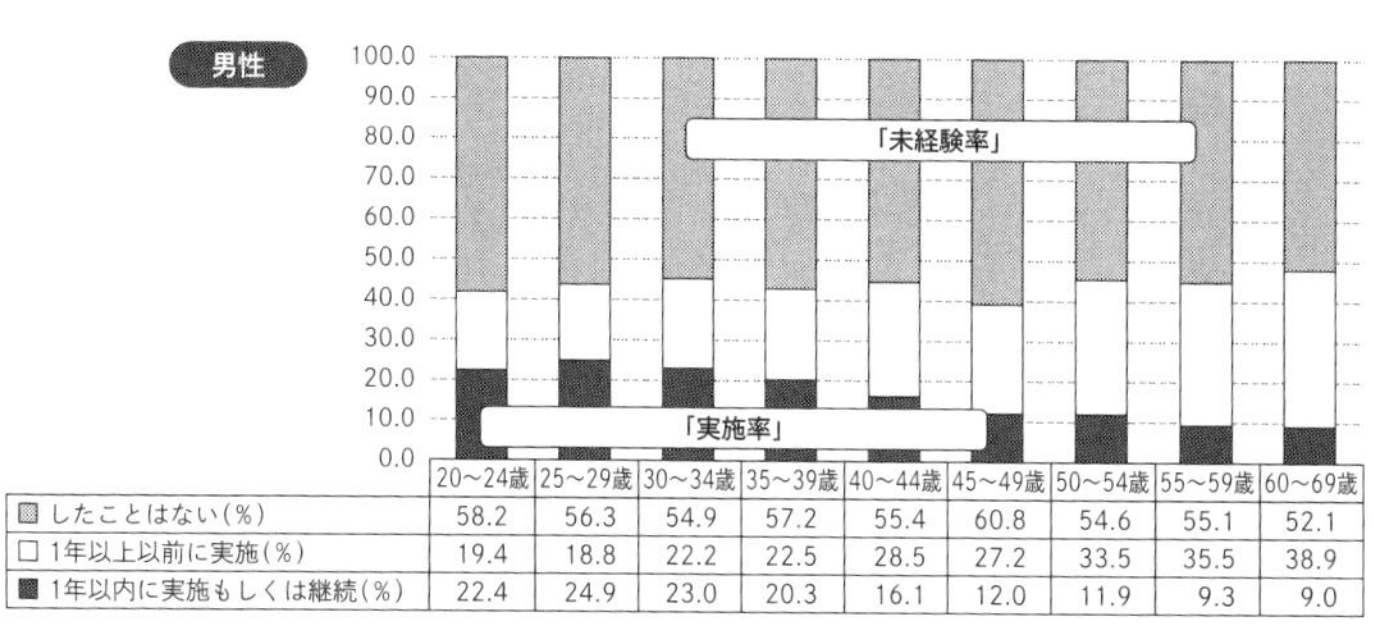

	20～24歳	25～29歳	30～34歳	35～39歳	40～44歳	45～49歳	50～54歳	55～59歳	60～69歳
▨ したことはない(%)	58.2	56.3	54.9	57.2	55.4	60.8	54.6	55.1	52.1
□ 1年以上以前に実施(%)	19.4	18.8	22.2	22.5	28.5	27.2	33.5	35.5	38.9
■ 1年以内に実施もしくは継続(%)	22.4	24.9	23.0	20.3	16.1	12.0	11.9	9.3	9.0

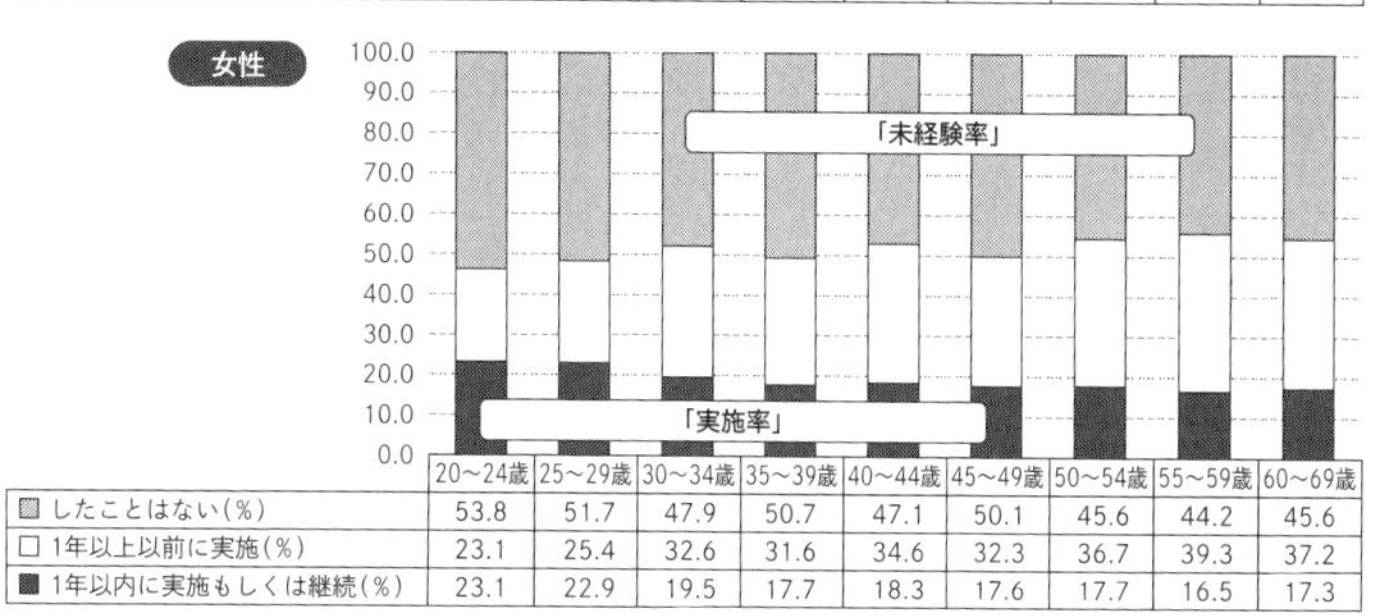

	20～24歳	25～29歳	30～34歳	35～39歳	40～44歳	45～49歳	50～54歳	55～59歳	60～69歳
▨ したことはない(%)	53.8	51.7	47.9	50.7	47.1	50.1	45.6	44.2	45.6
□ 1年以上以前に実施(%)	23.1	25.4	32.6	31.6	34.6	32.3	36.7	39.3	37.2
■ 1年以内に実施もしくは継続(%)	23.1	22.9	19.5	17.7	18.3	17.6	17.7	16.5	17.3

図表4-2　学び事・習い事の「実施率」と「未経験率」
(出典：「学び事・習い事の実施率に関する調査」[2017年12月・サンプル数：男性4,887人、女性4,713人])

そしてこの調査からは、もう一つ重要な傾向が分かる。

それぞれの棒グラフの上側、「未経験率」と記した部分に注目してほしい。この調査では選択肢として、「実施したことがないがこれからしたいと思っている」「実施したことがないし今後もしようとは思わない」の二つを用意しており、グラフの下の表組ではその二つの回答を合計し、「したことはない」としてまとめている。つまりこれは、社会人になって以来の、職場の指示以外での学習の「未経験率」ということになる。

経験の有無を問うているわけ

だから、本来は年齢帯が上昇するにつれて、その比率は下がっていくべきものだ。しかし、グラフを見ていただければ分かるように、男性の場合35歳くらいまでは少しずつ減少するものの、その傾向は中高年までは続かず、未経験率は50%強のまま推移している。女性の場合少し男性よりも比率が小さいとはいえ、それでも各年代とも40%以上。つまり、学びを実施しない人は、その後もずっと実施しないままだということだ。

このことは、学習者への取材の現場での実感と符合する。彼ら彼女らは学び続けている。例えば心理系の通信制大学を受講されているある会社員の方。それまでの学習経験を聞いてみると、社会人になってすぐにマンツーマンの英語教室に入り、その後ヨガやアロマセラピーを学んだり、パソコンの資格を取得したり、薬膳料理の通信講座を受講したり、趣味仕事にかかわらず、さまざまな学習を経験されている。心理学を深く学ぼうとされたきっかけも、ヨガインストラクターの資格を取って先生の指導をサポートしていく過程で心理カウンセリングの必要性を実感したとのことだった。こうした例は枚挙に暇がない。おそらく、実務家教員に関心を持つ読者の皆さんも、同様な学習経験をお持ちなのではないかと思う。

学ぶ人は学び続けている一方で、実施しない人は実施しないまま。

実はこの状況、私が社会人学習情報誌の編集長として、部数拡大を目指して奮闘する上で最も大きく立ちはだかった壁である。このままではマーケットが広がらない、どうすればこれまで学びを実施していない人を学びの世界に引き込めるのか。試行錯誤を重ねても、なかなか成果は上がらない。今もなお、取り組み続けている課題である。

学びを実施しない理由

なぜ社会人は学びを実施しないのか。こちらについてもいくつかの調査があるが、例えば厚生労働省の調査では、正社員を対象に、学び直しについての問題は何か問うている（2015年度実施「能力開発基本調査」）。複数回答で、1位は「仕事に忙しくて学び直しの余裕がない（59・3％）」以下、「費用がかかりすぎる」「家事・育児が忙しくて学び直しの余裕がない」「どのようなコースが自分の目指すキャリアに適切なのか分からない」と続く。内閣府が実施している生涯学習に関する世論調査でも同様に「時間の問題」が上位を占めるが、「そういうことは好きではなく、めんどうである」という意欲に関する項目が上位に入っている。

「学び事・習い事の実施率に関する調査」においても「学び事・習い事を実施しない理由」を聞いている（図表4－3）。この調査では複数回答と同時に、最も当てはまる理由を問うている。すると、1位は「学習費用がかかる」。以下、「仕事で疲れていてやる気が起きない」「学び事・習い事には関心がない」「やってみたい学び事・習い事が見当たらない」と続く。「費用」「時間」「意欲」「講座のバリエーション」。学習実施の阻害要因はこの4点となるよう

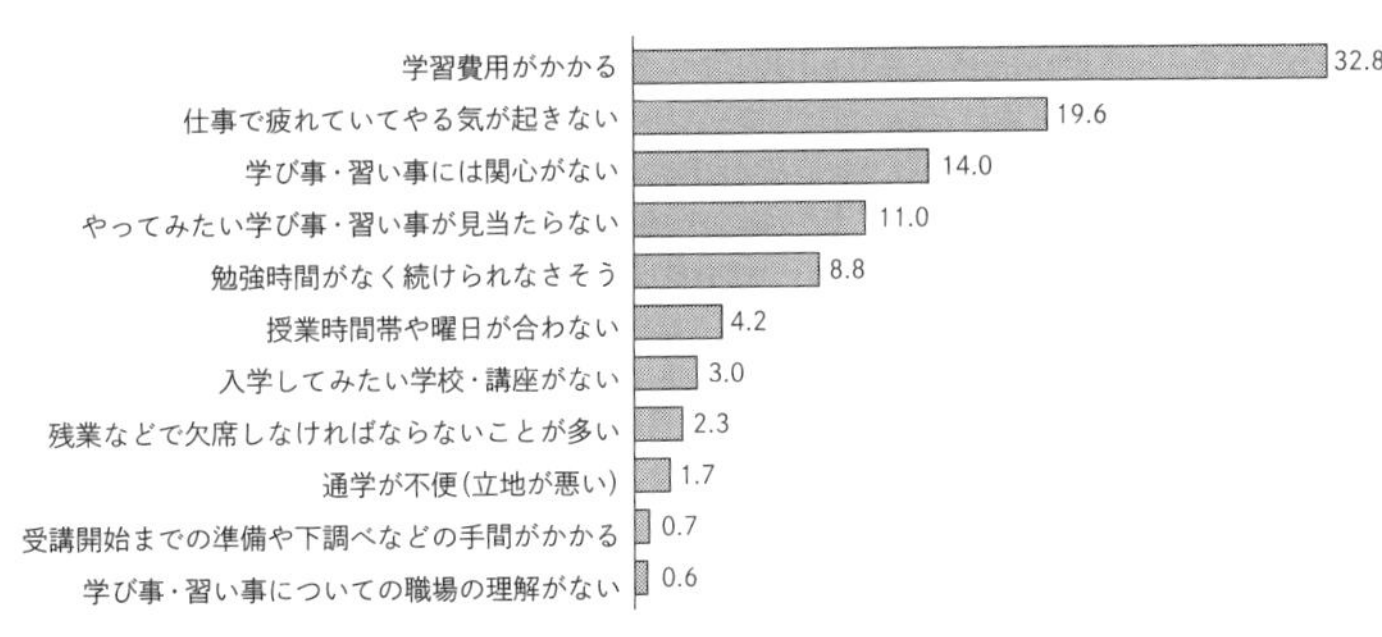

図表4-3　学び事・習い事を実施しない理由（単一回答・%）
（出典：学び事・習い事の実施率に関する調査［2017年・過去1年間に学び事・習い事を実施していない回答者：8,297人］）

だ。

開講時間や曜日、場所といった「条件」の面が上位に入っていないことを意外に思う方もいるかもしれない。しかし、こうした側面は「学びたい」という意欲が定まった後に立ち現れるものだ。スケジュールのやりくり、教育機関側の工夫、あるいは通信講座やeラーニングを選ぶなど、意欲次第である程度解消可能なハードルということかもしれない。

費用の問題と教育訓練給付金

学び続けてきた経験を持ち、学習を実施したいという強い意欲があったとしても、費用や時間の問題はなかなか解消できない。いくら学びたくても「子どもの学費を優先するしかない」「周囲のサポートがなく育児（や介護）で時間の取りようがない」。月刊で発行していた学習情報誌『ケイコとマナブ』の定期購読者から挙がっていた切実な声は今でも強く印象に残っている（だから「今はあきらめるけどせめて雑誌を読んで元気になりたい」と購入してくれていたのだ）。

費用の面については、小泉政権時代に大幅に縮小された「職業訓練給付金」制度が再び拡充されてきてはいるが、まだまだ十分ではない。さまざまな制約があり、学習者の利用が進まないのである（2019年度の予算規模250億円に対し、2017年度に実際に給付された額は125億にとどまっている）。主な制限というのは次の3点だ。

（1）雇用保険受給者が対象なので、公務員（公立校の教員を含む）やフリーランスは対象外。

（2）一度利用するとしばらく利用できないため、継続学習で利用しにくい。

制度開設当初、専門実践教育訓練給付金では一度使うと20年利用できない、という形になっていた。その後3年に改善されたが、例えば履修証明プログラムの受講時に利用してしまったため、受講後意欲が高まって決意した大学院進学の際に利用できなかった、など、実践と学習を往還しながら自らのキャリアを構築していく令和型学習者の学び方とはそぐわない制度になっている。

（3）新開講の講座が指定の要件を満たさないなど、対象講座が限定されている。

利用対象の講座として指定されるためには、修了生の就業実績が必要になっている。つまり、近年の技術の進展に対応し、タイムリーに開設された講座は原理的に対象外となってしまう。これらの制約の根幹には、「教育機関が責任を持ってまっさらの人材を一人前に仕立てる」という、従来よりの職業訓練の考え方がある。そのこと自体は非常に大切だが、社会人が自らキャリアの主役となって必要な技能や知識を取得していくという、学習者主体の考え方とは適合しない。リカレント教育を本腰を入れて推進するには、雇用保険とは別に学習者の費用負担を低減する枠組みを創設したり、対象講座の品質保証は財務の健全性や内容の更新頻度、自己評価の実施など外形的な基準にとどめ、学習者自身が評価する仕組みにしたりするなどの改善策が必要であろう。

意欲喚起の問題──過去の学習経験というハードル

「社会人が学んだからといって何か役に立つの?」

学び続けている人と実施していない人を隔てる最大の要因は、学習の有効性を実感しているかどうかである。

小中高から大学、あるいは初職での研修期間まで、「授業（研修）時間は耐える時間でしかなかった」「就活で資格を取らされたけど全く役に立ってない」。そうした経験を持つ人にとって、学習の有効性を期待することが難しいのは当然である。「仕事で疲れていてやる気が起きない」「学び事・習い事には関心がない」といった回答は、その結果といえるだろう。いくら費用面での補助があったり、働き方改革で時間ができたりしても、学習への動機が喚起されない限り、だからといってそれだけでは学習実施には至らない。冒頭の「前提」で示したように、社会人は子どもと違って学ぶ必然性はないのだから、旅行、外食、美容など、ほかの商材が選ばれてしまうだろう。学ぼうという意欲を喚起し、それが費用や時間のコストを上回ると感じてもらわなければならないのだ。

教育学者の市川伸一は著書『学ぶ意欲の心理学』（ＰＨＰ新書）において、学びに向かうきっかけとなる志向を6種類に分類している。社会人の場合に即し説明してみよう。

（1）報酬志向——学習内容と関わりなくご褒美が得られることを目的に学ぶ

（例）研修に参加したら手当がつく。

（2）実用志向——学習したことが客観的な実利に直結することを期待し学ぶ

（例）ＭＢＡを取得すると上級職に応募できる。

（3）自尊志向——学習していることが他者からの承認につながることで勇気付けられる

（例）「仕事以外で勉強なんて尊敬します」と褒められる。

（4）関係志向——学習内容に関わりなく、仲間との時間そのものが目的

（例）「時間ある？体験レッスンあるから一緒に行こう！」と誘われて学ぶ。

（5）訓練志向—設定したハードルをクリアすることを目標に学ぶ

（例）「ＴＯＥＩＣのスコアを１００点上げる！」と奮い立つ。

（6）充実志向—学ぶ内容そのものが学びの目的となる場合の動機

（例）学ぶうちにどんどんおもしろくなり、次の学びの機会に向かう。

報酬志向や自尊志向は外部からもたらされた外発的な動機、訓練志向や充実志向は内発的な動機だが、市川は外発的だからダメ、内発的だからいい、といった短絡的な価値付けはしていない。報酬志向は熱しやすく冷めやすい、充実志向は冷めにくいけれど実感するまでは時間がかかる、とただそれぞれの特徴があるだけ。だから、学ぶ意欲を持続するには複数の種類の動機を併せ持つのがよいとする。

確かに、例えばＴＯＥＩＣのために英語を勉強していると、やってもやっても全然スコアが上がらない時期、というのが訪れる。もうやめようか…、と心が折れかけるが、そんなとき、家族からの励ましがあったり、一緒に取り組む仲間がいたり、勉強自体がおもしろいと思ったりしていると、学習を継続できる（そしてもちろん、スコアの壁を打ち破る可能性も高まる）。

学び続けている人の場合、新たなことを学ぼうとする場合も、これまでの経験からこれらの動機をすぐに高めることができる。例えば大学受験に合格し実家を出て都会で暮らすという目標をかなえた人なら、今回もきっと新しい実利が得られるだろう、周囲からの誉め言葉という自尊志向もかなえられそう、などと想像できる。訓練による自己記録更新という目標を達成した経験を持つ人は、資格の勉強に対しても同じ動機を抱くことができる。「世界史の○○先生の授業は最初はわけが分からなかったけど、探求の後はすごくおもしろくなったな、この業務の勉強もいずれ『充実』感を味わえるかもしれない」と、学び始めたばかりの苦しい時期を乗り越えやすくなる。

学習習慣を持つ人の多くは、小学校から高校、大学、そして初職での研修の過程で、学習の有効性の実感を、既に得ているのだ。一方で、これまで学習を経験していない人は、学ぶ意欲をゼロから獲得しなければならないし、周囲の環境も意欲を増すようにはなっていない。

その違いがよく表れるのが、「関係志向」だ。陶芸や料理など、趣味の習い事にハマって熱中している人の中には、「最初は興味はなかったけれど、やってる友達に強引に体験レッスンに連れてこられて、やってみたらとてもおもしろくて」という方も多い。統計的に示すことができないのは残念だが、類は友を呼ぶ、という言葉の通り、学ぶ習慣を持つ人の周りには、やはり学ぶ人が集まっている。そして、図表４－２で示したように、学ぶ習慣を持つ人は少数派。少数派が固まっているわけだから、学ぶ経験を持たない人の周りには、学ぶ習慣を持つ人が少ないだろうことは想像がつく。「強引に連れていかれて」という経験は起こりにくいだろう。

訓練志向や充実志向はそもそも、学んでみて達成経験を積んだり、楽しいという時間を重ねなければなかなかイメージすることはできない。

そのため、教える側、学びを促す立場となる人は、学んでいない人が学び始めるには、学習による過去の成功体験を持っていないという高いハードルがあることを認識しておく必要がある。教える側に立つ人はどうしても自らが享受する内発的な動機を尊重するため、「ごほうび」や「誉め言葉」など、外発的とされる意欲を軽んじがちなのである。しかしこれらは、外部からでもスピーディーに意欲に火をつけることが可能な貴重なものだ。大切なのは、これらが持続しているうちにほかの志向による楽しみを味わってもらうにはどうすればいいかという工夫。ぜひ、一緒に考えていただければと思う。

学習者と非学習者の分断

学ぶ人は学ぶ人同士で集まり、学ばない人の周りには学んだ経験を持つ人が少ない。

学ぶ人は学ばない人がなぜ学ばないのか、どのような課題を持っているのか理解しにくい一方で、学習実施率の低い中高年男性についての項で述べたように、学習を実施しない人は、わざわざ組織の外に出て短期的な業務改善につながらないかもしれないことを学ぶ意味が理解できない。

その結果、学んでいる人は、自分が学んでいるということを他人に話そうとしないという傾向が生まれる（学んでいる者同士の間では、「隠れキリシタン」などという言葉がささやかれる）。過去の経験から、「話しても良さは分かってもらえない」「『布教』しても徒労だ」、というふうに「学習」してしまったのだ。例えば社会人大学院に通う方々の中には、上司個人や人事には報告していても（以前は「転職しようとしている」と誤解されそうだからと、会社にも内緒にしている方がたくさんいたが、さすがに最近はそこまで無理解な職場は減っているのかもしれない）、職場には話してはいないという方が多い。土曜日の授業でどんなに刺激的な経験をしたとしても、それが月曜日の同僚との雑談の中で話題に上ることがないのだ。

まさに「分断」である。

今後さらに社会や経済の変化が激しくなったとき、学習習慣の有無は稼得能力、収入の高低に直結してくることが想定できる。それはそのまま次の世代に受け継がれ、この分断が固定化してしまうかもしれない。映画『ジョーカー』や手塚治虫のマンガ『火の鳥　太陽編』で描かれていたような、決定的な分断。そのとき、社会人の学びの場はどうなっているのか。

学習の場には恵まれた環境で生まれた「光の側」の世界の人間しか参加しなくなり、どの学びの場にも自分たちと同じ育ち方をした者しかいなくなってしまう。たとえ国や言語が違っても、価値観はほぼ同じ。異なる価値観の人との対話がなくなったとき、もはや、「越境型学習」

は成立しない。結果、新たな打ち手、イノベーションが生まれることが難しくなり、社会全体が衰えていく。読者の皆さんの中にも、こうした課題感をお持ちの方はきっといることだろう。

多くの人が「学習の有効性」を実感する機会を持っていれば、こんなディストピアのような未来を防ぐ力になる。その場所として第一に考えられるのは、小学校から大学までの学校教育、および初職時の研修である。アウトプットと対話、リフレクションの機会があり、誰もが学習の有効性を実感できるような授業・研修を増やしていくこと。第二に、それまで学習習慣を持っていなかった社会人が、専門職を身に付けることができるリカレント教育施設。プロフェッショナルとしての歩み、学習と実践を往還し、一人前を目指すための学び続ける力、キャリアを歩む力を身に付けられればいい。そのような場所にふだん学んでいない人を引き込み、学ぶ人と学ばない人の間に橋を架ける存在が必要なのである。

実務家教員の果たす役割

あらためて、実務家教員とはどういう存在で、今の教育現場に対して、ひいては世の中全体に対してどのような役目を果たすべき人なのか、考えてみたい。

実務家教員の定義はさまざまな形で考えられるが、ここでは私がこれまで出会った実務家教員の方々の姿、また自分も実務家教員として教壇に立つ経験をする中で形成した、個人的な考えを述べさせていただく。

まず、実務家とはどういう人か。「～家」という表現は、ほかにも専門家、芸術家、農家などの形で使われている。「～者」や「～士」といった表現との違いから、「～で一家を構えている人」「～で世の中に貢献し収入を得ている人」としてみよう。実務家とはつまり、「特定の分野の実際の業務能力を用い、世の中に価値を提供している人」ということになる。

では実務家教員とは。

研究者教員が研究者であり同時に教員でもある人を示しているように、実務家教員は、「実務家であり、同時に、教員でもある人」を示すと考えられる。つまり実務家教員とは「実際の業務能力をもとに世の中に価値を提供していると同時に、そのことを教えている人」となる。それは、これまでも大学に数多くおられた「現場出身の教員」「ビジネス経験を持つ教員」といった方々とは異なる。「現場出身の教員」なら現時点では100%「教員」だが、「実務家教員」は、実務家と教員、両方を兼ねている人、二つの世界に同時に所属し、橋を架ける存在である。

ある時点で止まってしまった過去の経験を教えるのではなく、実務家として経験を更新し続け、その経験を振り返って言語化して提供し、学生がその実務を習得することを促す。その姿は、実践と学習の場を往還し、アウトプット・対話・リフレクションによって「8の字モデル」を回し続ける、令和型学習者のロールモデルそのものといえるだろう。

前項で、学び続ける人を増やして学ぶ人と学ばない人の間の分断を埋め、社会が新たな価値を創造していく状態を作るためには、小学校から高校、大学、初職の過程で学習の有効性を実感した上で社会に出る人を増やすこと、そして、リカレント教育の現場では、スキルだけではなく、学び続ける力、キャリアの歩み方そのものを身に付けてもらうことが大切だと述べた。

実務家教員は、この二つの場面のどちらにおいても、大きな役割を果たすことが可能だ。

実務家教員はまず、実践の場と学習の場との間の越境を繰り返し、自ら変革し続ける様子を見せるだけで、学習者に学び続けることの有効性を示すことができる。そして、人に教えるための専門的トレーニングを受ける上でも、アウトプット・対話・リフレクションという機会を自ら味わってきた経験をもとに、効率的にプロフェッショナルを目指すことができるだろう。

実務家教員は、日本社会が今後よい未来を目指す上で、非常に重要な存在になりえるのではないか。私はそう考えている。

＊1　Volatility（変動性）、Uncertainty（不確実性）、Complexity（複雑性）、Ambiguity（曖昧性）の頭文字を並べたビジネス用語

＊2　1on1ミーティング。評価や叱責を目的とするのではなく、面談相手に気付きを促しその能力を引き出すことを目的としたミーティングをいう

乾　喜一郎（いぬい　きいちろう）

リクルート進学総研主任研究員（社会人領域）・白百合女子大学非常勤講師。1967年大阪生まれ。東京大学教養学部（表象文化論）卒業後、一貫してキャリア情報誌・サイトの編集に携わり、2006年ケイコとマナブムックシリーズ編集長。以来、大学院や資格取得など3000名以上の社会人学習者の事例を取り上げる。職業実践力育成プログラム（BP）の創設など各種社会人関連施策の検討に学習者の立場に立つ有識者委員として参画。2015年より白百合女子大学非常勤講師、2019年よりリクルート進学総研主任研究員（社会人領域）。

第5章 経済界からのリカレント教育と実務家教員への期待

一般社団法人 日本経済団体連合会 教育・大学改革推進委員会企画部会長／
採用と大学教育の未来に関する産学協議会 Ｓｏｃｉｅｔｙ ５・０人材育成分科会長
富士通株式会社シニアフェロー
宮田 一雄

産学連携による議論の背景

経団連と国公私立大学のトップで構成される「採用と大学教育の未来に関する産学協議会（以下、産学協議会）」では、２０１９年1月の第1回会合において、「Ｓｏｃｉｅｔｙ ５・０人材育成分科会」「今後の採用とインターンシップのあり方に関する分科会」「地域活性化人材育成分科会」という三つの分科会を立ち上げた。以降、Ｓｏｃｉｅｔｙ ５・０時代に求められる人材やその能力育成に必要な大学教育、企業の採用や処遇のあり方などについて、現状の課題と今後の改革の方向性、産学が協働して取り組むアクションについて多くの認識を共有した。本章ではそのうち、「Ｓｏｃｉｅｔｙ ５・０人材育成分科会」での議論を土台に、人生１００年時代における、経済界からのリカレント教育と実務家教員への期待を考察する。

産学連携による新たなスタート

従来、人材育成や採用、大学教育のあり方に関して、産学が共同で自由闊達な議論を重ねる機会はなかった。「Ｓｏｃｉｅｔｙ ５・０人材育成分科会」での議論は明治維新以来初めてとも言われている。そのため、大学からすれば企業が求める人物像が分からず、試行錯誤を重ねていると聞く。

一方で産業界の立場で見れば、大学での教育が実務に生かせることは少ないため、入社後にゼロから育てようとする企業が多いだろう。仕事で求められるのは、論理的に仮説を立て、周囲を巻き込んで課題解決に導く力だ。大学で学問的な訓練をしっかり積んでいれば、そうした力がつき、実社会に出てからいくらでも応用が利くはずだ。こうした意見交換ができるようになっただけでも、産学連携の意義は大きい。

産業界における人材の現状

人材の面から産業界を見ると、特に大手企業においては、若手にしてもシニア世代にしても、その潜在能力や経験を十分に生かしきれていないという課題を抱えている場合が多い。若手の場合、社会課題の解決に貢献したいという意欲が増えているように感じられる。大手企業であれば、スケールの大きいチャレンジができるだろうと期待して入社するが、実際には既存事業を支える業務の割合が大きく、ゼロから何かを生み出す躍動感を覚える事業に携わる機会が多いとは限らない。筆者の勤務先である富士通の場合も、クライアントのニーズに応えるシステム開発・運用といった既存ビジネスが会社全体の利益に占める割合が大きい。

例えば筆者が入社したころの社員の平均年齢は29歳だった。今でいうスタートアップのような企業だったため、常に新しい事業に取り組み、大小さまざまな失敗を重ねる機会があった。だが、社員の平均年齢が43歳となった今、盤石なビジネス基盤が確立されている一方、その既存ビジネスを「守る」姿勢が必要な側面は否めない。そうした環境下において、経験の浅い若手が、試行錯誤を重ねながら長い時間をかけて既存ビジネスを構築してきたベテラン世代を追い越すことは現実的に難しい。そのため、多少の自信がついてきた30歳前後になると、自社内での成長イメージを見失ってしまうこともある。

一方のベテラン世代にしても、業務に関する知識は先輩社員の背中を見て育ってきたため、

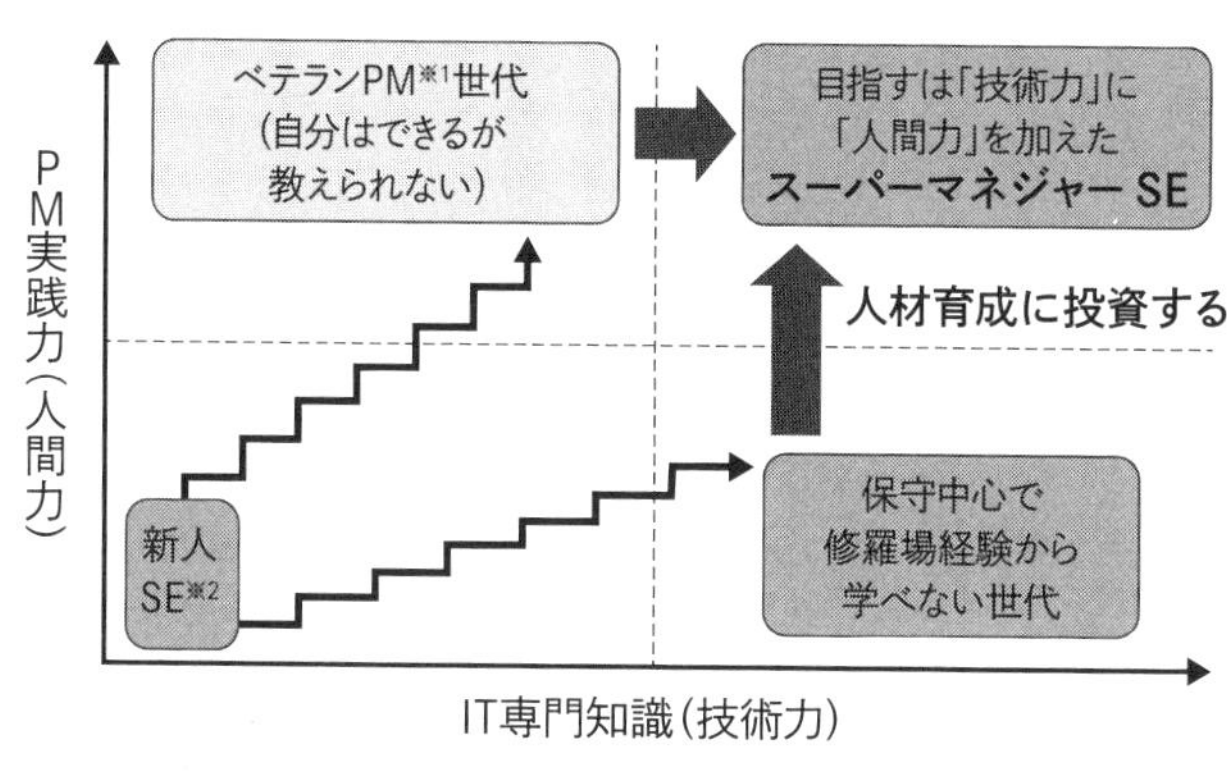

図表5-1　人材育成の重要性（出典：宮田氏提供）

そのほとんどが属人的な暗黙知となっている。自ら業務を遂行するには十分でも、実践知として若手に伝えることは容易ではない。例えばシステムエンジニアのような職種であれば、若手も社内研修などで、形式知として整理されている知識を学ぶことはできる。だが、実践の場で失敗から学ぶという経験が圧倒的に不足しているため、真に意味のある実践知にまで高めることができない（図表5−1）。

ベテラン世代の幹部社員は概ね50代半ばで役職定年を迎えるが、リカレント教育などを活用して、これまでの暗黙知を形式知に転換できるスキルを身に付けられれば、社内外で新たな役割を見出せるはずだ。豊富な暗黙知を持つシニア社員がその経験を伝えることなく社内に閉じこもっていては、産業界全体で見た場合に大きな損失だ。暗黙知が世代を超えて好循環する仕組みの構築が求められる。

Society 5・0時代に求められる人材と大学教育

Society 5・0時代に求められる能力と教育

Society 5・0時代の人材には、最終的な専門分野が文系・理系であることを問わず、数理的推論・データ分析力、論理的文章表現力、外国語コミュニケーション力など、幅広いリテラシーが欠かせない。そうした基礎力が論理的思考力と規範的判断力の土台になるためだ。その上で、課題を発見し解決する能力や、さらに未来社会を構想・設計する能力、さらには高度専門職に必要な知識・能力が求められる。こうした力の大本になるのがリベラルアーツ教育である（図表5－2）。

こうした能力の育成には、大学教育は言うに及ばず、初等中等教育から高等教育に至る全ての段階での教育が関与する。能力向上のためには、少人数、双方向型のゼミや実験、産学連携の実践的な課題解決（Project Based Learning：PBL）型の教育、海外留学体験なども必要となる。イノベーションを生み出し、社会課題の解決をリードできる人材育成に向けて、「Society 5・0に向けた人材育成」というビジョンを広く国民が共有し、国全体で教育に対するマインド・セットを変えていくことが必要であり、そのためにも初等中等教育からの改

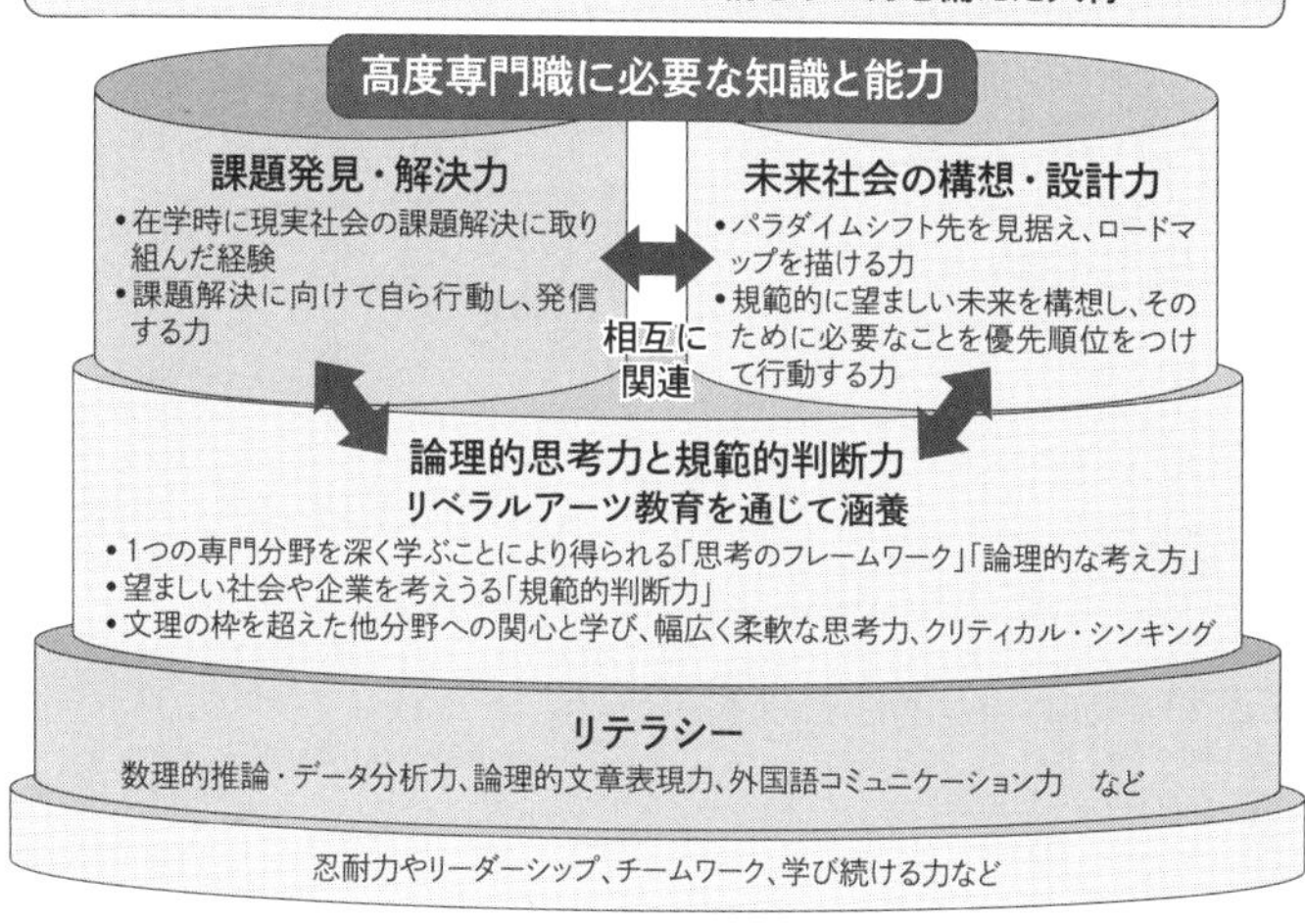

図表5-2　Society 5.0時代に求められる人材および能力（出典：産学協議会「中間とりまとめと共同提言」）

革が不可欠である。

大学院レベルの教育の必要性

現行の採用日程では、大学3年生3月に学生の就職活動が開始されることから、入学からの実質3年間の大学教育では、前述のリテラシーと幅広く高い能力を持つ人材を育成するための学修経験時間としては不十分だ。しっかりした論文を書く時間などとてもない。そこで産学協議会では、従来の新卒一括採用（メンバーシップ型採用）に加え、ジョブ型雇用を念頭に置いた採用も含め、複線的で多様な採用・雇用形態のあり方を再検討する必要があると考えている。求める人材が多様化する中、終身雇用制度ともども、制度の限界が顕在化していることは明らかだ。

さらに、採用のあり方を検討するとともに、大学院レベルまでの教育を重視していく必要がある。高度情報化が進み、学ぶべき事柄が加速的に増えている昨今、丸々4年間を勉学に当てられたとしても、決して十分とは言えない。

現行の採用現場では、一流大学か二流、もしくは三流大学かといった「ヨコの学歴」が重視される傾向が強い。いわゆる「学校歴」である。だが、例えばドイツでは、学士・修士・博士という「タテの学歴」を重視することが常識となっている。学士よりも修士、修士よりも博士の方が圧倒的に高く評価され、給料水準も高い。ドイツでは、大企業の社長は45%が博士号保有者である（＊1）。

アメリカでも、コンピューターサイエンスなどの修士を持っていれば、新卒でも年収1000万円超ということも珍しくない。ところが日本では、どこの大学を出ていても何を学んでいても、横並びで年収400万円台程度から始まることもいまだに多い。ますます高い専門性が求められるようになっている今、修士課程や博士課程で専門性を身に付けた人材が活躍しやすいよう、企業側も変わらなければならない。

求められる大学教育を推進する上での課題と対応

一方、専門性の高い教育を推進する際の課題として、データ分析や統計学を教えられる教員不足という深刻な現状がある。規範理論などの領域において、双方向型・対話型の教育を担える教員も不足している。こうした専門人材の育成が急務である。そのため、実践的課題解決（ＰＢＬ）型教育における産学連携の拡充や、教員の兼業（クロスアポイントメント）をめぐる課題などの解決に取り組むべきである。

また、高い能力を持ったＳｏｃｉｅｔｙ５・０人材について、企業はふさわしい処遇や採用、キャリアパスのあり方を整備していくべきである。前述したように、Ｓｏｃｉｅｔｙ５・０人材には大学院レベル（修士・博士）までの教育が求められるが、現状の日本の大学院進学率は、諸外国と比べ極めて低い。例えば、世界のソフトウェアエンジニアは、コンピューターサイエンスや数学を本格的に学んだ上で、20代でＭＢＡも取り、スタートアップを立ち上げるケースが多い。一方、日本には現在、約１００万人のシステムエンジニアがいるが、入社時に何の専門性を持っていなくても、ＯＪＴを充実させることで、誰もがシステムエンジニアになれるのが現在のビジネス慣行である。

人文社会科学系も含め、修士・博士課程に進学するインセンティブや学修意欲の向上につながるような社会的な評価向上、企業の柔軟な採用や人事評価制度への転換が求められるとともに、大学側は、大学院教育によって、具体的にどのような専門性や能力が身に付くのかを明らかにすべきである。

教育資金の確保と成果の見える化

大学での人材育成を充実させていくためには、人材の確保とともに資金確保が課題となる。大学教育への資金面での支援に、産業界に対する強い期待があるが、既にＡＩやデータサイエンスなどのニーズの高い分野では、インターンシップの協力やリカレント教育による資金の獲得の好事例が生じている。

例えば、２０１６年4月にデータサイエンス教育研究センターを設置し、翌２０１７年4月に日本初のデータサイエンス学部を開設した滋賀大学では、産学連携の研究体制を進め、富士通、製薬・ライフサイエンス企業が連携したデジタル人材育成事業に取り組んでいる（＊2）。大阪大学とダイキン工業は、２０１７年に情報科学分野を中心とした包括連携契約を締結。大阪大学は、ダイキン工業から10年間で総額約56億円の資金提供を受け、ＡＩ人材養成プログラムなどの共同研究を進めている（＊3）。日立製作所は２０１６年6月に、東京大学、京都大学、北海道大学と「共同ラボ」を設置。それぞれの大学の特色を生かし、Ｓｏｃｉｅｔｙ ５・０を具体化するビジョンの創出や、生物の進化を応用した次世代ＡＩ、少子高齢化や人口減少などの課題の共同研究を進めている（＊4）。

昨今、企業に対するコーポレートガバナンスの強化が求められる中、大学への資金拠出にあたっては、株主などへの説明責任を果たすための理由づけが重要であることから、大学の中長期的なビジョンや社会・地域への貢献の考え方などに関する情報開示が有用である。また、企業の資金提供に対する成果を見えやすくする必要性（成果の見える化）がある。

このように個別の事例は増えているが、全体としてまだ大きな広がりが生まれていない。理由の一つは、各大学のリカレント教育の実態について、体系的に整理された情報がなく、産業界の認知が進んでいないためと考えられる。そのため産学協議会では、各大学のプログラムを一定の基準で見える化すべきという議論が進んでいる。富士通でも２０１７年から2年間、自前のプログラムでデジタルトランスフォーメーション（ＤＸ）のエンジニアを育成したが、もし理工系の大学でこうしたカリキュラムがあるなら利用価値は大いにあるだろう。

もう一つ、産業界が大学のリカレント教育を活用する上で障壁となりうる要素として考えられるのは、投資効果が計測しにくい点である。かつて海外の大学院に社員を派遣し、経営学修士を修得させる「ＭＢＡ留学」が流行したが、社費で送り出したものの、帰国後に勤務先に「リターン」せず転職していく者も少なくなかった。ＭＢＡを修得した本人に知識が付いても、会社として期待した成果が上がらなかったと感じている企業が多い。経営学修士の専門性を社内でどう生かし評価するかという設計が不十分であったという反省があるため、リカレント教育への期待値がまだ熟していない面があるのは否めない。

ジョブ型採用を含む採用の多様化、生涯を通じた学び直しの必要性、企業内教育のあり方の変化などを背景に、大学における社会人のリカレント教育の重要性が増していく。特に２０２

5年から2030年にかけて、社会の主軸となるのは現在、社会で活躍している人材であり、こうした人材がSociety 5・0時代の大変革に対応する能力を身に付けるため、リカレント教育プログラムの拡充が急務である。

データサイエンティストやAIのエンジニアのように、喫緊の需要が明らかな分野では、その専門性が評価される土壌が整っており、先に挙げた事例のように、既に大学でもカリキュラムが生まれている。こうしたところから徐々にリカレント教育の広がりが生まれることを期待したい。

政府への要望事項

これまでの議論を通じ、Society 5・0時代の人材育成に関して産学連携を進めると同時に、政府に対しては以下のような検討を求めたい。

文理融合教育のための大学設置基準および認証評価制度の見直し

各大学が、時代の変化や情報技術の進歩に合わせて、文理融合の新しい学部をよりスピード感をもって柔軟に設置できるようにすることが急務である。現行では、設置認可までに長期を要するほか、一度認可されると、原則4年間は変更が認められず、硬直的な運用となっている。これについては、中教審大学分科会の下に「質保証システム部会」を新設し、「大学設置基準」を抜本的に見直し、設置認可審査、および認証評価制度を一体的に運用する質保証システムの構築を専門的に検討することとされている。拙速な議論は避けるべきだが、デジタル変革による経済社会の変化のスピードを踏まえ、早期に結論を得て、改革を実施すべきである。併せて2019年度の制度改正により、複数の学部・研究科などの資源・教員を活用して、学部を越えた新たな「学位プログラム」を提供することが認められるようになった。この制度の普及、活用を推進すべきである。

AI、数理統計、データサイエンス人材育成に向けた措置

ＡＩ人材や数理データ人材不足は深刻な状況にある。この分野の人手不足により、ビッグデータ分析やＡＩを活用してソリューションを提供するような事業が、日本から海外に流出している現状を踏まえれば、ＡＩ、数理・データサイエンス学部の新設を政策的に推進すべきである。併せて、諸外国と比べて、日本の大学では統計系の学部が極端に少ないことを踏まえ、統計学を専門に教えられる人材の育成も急務である。

今後の具体的アクション

産学協議会では今後、以下のアクションを実施していきたいと考えている。

Society 5.0時代に求められる人材育成に資するPBL型教育の横展開

Society 5.0時代の人材育成につながるPBL型教育の特徴、内容、評価基準を整理した上で、産学協議会のポータルサイトを構築し、他の大学に好事例、特徴のある事例を横展開し、なるべく多くの大学生がそうした教育を受けられるようにする。その際には、以下の既に実施されている政府の支援事業内容もベンチマークする。

また各大学の取り組み事例から、学部の垣根を越えた教員の協働体制や、企業からの実務家教員の派遣も含む、教員確保の仕組みについても検討する。

経済産業省

・未踏IT人材発掘・育成事業

・第四次産業革命スキル習得講座認定制度

・ＩＴスキル標準・ＩＴパスポート試験

文部科学省

・成長分野を支える情報技術人材の育成拠点の形成（enPiT）
・ＩＴ技術者の学び直し推進（enPiT-Pro）
・超スマート社会実現に向けたデータサイエンティスト育成事業

社会人リカレント教育を活性化させる方策を共同で検討・実施

企業の採用や企業内教育のあり方の変化、Ｓｏｃｉｅｔｙ５・０時代の急激な経済社会変化への対応のため、今後、重要性の高まる大学における社会人のリカレント教育について、必要な環境整備や成果の見える化などについて検討する。

現状、社会人のリカレント教育のニーズ（分野、レベル、期間など）が明らかになっていない上、企業側の制度、授業の開講時間帯、費用など、企業人が大学でリカレント教育を受けやすい環境が整備されていない。そもそも、大学のリカレント教育プログラムの成果が企業側に認知されていないという課題は前述した通りである。そこで、社会人リカレント教育が強く求められている分野・内容などの整理とともに、各分野における事例の整理・発信を行う。

また、中堅社員を含む社会人が学びやすい環境整備のあり方を検討する。企業によるリカレント教育修了者の積極的活用、およびインセンティブの付与を含めた適切な処遇のあり方を検討する必要がある。そのために、企業側および大学側双方の評価システムの構築など、リカレント教育プログラムの成果を見えやすくする方策が求められる。

産学連携による課題解決型（ＰＢＬ型）教育を促進する仕組みづくり

ＰＢＬ型教育を促進するための大学と企業の取り組みについて検討する。現状では、企業側、大学側ともに目的に合った相手探しに苦労しており、マッチングの仕組みが必要である。双方の目的や成果を具体的に示した上で、協力企業を増やす必要もある。

まず、既に各大学・企業の間で実施されているＰＢＬ型授業に関するデータベースを作成し、大学と企業のニーズとシーズのマッチング方法を検討する。その上で、産学連携ＰＢＬ型教育プログラムの成果を見えやすくする方策を検討していく。

産学協議会では、こうした認識を大学、学生、企業、国、地方自治体、教育関係者、そして社会全般が広く共有し、日本の未来を支える人材が育成されていくことを強く期待している。産学協議会としても、具体的なアクションを開始するとともに、各方面から寄せられた意見なども踏まえながら、検討を継続していく。

＊1　山内麻理（２０１９）「各国の教育訓練システムの特徴」第1章、『欧州の教育・雇用制度と若者のキャリア形成：国境を越えた人材流動化と国際化への指針』藤本・山内・野田（２０１９）白桃書房。

＊2　滋賀大学プレスリリース（２０１９年12月3日）　https://www.shiga-u.ac.jp/2019/12/03/70537/

＊3　大阪大学プレスリリース（２０１７年6月23日）　http://www.osaka-u.ac.jp/ja/news/topics/2017/06/20170623_01

＊4　日立グループ情報・コミュニケーション誌「はいたっく（２０１６年10月号）」17頁　https://www.hitachi.co.jp/products/it/magazine/hitac/document/2016/10/1610i.pdf

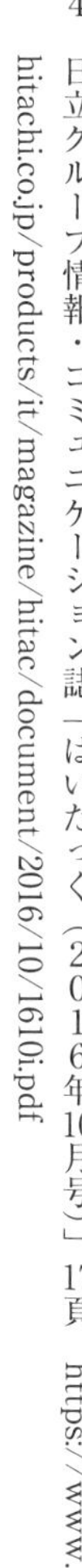

宮田 一雄（みやた かずお）

一般社団法人 日本経済団体連合会 教育・大学改革推進委員会企画部会長／採用と大学教育の未来に関する産学協議会 Ｓｏｃｉｅｔｙ ５・０人材育成分科会長、富士通株式会社シニアフェロー。１９７７年富士通入社。ＳＥとして銀行（信金・地銀）・証券・通信キャリアなど、数多くのお客様を担当。ＩＣＴ業界におけるプロジェクトマネジメントの問題改善のため、ＴＯＣやＣＣＰＭ理論に基づいた取り組みを進める。デジタル社会に向けたビジネスの変革と人材育成を進め、２０１９年2月からＭｏｂｉｌｉｔｙビジネスを担当。経団連では２０１８年度より教育・大学改革推進委員会企画部会長及び産学協議会におけるＳｏｃｉｅｔｙ ５・０人材育成分科会長に就任。

第6章 大学から見たリカレント教育と実務家教員

日本女子大学 生涯学習センター所長、文学部教授
坂本 清恵

はじめに

2019年12月5日に「女性のためのリカレント教育推進協議会」が発足した。同日に発足シンポジウムとして日本経済団体連合会、文部科学省、厚生労働省からのご講演の後、女性のためにリカレント教育プログラムを設置する日本女子大学、関西学院大学、明治大学、福岡女子大学、京都女子大学、京都光華女子大学（設置年順）の協議会参加6大学と、実務家教員養成を行う社会情報大学院大学が加わり、パネルディスカッションを行った。ここでは、リカレント教育の現状と課題やリカレント教育にとっての実務家教員の必要性について、協議会発足の理由も含め、「女性のためのリカレント教育」に取り組んできた日本女子大学のリカレント

教育課程のあゆみを例に考える。

大学におけるリカレント教育のあゆみ

リカレント教育は、社会人が再び学校へ入る、循環・反復の教育体制を指す用語である。現在、全国でさまざまなレベルにおいて大学を利用した社会人の学び直しが行われており、大学が提供する生涯学習の意味で、リカレントと称されることも多い。大学におけるリカレント教育はどのように行われてきたのか、生涯教育、生涯学習とどのような関係にあるのか、「リカレント教育」が多様な意味で用いられている理由を探りながら、リカレント教育の定義を追ってみる。

生涯学習とリカレント教育

生涯学習については、中央教育審議会が1971年6月の答申において、社会環境の急速な変化の下で、今後における人間形成上の重要な問題として、生涯教育の観点から全教育体系を総合的に整備することを検討課題として提起し、その後の検討を経て、1981年6月の「生涯学習について（答申）」にまとめられている。そこでは、生涯学習の必要性とともに、既にリカレント教育についても触れられている。

この生涯学習のために、自ら学習する意欲と能力を養い、社会の様々な教育機能を相互の関連性を考慮しつつ総合的に整備・充実しようとするのが生涯教育の考え方である。言い換えれば、生涯教育とは、国民の一人一人が充実した人生を送ることを目指して生涯にわたって行う学習を助けるために、教育制度全体がその上に打ち立てられるべき基本的な理念である。

このような生涯教育の考え方は、ユネスコが提唱し、近年、国際的な大きな流れとして、多数の国々において広く合意を得つつある。また、ＯＥＣＤが、義務教育終了後における就学の時期や方法を弾力的なものとし、生涯にわたって、教育を受けることと労働などの諸活動とを交互に行えるようにする、いわゆる〝リカレント教育〟を提唱したのも、この生涯教育の考え方によるものである。

とあるように、生涯教育、生涯学習の考え方が示された時点から、ユネスコでは、リカレント教育が提唱されていたのであるが、答申ではリカレント教育も生涯学習の考え方によるとするのみで、本格的なリカレント教育については触れられていない。

その後、生涯学習の整備が進み、１９９０年に「生涯学習の振興のための施策の推進体制等の整備に関する法律」（生涯学習振興法）が定められ、国の生涯学習審議会と、都道府県生涯学習審議会により推進されてきた。大学における生涯学習センターの設置も1990年から2000年にかけて急増している（＊1）。大学にとっての生涯学習センターを設置する意義は、「市民大学」「オープンカレッジ」として、地域に大学の知的財産の開放を行うことで、在校生、卒業生をはじめ、地域住民を対象とした教養講座などの開講、講師派遣、あるいは大学施設の開放などが行われている。

リカレント教育とリフレッシュ教育

文部科学省「平成7年度我が国の文教施策」のうち、第Ⅱ部第2章第3節で示された「生涯学習時代に向けた大学改革」の中では、リカレント教育を次のように取り上げている。

「リカレント教育」とは、「学校教育」を、人々の生涯にわたって、分散させようとする理念であり、その本来の意味は、「職業上必要な知識・技術」を修得するために、フルタイムの就学と、フルタイムの就職を繰り返すことである（日本では、長期雇用の慣行から、本来の意味での「リカレント教育」が行われることはまれ）。我が国では、一般的に、「リカレント教育」を諸外国より広くとらえ、働きながら学ぶ場合、心の豊かさや生きがいのために学ぶ場合、学校以外の場で学ぶ場合もこれに含めている（この意味では成人の学習活動の全体に近い）。なお、「リフレッシュ教育」は、「リカレント教育」のうち、

（1）職業人を対象とした、

（2）職業志向の教育で、

（3）高等教育機関で実施されるもの

であり、むしろ諸外国での「リカレント教育」に近い概念である。

以上のようにリカレント教育を説明し、施策としては以下のように記す。

文部省では、産業構造・就業構造の変化や技術革新に対応する組織的な学習機会を提供するため、リカレント教育推進事業を実施している。これは、高等教育機関、地方公共団体、産業界等の関係者で構成する、地域リカレント教育推進協議会が実施主体となり、

（1）社会人・職業人の学習ニーズなど情報の収集・提供

（2）学習プログラムの研究開発

（3）学習コースの開設

などの事業を総合的に実施するものである。1995年度においては、北海道、山形、千葉、京都の4地域で実施されている。

１９９５年時点では、「働きながら学ぶ場合、心の豊かさや生きがいのために学ぶ場合、学校以外の場で学ぶ場合もこれに含めている」とあるように、まだ真の意味での「リカレント教育」が日本には根付いていないこと、生涯学習と線引きがないことが分かる。そのうち「リフレッシュ教育」とされるものが、本来の「リカレント教育」にあたる。

２０１９年発足の「女性のためのリカレント教育推進協議会」には京都女子大学、京都光華女子大学が参加しているが、京都府におけるリカレント教育への取り組みは比較的早い段階から始まっている。１９９４年1月に策定された「京都ＯＷＮ学習プラン―京都自身の特色ある生涯学習―」の中で、多様な教育の機会の提供として大学との連携によるリカレント教育を挙げている。

産業構造の変化や技術革新の進展に伴い、社会人・職業人の再教育であるリカレント教育の必要性が高まる中で、学問のみやことして大学等高等教育機関の蓄積の豊かな京都の特性を活かして、大学、産業・労働界、行政等が連携し、リカレント教育を総合的に推進して京都らしい高度で体系的な学習機会の充実を図ります。

また、社会人の職業生活のあらゆる段階において、公共職業能力開発施設や民間教育・訓練機関と連携して職業能力の開発、向上を促進するための学習機会の整備を図ります。

このような方針のもとに、京都府リカレント教育推進協議会委託事業として、京都府リカレント学習講座を各大学が行っている。同志社女子大学では1997年に「日本語の世界」、京都産業大学では2001年に「お茶の間で考える国際関係」、2002年、2003年に「高度マネジメント感覚と能力をもった人材育成に向けて」など、それぞれ10回の講座を行っている。この段階では、必ずしも職業と結びつかない生涯学習も含んでいるが、学習講座という位置付けでの社会人の再教育が始動をしている。

「社会人の学び直しニーズ対応教育推進プログラム」Good Practice（GP）

本格的にリカレント教育が推進されるようになったのは、2007年、2008年に、文部科学省「社会人の学び直しニーズ対応教育推進プログラム」Good Practiceの公募が行われ、リカレント教育プログラムが数多く選定されてからといえよう。初年度の2007年には人文系66件、理工農系37件、医療系23件が採択されている。

このプログラム開始後、2007年12月に大学で多くの社会人が学べるよう、学校教育法第105条の改正が行われた。大学が積極的に社会貢献を果たし、社会人などの学生以外の者を対象とした一定のまとまりのある学習プログラム（履修証明プログラム）を開設して、その修了者に対して法に基づく履修証明書（Certificate）を交付できることにした。その総時間数は120時間以上と定められた。リカレント教育が、学校教育法に基づく履修証明プログラムとして認められることになったのである。GPの委託期間は3年であったが、そのまま継続しているプログラムは必ずしも多くはない。

「職業実践力育成プログラム」Brush up Program for professional（BP）と女性活躍

２０１５年9月に「女性の職業生活における活躍の推進に関する法律」（女性活躍推進法）が施行された（事業主については、２０１６年4月に施行）。さらに、２０１５年10月締め切りで、大学・大学院・短期大学・高等専門学校における社会人や企業などのニーズに応じた実践的・専門的なプログラムを文部科学大臣が認定した「職業実践力育成プログラム」（ＢＰ）の募集が始まり、その募集テーマ四つに「非正規労働者のキャリアアップ」「中小企業活性化」「地方創生」とともに「女性活躍」が掲げられた。ＢＰは厚生労働省と連携しており、厚生労働大臣が「専門実践教育訓練」のプログラムと指定した講座については、給付金対象講座として受講生の費用負担の軽減や、講座を活用する企業に対しては「キャリア形成促進助成金・キャリアアップ助成金」の支給がなされることになった。

ＢＰ採択にあたっての認定要件のうちの総授業数については、プログラムの5割以上（目安）が、以下の（1）～（4）のうち二つ以上の実践的な教育方法による授業であることが示された。

（1）実務家教員や実務家による授業（専攻分野における概ね5年以上の実務経験）
（2）双方向若しくは多方向に行われる討論（課題発見・解決型学修、ワークショップ等）
（3）実地での体験活動（インターンシップ、留学や現地調査等）
（4）企業等と連携した授業（企業等とのフィールドワーク）

多くの独自の履修証明プログラムに加え、正規課程もBPの認定を受けているが、BP認定にあたって、実践的な授業を展開するために、実務家教員の登用が明記されたのである。

２０１５年の認定プログラム１２３、女性活躍での採択が23であった。その後、２０１８年11月の中央教育審議会が「２０４０年に向けた高等教育のグランドデザイン（答申）」を受けて、２０１９年１月に学校教育法施行規則が改正され、同年４月より、履修証明プログラムが１２０時間以上から60時間以上に変更された。この変更を受けて、２０１８年度中に短期プログラムの募集が始まった。２０１９年までの５年間でBP認定プログラムは２９８、そのうち「女性活躍」をテーマとしたものは78に及ぶ。

現在のリカレント教育の定義

それでは、現在、リカレント教育はどのように定義されているのであろうか。２０１８年11

月に中央教育審議会が示した「２０４０年に向けた高等教育のグランドデザイン（答申）」の中の「用語集」に掲載された「リカレント教育」は次のようなものである。

職業人を中心とした社会人に対して、学校教育の修了後、一旦社会に出てから行われる教育であり、職場から離れて行われるフルタイムの再教育のみならず、職業に就きながら行われるパートタイムの教育も含む。

これは、離職することなく、働きながら再教育を受ける形のものも含めて、職業人の再教育全体をリカレント教育と定めたことになる。ここには、それまでの生涯学習の意味合いはなくなっている。おそらく、今後は生涯学習とリカレント教育とは混同されることがなくなるのだろうと思う。しかし、人生１００年時代を迎え、生涯にわたる教育が再び重要課題となってきている。職業と結びつくことのない継続した生涯学習も欠かすことができないが、リカレント教育課程の修了生を見る限り、社会人になった後に一度集中した学習を行うことが、生涯にわたる学習につながっていくことは明白である。生涯学習にとってもリカレント教育は重要なのである。

さまざまなリカレント教育

日本でのリカレント教育の概念は、当初から生涯学習を含めた広義の解釈が取られていたが、ようやく本来の狭義の解釈に落ち着き、さらには時代に合わせたものになってきた。

社会人が職を中断して体系的に学び直すことは、ＭＢＡ取得などの形で行われてきているし、サバティカルや研修などを設ける企業も増えている。履修証明プログラムも体系的な学びを行うものであるが、大学の正規課程の授業を利用して組み立てたもの、大学の正規課程とは別に独自のプログラムを設置するもの、あるいは生涯学習として正規授業と独自プログラムとを組み合わせたものなど、さまざまなリカレント教育が試みられている。

大学の正規授業をリカレント教育として活用した例としては、２０１９年に始まった茨城大学リカレント教育プログラムが挙げられる。これは、個人向けと組織向けに柔軟に対処可能なものとして、今後、地域創生も含めて発展していくと思う。初年度は、関彰商事株式会社（セキショウグループ）との連携で行われたが、業務上の専門知識に限らず、大学での授業を受講することで幅広い教養や学問の基礎を学び、変化する時代の中で成長し続け、学び続けるための教育と位置付けられている。これに対して会社が費用を負担し、週１コマの授業を出勤扱いで受講するというものもある。単なる科目等履修ではなく、大学が生涯にわたる社会人の学びの場を積極的に提供するものである。企業も教育の場を有効に活用している。今後は、新たにリカレント教育のための授業を構築するのではなく、大学の授業を組み立ててリカレント教育プログラムとして提供する形が広がるのであろう。

日本女子大学リカレント教育課程

大学のリカレント教育の例として、大学初の「リカレント教育」を冠した教育課程を設置した、日本女子大学リカレント教育を紹介する。課程の特徴を一言でいうと「再教育」と「再就職支援」の二つの柱を持っていることである。これまで言われてきた「学び直し」がリカレント教育に当てはまるかというと、そうでもない。日本女子大学のリカレント教育はこれまで、大学や社会では受けてこなかったビジネスに直結する分野を学ぶことが主であり、「新たな学び」あるいは「最新の学び」をすることになる。すなわち、「社会人女性のキャリア形成」「社会へ参加し続け、活躍をするための教育」そして「再就職支援」を目的とし、グローバル化や少子高齢という労働者不足に悩む産業界においても、新卒採用とは異なる優秀な人材が確保でき、社内活性化につながる人材育成の場と考えられる。

日本女子大学リカレント教育課程のあゆみ

日本女子大学のリカレント教育課程は、「卒業生はもとより、すべての女性にとって人生航路の必要な時に立ち寄り、休息し、給油し、糧食を得て、次の航海に再出発できる港になりたい」という、ソーントン不破直子文学部教授（現名誉教授）の願いから始まった。

結婚や出産によってキャリアにブランクが生じた能力の高い女性を新たに教育し、再び社会で活躍させたいという同教授の強い思いが、２００7年の文部科学省「社会人の学び直しニーズ対応教育推進事業委託」に、「キャリアブレーク中の女子大学卒業生のためのリカレント教育・再就職あっせんシステム」として採択され、実を結んだ。同年12月には、学校教育法第１０５条が改正され、日本女子大学のリカレント教育課程は、２０１8年4月１日よりこの履修証明プログラムを開始し、ここに「リカレント」を冠する大学初の教育課程が誕生し、現在の「リカレント教育課程」の前身となった。

課程設立から3年は、文部科学省からの助成金もあり、学費も低く抑えられ、9月と4月の2回、30人定員で募集を行った。補助金が打ち切られた後は、創立者成瀬仁蔵の「立派な人格とは毎日新しい人間に生まれ変わる一である。生涯を進歩の過程とし、新しい知識を求め、生きた経験を積み、幾歳になっても青年の様な旺な精神を以て益々奮闘して境遇を開いて行く人である。」という、生涯学び続けることの大切さを提唱した理念に従い、２０１０年からは生

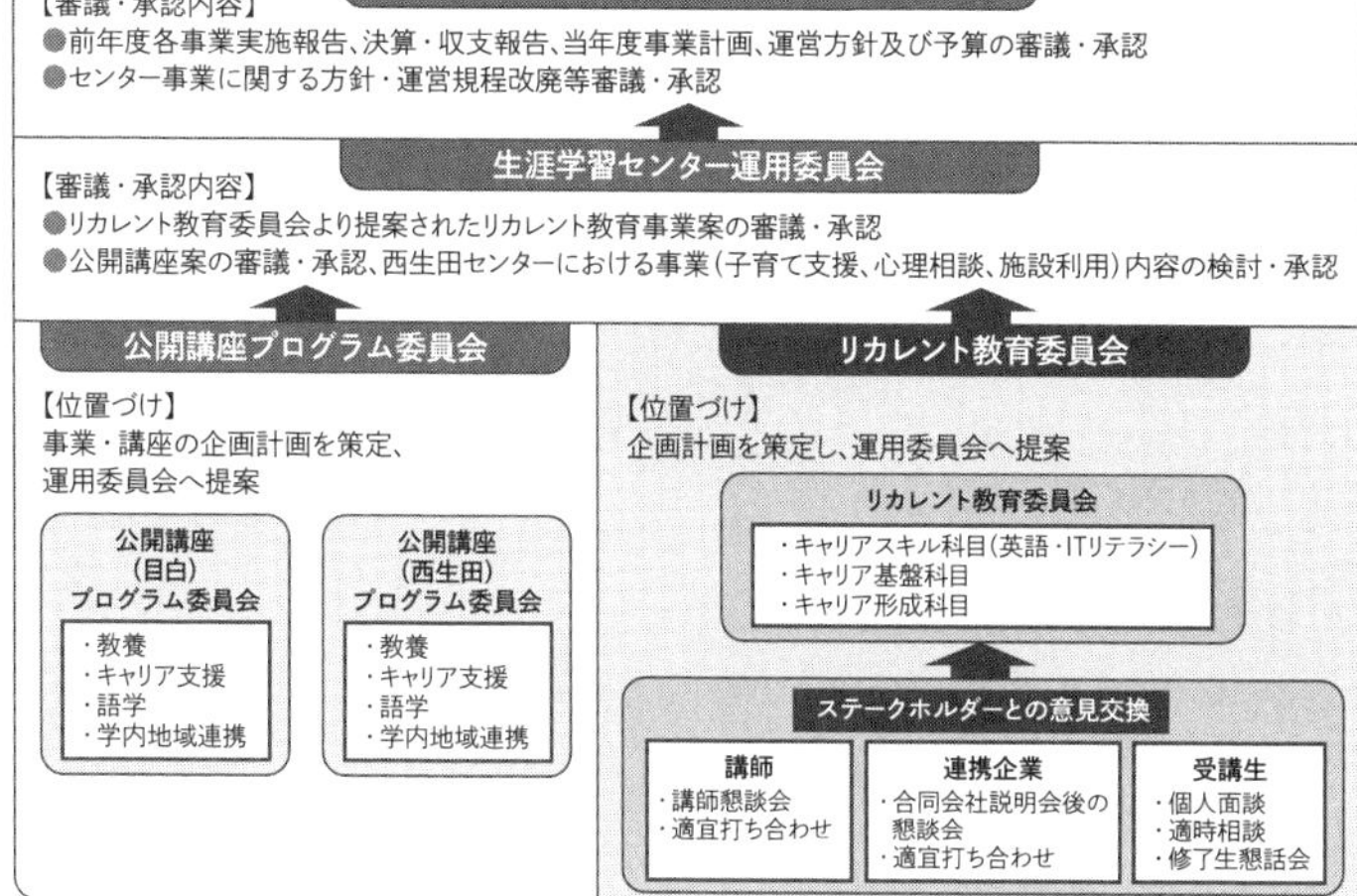

図表6-1　生涯学習センター事業組織図

涯学習センター（Lifelong Learning Center：略称LLC）に設置替えし、現在に至る。そして、生涯学習センター所轄になった折に、学内組織としてリカレント教育委員会を設置した（図表6－1）。

リカレント教育委員会では、4学部から各2名の委員を選出してもらい、リカレント教育課程長、生涯学習センター所長とリカレント教育課長、課員が加わり、カリキュラムの見直し、実務家教員の決定、入学試験の面談、ステークホルダーとの意見交換などを行っている。

設立から10年間は、リーマンショックや東日本大震災などがあり、再就職を目指す女性にとっても教育課程にとっても、必ずしも順風満帆といえるような社会状況ではなかったが、何とか運営を継続した。折しも、201

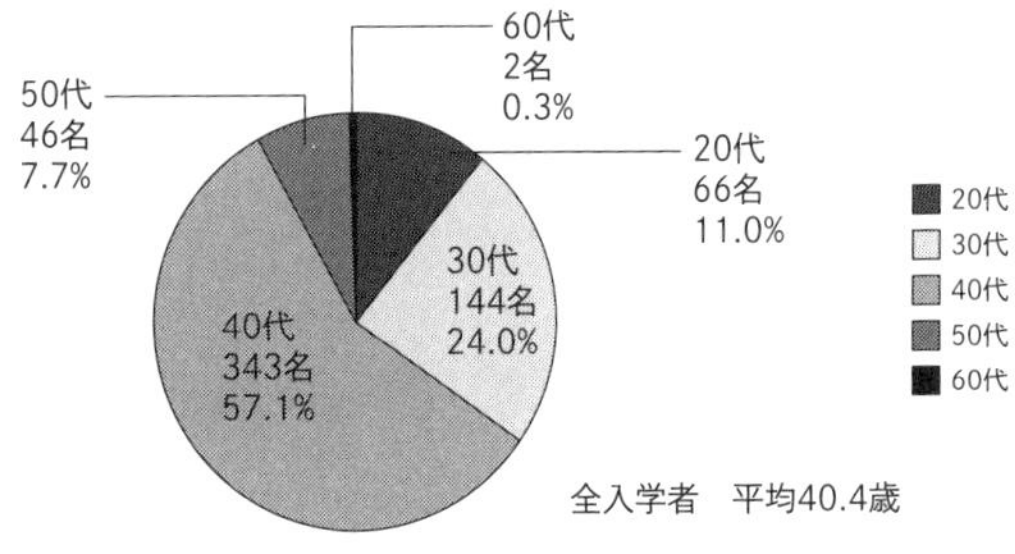

図表6-2　受講開始時の年齢（1～21回生の合計601名）

5年9月に女性活躍推進法が施行され、女性の再教育・再就職を支援するリカレント教育課程が各方面から注目を浴びるようになった。文部科学省から「職業実践力育成プログラム」（BP）に認定され、厚生労働省の「専門実践教育訓練講座」に指定されたことを受け、多様化する受講生のニーズに対応する授業設置の必要もあり、２０１６年度から入学は4月のみとし、募集も40人に変更した。

女性活躍推進法案に引き続いて、２０１６年9月には働き方改革実現会議が発足、リカレント教育課程に注目が集まった。働き方改革をめぐる首相と現場との意見交換会にも、修了生、受講生、担当職員が招かれた。また、塩崎厚生労働大臣（当時）への陳情の機会を得ている。２０１７年6月には、長年にわたる再就職までつながるリカレント教育・再就職支援プログラム実施に対して、内閣府男女共同参画局より「女性のチャレンジ支援賞」を授与された。

大学	大学院
慶應義塾大学（2）	慶應義塾大学大学院
東京女子大学（3）	東京大学大学院
早稲田大学（3）	横浜国立大学大学院
上智大学（5）	お茶の水女子大学大学院
立教大学（5）	九州芸術工科大学大学院（現・九州大学芸術工学部大学院）
日本大学（7）	熊本大学大学院
明治大学（7）	東京工業大学大学院
学習院大学（9）	名古屋大学大学院
フェリス女学院大学（9）	早稲田大学大学院
青山学院大学（11）	
法政大学（11）	

図表6-3　出身者の多い大学・大学院（日本女子大学を除く。数字は人数の多い順を示す）

リカレント受講生

受講資格は大学を卒業し、就業経験のある女性で、2019年度までに148の大学・大学院の卒業生・修了生、総計601名を受け入れてきた。これまでの受講生の平均年齢は40歳だが、20代後半から60代まで、その層は幅広く（図表6－2）、文系、理系、音楽系など専攻を問わず、多様な受講生が、再就職のために学んできた。図表6－3にあるように、高学歴女性が多いのが特徴である。

初年度は100％が日本女子大学の卒業生であったが、現在は2割を切った。首都圏のみならず、石川・宮城・富山・鳥取・高知・京都から上京して入学したり、配偶者の海外赴任が終了し、帰国するのを機に受講を志望して海外から受験した人や、モロッコ王国から受講した人もいる。入学試験を実施し、リカレント教育課程で学ぶ準備ができているかどうかを確認して

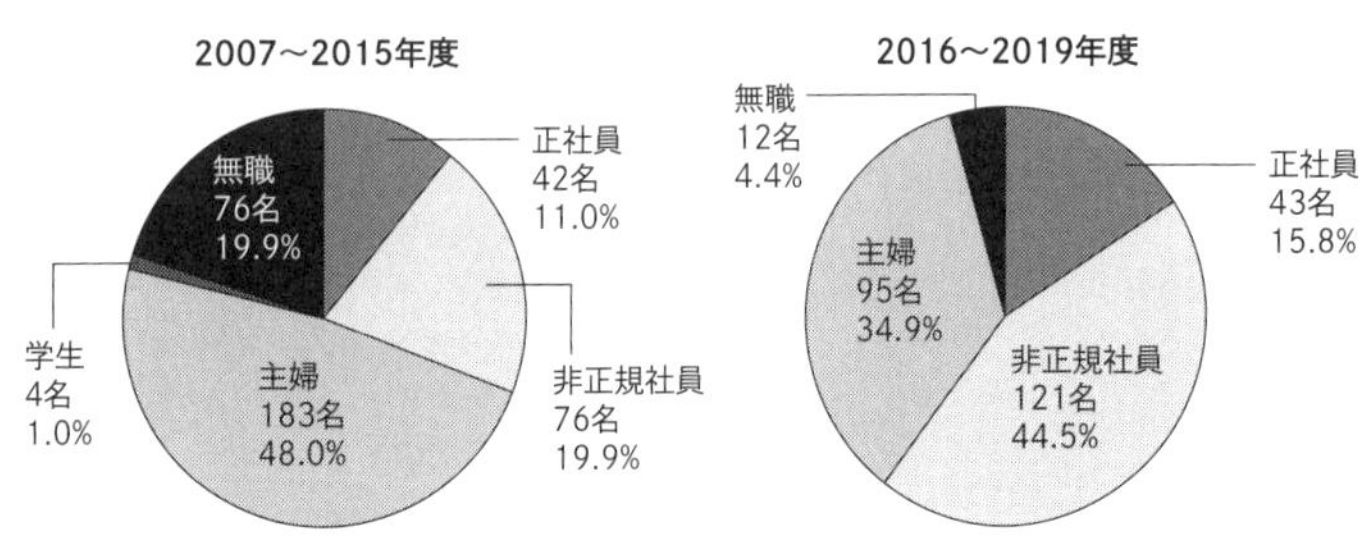

図表6-4　リカレント入学前の状況

いるが、浪人をして入学するケースも少なくない。

開学当初は、受講生はブランクのある主婦が多かったが、徐々にジョブチェンジやキャリアアップを目指す独身女性や、非正規雇用を繰り返して来た女性が正規雇用を目指して入学する比率が増え、女性活躍推進法施行以降は、主婦を上回っている（図表6－4）。

多様な受講生が、オンキャンパス（通学）の課程で共に学ぶメリットは、英語の得意な者、ＩＴが得意な者などが、つまずいている仲間に手を差し伸べ、教え合い、支え合えるところにある。経歴や年齢もさまざまであることが、逆に大きな効果、教育的意義を生んでいるのである。

教育期間と内容

先に述べたとおり、２００７年12月に始まった履修証明プログラムは、社会人に対し１２０時間以上の体系的な知識・技術などの習得を目指すプログラムを規定するが、日本女子大学の課程は、当初はその倍以上、２９４時間を修了要件とする1年の通学課程であった。２０１９年の改正により、60時間以上になった折に、２８０時間の修了要件に変更はしたが、修了生の平均学習時間は３５０時間を超える。社会人の教育期間としてはあまりに長いと思われるかもしれないが、ブランクのある女性にとって、年間を通して通学することで、働き始めたときに家族はどうなるか、通勤はどうかなど、実体験を積むこととなり、錆びついてしまった就労感覚を取り戻すのに不可欠な時間となっている。また、直前まで就労していた受講生にとっても、大学での充実した学びは、長い人生において学びの習慣を身に付ける絶好の機会であり、また、仕事での部分的な知識を体系的に学ぶことで、自身の仕事をあらためて理解する機会となっている。小さなお子さんがいる場合には、1年の通学課程であることで、居住地の保育園への入所が可能であり、就職後も同じ保育園に通園できることもメリットである。

教育内容は課程独自に開講している必修科目、選択必修科目のほか、選択科目として学部提供科目、通信教育課程提供科目からも履修が行える。修了要件は14科目である。

独自開講科目については、エンプロイアビリティとしての働く自覚と自信・社会性・責任感・コミュニケーション能力の再開発に加え、現代のビジネス界で即戦力となるスキルの獲得を目的としたカリキュラムを構成している。必修科目は、現在「キャリアマネジメント」「英語」「ITリテラシー」「日本語コミュニケーション論」の4科目である。

「キャリアマネジメント」は、円滑な社会復帰を促すために最も効果的な科目である。現在は年間40時間で、これまでのキャリアを棚卸しするところから始め、グループワークを通して、受講生同士で意見交換を行いながら、女性の就業に必要な能力とその課題を理解し、必要なスキルを身に付ける。

「英語」も40時間で、ビジネスシーンでの英語コミュニケーション能力を培うことが目的である。大学卒業後、全く英語に触れることがなかった者、配偶者の海外赴任に同行し、海外経験豊富で英語能力も極めて高い者という、極端な幅に対応するため、能力に応じクラス分けをし、少人数体制で使える英語の習得を目指している。

「ITリテラシー」の40時間は、事務系の職業を希望する受講生が多い。ITは何としても身に付けなければならない技能であり、データ分析、ビジネス分析能力を開発、育成している。ステークホルダーの助言により、AccessやExcelVBAまで学べるように変更した。資格取得を目指し、大学のコンピュータ演習室で、自習に多くの時間を割いているのが実情である。

「日本語コミュニケーション論」は、修了生が受けたかった授業として挙げたもので、BP認定以降に設置した。ビジネス文書の作成や、接遇コミュニケーションなどを学ぶものである。

選択必修科目には、社会保険労務士準備講座、消費生活アドバイザー準備講座（消費生活相談員）、記録情報管理士資格準備対策講座、貿易実務検定対策講座などの資格取得を目指した諸講座を開講している。マーケティングやマネジメントなどのビジネススキル科目を設置し、企業の財務内容を読む力といった知識の獲得を目指すものもある。

授業の多くが双方向性を持つ形態で、講義科目においてもディスカッションとプレゼンテーションが組み込まれ、活発な意見交換が行われる。カリキュラムは受講生と採用企業のニーズに合うよう常に見直しを行っている。

大学が設置する教育課程ではあるが、大学の専任教員が本務の片手間に授業を担当するのではなく、招聘する実務家を中心にビジネスに直結する実践的な授業を展開している。

インターンシップと企業連携

リカレント受講生に対するインターンシップには二つのタイプが必要である。一つは、長い離職期間による就労不安の解消、あるいは消費者感覚からの脱却など、職場復帰に向けての具体的な体験となる「体験型企業連携プログラム」である。もう一つは、非正規雇用から正規雇用に向けて、あるいは未経験職種にチャレンジするための「キャリアチェンジインターンシップ」といったものである。

インターンシップ先の開拓がなかなか難しいが、リカレント生のみのものでは、訪日客に旅行サービスを提供する、みちトラベルジャパン株式会社での英語によるインターンシップ、モルガン・スタンレー・グループ株式会社が長期のプログラムを2019年から開始するなど、徐々に受け入れ先が広がっている。最近では、学部生と同時の受け入れ先もできてきた。

２０１４年度から４年間は、夏季休業期間を利用し、合同会社西友のご協力を受け、日本女子大学の現代キャリア研究所との共同研究により、セルフリーダーシップ・プログラムを実施した。２０１６年からは、これをリカレント教育課程独自のプログラムとして単位化した。西友のスタッフから小売業についての講義を受け、店舗・物流センター・総菜工場を見学し、グループワークにより、それぞれの現場の問題を発見して、その改善策を提案すべく議論し、最終的にはＣＥＯの前でプレゼンテーションを行うという実践的なプログラムである。受講生にとっては、企業人としての視点を獲得するとともに、職場復帰に向けた具体的な体験となる貴重なプログラムであり、今後のキャリアに資する現実的なイメージを得る機会となっていた。残念なことに、現在はプログラムの継続ができていない。

企業連携としては、２０１５年から大同生命保険株式会社、２０１７年から野村證券株式会社の寄附講座を連続開講していただいている。単独講座も清水建設株式会社、株式会社キャリア・マムなどに実施していただいてきた。今後もインターンシップや寄附講座などの連携を拡大していかなければならない。

再就職支援と就職率

この教育課程で最も重要なものが、再就職に向けた細やかな支援であるが、これこそが最も難しい問題である。

年間を通じて、「キャリアマネジメント」の授業があり、学部での就職支援を長らく行ってきた職員による相談や指導のほか、後期には受講生全員に対して、生涯学習センター所長、リカレント教育課程長、担当職員、キャリアコンサルタントによる個人面談を行う。ＨＰに就職斡旋サイトを設置している。また再就職をどのように果たせばいいのか、再就職後はどのような状況が待っているのかを知るために、修了生と受講生との懇話会を毎年開催している。受講生にとってはさまざまなロールモデルに触れることが、再就職に向けての準備に役立っている。

リカレント教育課程開設以来、独自に受講生の就職先企業を開拓し、東京商工会議所に加入し、就職先の確保に力を入れてきた。２０１２年からは、合同企業説明会も企画するようになった。ＢＰおよび専門実践教育訓練講座に指定された２０１６年度は、東京労働局、東京商工会議所からの支援をはじめ、各方面からのサポートもあり、大がかりな合同企業説明会を実施した。同時に、後期にキャリアコンサルタント3名を配置し、再就職後に置かれる環境を視野に入れたグループ討議や、個別相談を随時行っている。２０１８年5月には東京商工会議所と覚え書きを締結し、より実践的な講座の受講を特別価格で提供していただくほか、女性のための就職斡旋のサイトを設置していただいている。

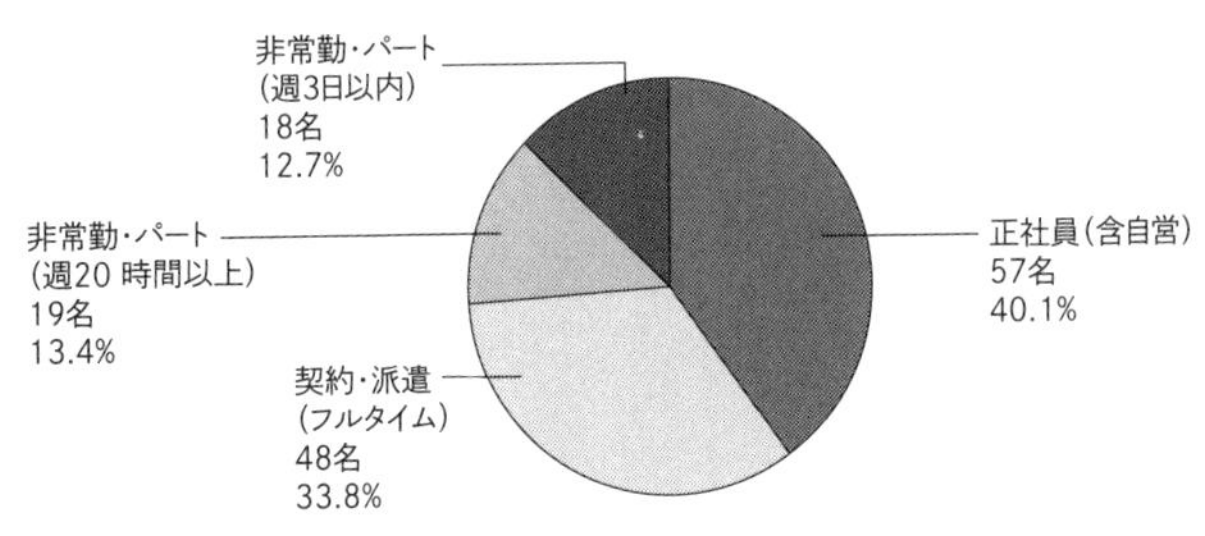

図表6-5　修了後の進路内訳（2016～2018年度、18～20回生、n＝142名）

採用企業の中には、毎年、社長自ら会社説明に出向いて、受講生の採用を行ってくださるところも出ている。自らに投資して、積極的に学び、再就職しようという意欲の高い女性が学ぶリカレント教育課程を、「人材の宝庫」と評価していただいている。

実際の就職状況であるが、これまで述べたような課程独自の就職支援もあり、女性活躍推進法以降の２０１６年からは、労働力不足も手伝ってか求人状況が大きく好転し、就職を希望すれば、ほぼ全員が就職を果たすようになってきた。具体的には２０１８年までの３年間で、入学者合計１６０名に対して修了者１５２名で、そのうち就職したものは１４２名、正社員には40・１％、被社会保険者比率は87・３％と注目の高さになっている（図表６－５）。また、大学でのリカレント教育受講が契機となり、新たな学問への興味につながり、就職ではなく、大学院や専門学校に進学する受講生も出てきている。

再就職支援は修了直後だけでなく、修了していることを条件に、契約が切れたときなど終了後にも継続して行っている。修了生の中には、60歳を過ぎても複数の企業からの採用を得られる例も出てきた。

今後の課題と実務家教員養成への期待

リカレント教育認知の現状

日本女子大学リカレント教育課程は2018年度、文部科学省の「男女共同参画推進のための学び・キャリア形成支援事業」委託事業として、「女性の学びとキャリア形成・再就職支援を一体的に行う仕組みづくりとニーズ調査によるリカレント教育モデル構築のための実証事業の実施」に採択された。実証事業として5回にわたる「女性のためのビジネススキルアップコース」を実施する前に、受講対象となる女性と、修了生の受け入れ先となる企業に対してそれぞれニーズ調査を行った。

社会人女性に対しては、何をどのように学習したいのか、どのような働き方をしたいのか、どのような人生設計をしているのか、再就職にあたって不安に感じていることなどを、企業に対しては、即戦力となる人材像、求めるスキル、リカレント教育実施団体への要望事項などを、それぞれアンケートやヒアリングを通じて把握するための調査である。ここでは簡単に調

	日本女子大学	豊島区	全国モニタリング
調査人数（人）	280	266	930
知っている	53.9	9.8	3.1
聞いたことがある	26.9	26.7	11.1
このアンケートで初めて知った	19.2	63.5	85.8

図表6-6 「リカレント教育を知っているか」に対する回答割合（%）

査概要と結果を紹介する。

女性のニーズ調査

女性のニーズ調査は、全国モニタリング調査を25歳から54歳まで5歳区切りで6ブロック、各155人ずつ930名に対してと、実行委員会を組織し、日本女子大学、日本女子大学リカレント受講生・修了生、東京労働局、文京区、豊島区、鳥取県、名古屋大学、青山学院女子短期大学による、社会人女性計931名に対するアンケート調査を実施した。実行委員会による調査については、母数の多いところのみ記載する。なお、豊島区については、豊島区在住の女性20代から50代まで2000名に対し、郵送でアンケートへの調査協力を依頼し、QRコードの読み取り、ホームページへのアクセスによるアンケート調査を実施し、266名から回答を得た。特徴的なところを少し紹介しておく。

リカレント教育の認知度については、日本女子大学関係者については、長らくリカレント教育を行っていることから広く認知されているが、ほかではこの調査で初めて知った人の割合が、全国モニタリング調査では85・

	日本女子大学	豊島区	全国モニタリング
すぐに学びたい	16.2	1.5	0.3
学ぶ条件が整えば	38.4	27.4	10.5
時間があれば	11.8	17.7	5.5
費用があれば	5.5	22.9	18.7
精神的余裕ができれば	5.2	6.4	6.7
興味がない	1.5	4.9	9.0
分からない	12.2	12.0	32.4
学ぶつもりはない	5.5	7.1	16.6
現在受講中である	3.7	—	—

図表6-7　大学でのリカレント教育受講意向に対する回答割合（%）

8%で、豊島区でも63・5%と高い結果であった。受講対象となる女性が、リカレント教育そのものを知らないのが実態である（図表6－6）。

リカレント教育に対する受講意欲については、すぐに学びたい、時間、費用、精神面など条件がそろえば受講したいと考える人の合計が、モニタリング調査でも41・7%、日本女子大学関係では77・1%、豊島区によるアンケートでは75・9%と、リカレント教育課程を受講する意欲を示した（図表6－7）。まずは、リカレント教育課程を知ることが、受講希望につながる可能性を示している。受講したい理由については、「自分を高めるため」「新しいことへの挑戦」「スキルアップしたいから」「キャリアアップしたいから」が主な理由である。

一方、学びたくない理由についても調査を行ったが、これについては、「学ぶ時間がない」が最も多く、特に豊島区では42・2%にも上る。次に「必要がない」であるが、モニタリング調査ではこちらが最も多く25・4%である。

	日本女子大学	豊島区	全国モニタリング
学ぶ時間がない	32.7	42.2	21.5
学習したいと思わない	7.7	10.9	14.7
学ぶためにお金を使いたくない	13.5	9.4	20.2
必要がない	28.8	32.8	25.4
学んでも会社での評価が上がらない	7.7	12.5	8.2
既に受講したから	0.0	1.6	0.0
「リカレント教育」自体が何か分からない	3.8	1.6	0.0
内容が難しそう／内容についていけるか不安	1.9	0.0	0.0
既に十分な能力を持っているから	1.9	4.7	0.0
その他	15.4	18.8	10.0

図表6-8　リカレント教育を受講したくない理由に対する回答割合（％）

モニタリング調査では、「お金を使いたくない」も20・2％と高いが、豊島区の調査では、こちらが10％を切る9・4％である。地域差などもあるのかもしれない（図表6－8）。なお、全国的な地域差の傾向を見ると、専業主婦が学びを希望しない率が高いのが、九州地方と東北地方であった。

リカレント教育で学びたい内容の上位は、ITスキル、ビジネス英語・TOEICがほぼ同数である。続いてプレゼンテーションと簿記・会計がやはりほぼ同数である。その他は、人事・総務スキル、仕事術、マーケティング、日本語、社労士、WEBデザインと続く。モニタリング調査の結果と比較すると、英語を希望する割合が低く、人事・総務スキルが高くなっているが、ほぼ傾向は一致している。

企業に対する調査

一方、企業に対する調査は、実行委員会のご協力のもと、企業に対するＷＥＢアンケートとしては、応分の回答数を得ることができた。東京労働局、東京商工会議所、文京区、豊島区、名古屋大学、日本女子大学、鳥取県から回答が寄せられた。

東京商工会議所登録の計１万１０００企業に依頼をお願いしたが、回答数はあまり上がらなかった。この種のアンケートの内容に対しては担当者が回答しにくい、という企業に対する調査の難しさが明確になった。文京区の協力により１３６社という最多の回答が得られたが、これを含め、合計２３９社からの回答をいただいた。業種は、建設業、卸小売業、金融・保険業など、有効求人倍率の高い業種が多く回答している。企業に対してのアンケート調査には、以下の３点を明らかにするための項目を用意した。

（1）これまでの女性の中途者採用についての状況を把握する
（2）女性の中途採用者に求めるスキルなどを把握する
（3）リカレント教育を企業の研修の場として活用していく可能性について把握する

（1）については、女性の中途者採用の状況は、91％が「ある」と回答をしている。正社員として採用実績がある企業がどの場合でも最も多く、８割を超していた。次にパート・アルバイトとしての採用実績、続いて契約社員の採用実績と続く。時短社員を採用した実績のある企業は、日本女子大学からアンケート依頼をして回答を得た30社が40％と突出している。リカレント教育受講生のために、時短正社員を募集していただける企業ということであろう。中途者の職種については、一般職が最も多いが、東京商工会議所、東京労働局、日本女子大学関係企業では総合職の実績も多い。また、前職を生かした採用が多く、キャリアチェンジでの採用は東京労働局では44％の企業が応じており、徐々に増えていくと思われる。

女性の中途採用者の年齢については、50代以上を採用したことがない企業は65％におよび、年齢的に採用を控えることは否めない。鳥取では年齢にこだわらないと答えている企業が多い。リーマンショックにより、社内における年齢の偏りが生じている企業が多く、現在はこの年齢の採用が困難であったことが、40代～50代の採用につながっている可能性もある。

（2）の女性の中途採用者に求めるスキルについては、「コミュニケーション能力」を多くの企業が求めているが、これは女性が学びたいと認識しているところと合致するところである。「コミュニケーション能力」の獲得を中心としている講座以外でも、この能力を高める要素を盛り込んだカリキュラムの構築が必要である。

「語学能力はあまり必要ない」「能力・スキルは問わない」という回答がある一方、必ずしも多くはないが、英語の高い能力や留学経験を求める企業があることも看過できない。また、ＩＴ能力についてもＭＯＳ（マイクロソフト オフィス スペシャリスト）のみにとどまらず、Ａc

	全体	日本女子大学	東京労働局	東京商工会議所	文京区	豊島区	鳥取県
勤務時間外で補助を出して行う	30.7	33.3	0.0	35.3	32.4	35.7	21.1
勤務時間内で行う	24.9	20.0	0.0	17.6	28.7	28.6	21.1
サバティカル休暇制度を活用して行う	9.8	3.3	22.2	5.9	9.6	14.3	15.8
勤務時間外で補助は出さない	4.0	0.0	11.1	11.8	2.9	7.1	5.3
勤務時間外で行う	1.8	0.0	0.0	5.9	0.7	7.1	5.3
検討中／今後検討予定	4.9	6.7	22.2	11.8	2.2	0.0	10.5
分からない／不明／未定	12.0	6.7	33.3	5.9	12.5	7.1	15.8
実施していない／検討していない／実施予定なし	8.0	20.0	11.1	0.0	8.1	0.0	0.0
その他	4.0	10.0	0.0	5.9	2.9	0.0	5.3

図表6-9　リカレント教育を行う時間に対する回答割合（%）

cess、ExcelVBA、ホームページ制作まで必要とする企業もあり、より高いスキルを身に付けることが、就職の可能性を広げることになる。

（3）の企業研修の場としての可能性として、リカレント教育の位置付けを問うたところ、全体の83%が特に位置付けていないと答えている。これはまだ、リカレント教育自体が企業に認知浸透していないことを顕著に表しているのであろう。「社員育成のため」という回答が14%見られ、いずれ認知が広がれば、社員育成のための場としてのリカレント教育が広がる可能性があろう。

リカレント教育課程を企業の再教育の場として受け入れるかどうか、具体的に仕事と再教育との関係を企業がどのように考えているのかついて問うたところ、「勤務時間内で行う」が文京区、豊島区で高く、3割に迫る（図表6－9）。また、「勤務時間外で、補助を出して行う」も全体で3割を超す企業からの回答を得ている。「サバティカル休暇制度を活用して行う」の回答も出ている。

リカレント教育を福利厚生として利用する可能性については、「現時点では考えられないが、検討したい」が57％で、リカレント教育が認知されることにより、女性社員教育の場としての利用が可能になろう。

採用と大学教育の未来に関する産学協議会

日本経済団体連合会と大学が初めて直接の対話を始め、２０１９年4月22日に「採用と大学教育の未来に関する産学協議会」の中間とりまとめと共同提言が行われた。ここに以下のようにリカレント教育が取り上げられている。

社会人リカレント教育活性化タスクフォース

企業の採用や企業内教育のあり方の変化、Ｓｏｃｉｅｔｙ ５・０時代の急激な経済社会変化への対応のため、今後、重要性の高まる大学における社会人のリカレント教育について、ニーズ、必要な環境整備、成果の見える化などについて検討する。

現状の課題

・社会人のリカレント教育のニーズ（分野、レベル、期間など）が明らかになっていない

・企業側の制度、授業の開講時間帯、費用など、企業人が大学でリカレント教育を受けやすい環境が整備されていない

・大学のリカレント教育プログラムの成果が企業側に認知されていない

具体的作業

（1）社会人リカレント教育が強く求められている分野・内容などの整理、各分野における事例の整理・発信

（2）中堅社員を含む社会人が学びやすい環境整備のあり方の検討

（3）リカレント教育修了者の企業における積極的活用と適切な処遇（インセンティブの付与）のあり方の検討

（4）リカレント教育プログラムの成果を見えやすくする方策の検討（企業側、大学側双方の評価など）

社会人のリカレント教育を活性化させる方策を企業と大学とが共同で検討し、実施することがうたわれている。この検討を「女性のためのリカレント」についても十分に行っていただくには、既にリカレント教育プログラムを行っている大学が連携して、その問題点を発信する必要があると考え、「女性のためのリカレント教育推進協議会」発足に至った。

この中間とりまとめや2018年の調査にもあるように、現在のリカレント教育の最大の課

題は、企業がリカレント教育を認知していないことである。新たな学びをして、職業人としての活躍を目指す女性のためのリカレント教育の意義を、広く採用側の企業に認知していただくための啓発活動をする必要があり、採用だけでなく、さまざまな体験型インターンシップについても、企業との連携を進めていくことが「推進協議会」の任務の一つである。

リカレント教育を支える実務家教員の養成

リカレント教育には、各分野の一線で活躍している実務家による指導が必要である。例えば、英語の授業をとっても、大学の英文科で英米文学を研究している教員から教わるのではなく、ビジネスで英語を使ってきた教員から教わることで、より実践的な能力が身に付く。大学にとって実務家教員は、実務経験から修得した実践的な技能を直接指導できる有能な人材である。しかし、教育経験の少ない実務家が大学で教鞭を執るためには、一定の訓練が必要である。

実務家が教鞭を執るときに重要なポイントがいくつかある。まずは、半期14、15回の連続した講義を組み立てることができ、それをシラバスとして示すことができるかという点である。自らが経験した業務内容や手腕などを客観的に分析し、系統立てて説明できるよう言語化して示す訓練が必要である。実務体験を個人の個別経験という特殊な場面だけでなく、どこでも通用する広範なところで普遍化して活用できるようにすることも大切である。体験談をエピソードとしてではなく、エビデンスとして活用する方法についても修得する必要がある。職務上、プレゼンテーションや説明会などには慣れていても、連続した講座に対して実務経験を生かした講義を準備するのはなかなか難しい。

また、講義を適切に理解し、考察を深め、応用できるようになったかなどを評価する方法も身に付けなければならない。各講義に対する受講生の反応や、理解度のチェックの方法も決めなければならない。企業でのプレゼンテーションは、聴衆が理解できたかのチェックはするが、個々の受講者の理解度を客観的な方法で評価しなければならないのが大学の授業である。この評価の方法も、テストにするのかレポートにするのか、クイズ形式のものを準備するのかなど、その方法についても修得しておく必要がある。

実務家教員に限ったことではないが、リカレント教育の受講者は社会人で年齢の幅があり、教員の年齢に近い場合もある。世相や年代についての話題に及んだときに、ハラスメントと捉えられてしまう発言が生じることもあるし、よかれと思って選んだテーマや例示が、女性に特化したものでセクハラと感じられることも少なくない。何がハラスメントの種になるのかを強く意識する訓練も必要である。

大学側にとっても、実務家教員採用にあたってはさまざまな問題がある。例えば、企業研修などの経験豊富な講師を招聘しようとすると、講師料の折り合いがつかないことも多い。大学の非常勤講師の1カ月分の講師料が、企業での1回の講義謝金にもならないこともある。社内の生産性向上に対する即効性を求める企業感覚と、人格形成の一環と捉える大学との経済性の考え方の違いを理解しておく必要もあろう。

２０１９年９月、文部科学省の推進事業「持続的な産学共同人材育成システム構築事業」に社会情報大学院大学申請代表の「実務家教員ＣＯＥプロジェクト」が採択された。共同申請校は日本女子大学・武蔵野大学・事業構想大学院大学である。実務能力・教育指導力・研究能力を兼ね備えた質の高い実務家教員の育成に取り組むことになるが、日本女子大学リカレント教育課程は、実務家教員養成のための教育実習先として協力することになった。

リカレント教育プログラム運営の難しさ

目下、女性のためのリカレント教育は社会の注目を浴びてはいるが、各企業が再雇用制度やリカレント教育実施を視野に入れたサバティカルなどを充実させていけば、大学が担うリカレント教育プログラム自体は不要となる日が来る可能性もある。しかし、離職する要因がハラスメントであった場合など、必ずしも再雇用を望むとは限らないし、女性が抱える結婚、出産によるブランクについては変わることのない課題でもある。

「女性のためのリカレント教育推進協議会」発足シンポジウムでも明らかになったが、各大学ともリカレント教育プログラムは、採算が取れているわけではなく、大学の社会貢献と捉えて運営を続けているのが共通の認識である。授業料を値上げすれば解決するのかといえば、女性にとって、わが子にはお金をかけて教育を受けさせても、自らのためにかけられる金額は多くはない。これに対しては、文部科学省のＢＰと厚生労働省の給付金が連動しており、受講生負担が軽減されてきている。しかし、講座を運営する大学に特別な補助金が付くわけではないため、大学の社会貢献、大学の使命としてリカレント教育プログラムを運営し続けることになる。

まさに２０１８年11月、中央教育審議会が「２０４０年に向けた高等教育のグランドデザイン（答申）」において、以下のように述べていることに当たる。

高等教育システムそのもの、そして、高等教育機関の「建学の精神」や「ミッション」は時代の変化の中で、変わるべきものと変わらないものがあることを高等教育機関とその構成員が改めて意識し、高等教育機関自らが、「建学の精神」や「ミッション」、教育研究についての説明責任を果たしていくこと、さらにはその「強み」と「特色」を社会に分かりやすく発信していくことが重要である。

建学の精神に照らし、生涯学習の観点からも、当面はリカレント教育の充実を模索することになるが、変化する社会動向を見誤ることなく、柔軟な発想と的確な判断により、大学として果たすべき使命を常に再措定していくことが肝要だと考える。

おわりに

リカレント教育のあゆみと日本女子大学リカレント教育の例を提示しつつ、「女性のためのリカレント教育推進協議会」の活動趣旨について触れてきた。協議会としてリカレント教育の社会的認知を広める啓発活動が喫緊に必要であり、そのためには、産学共同で関係官庁への提言や助成の申請（請願）などを行わなければならない。さらに、実務家教員養成への実習先として、その養成へも参画することになる。

また、リカレント教育には地域差があり、希望するプログラム履修には転居を伴う場合もあることから、オンデマンド形式のｅラーニングコンテンツの開発も充実させていく必要がある。

日本女子大学は大同生命保険株式会社の寄附により、２０１７年より、オンデマンドコンテンツの制作を行っている。また、関西学院大学専門職大学院経営戦略研究科は２０１９年より、ヤフー株式会社の寄附により行っている、社会人女性向けの学び直しビジネスプログラムの一部を、東北公益文科大学に「オンラインコース」として提供し始めている。さらに、２０

19年に京都女子大学が厚生労働省「教育訓練開発事業」に採択され、「非正規雇用で働く女性のキャリアアップ・キャリアチェンジ支援プログラム」として開発されるコンテンツについても、協議会参加大学での相互利用が期待される。

今後は、これらの相互利用やコンテンツの共同開発を含め、各大学が独自に開発したものを共有して利用できるよう、制度などを整えていかなければならない。

＊1 「高等教育機関が設置する生涯学習系センターの役割と機能に関する調査研究」調査報告書、2010年3月、文部科学省

坂本 清恵（さかもと きよえ）

日本女子大学 生涯学習センター所長、文学部教授。早稲田大学大学院文学研究科日本文学専攻博士課程後期修了。博士（文学）。早稲田大学演劇博物館助手、埼玉女子短期大学、玉川大学教員を経て、日本女子大学文学部日本文学科教授。専門は日本語学。伝統芸能を通して日本語史を研究。2015年から、リカレント教育課程主任、生涯学習センター所長として日本女子大学リカレント教育課程の運営に携わる。2019年12月、「女性のためのリカレント教育推進協議会」初代代表に就任。

第3部

実務家教員が活躍する現場から——事例編——

第7章 体験的「実務家教員」論

事業構想大学院大学教授
パナソニック株式会社ブランドコミュニケーション本部長、
施設管財担当、企業スポーツ推進担当
竹安 聡

実務家教員として何を伝えるか

松下電工株式会社（現パナソニック株式会社）に入社した当初、宣伝部に配属された筆者はコピーライターとしてコミュニケーション領域の職務に従事した後、介護商品・介護サービスを担う新規事業開発や海外企業のM＆Aなど、さまざまな事業領域を経験してきた。その実務経験を生かし、２０１５年からは事業構想大学院大学の教壇に立ち、教員としてのキャリアも重ねてきた。本章では、ビジネスの第一線に身を置きながら実務家教員を務める筆者の立場から、実務家教員を取り巻く課題と今後の期待を述べてみたい。

経験をフレーム化する

実務家教員の役割として、まず挙げられるのが「実践知」を伝えることだ。どんなに実務経験が豊富でも、自分の体験を伝えるだけでは十分ではない。実務経験を通じて得られた普遍的な「知」や「理論」を伝えることが求められている。そのためには、第一段階として業務を通じて実践してきたことを、ケーススタディとして整理することが必要だ。次に、各ケーススタディをしっかり吟味し、どういう理論を導き出せるかを考察する。そのプロセスを通して抽出されたものが、真に伝えるべき実践知となる。実践知が盛り込まれていなければ、ただの体験談になってしまう。実務経験だけを話せば実務家教員が務まるわけではないことは前置きしておきたい。

では、実務家教員として授業を組み立てる際、具体的にどのようなプロセスを経るのがいいだろうか。学生に何かを伝えるには、自分の経験してきたことや専門的なスキルを、何らかの形で「フレーム化」することになる。多くのビジネスパーソンなら、日ごろから経験や考えを資料にまとめる機会があるだろう。その際の手法が参考になるはずだ。筆者の場合は、絵コンテを作るという発想になる。かつて、パソコンはおろかワープロもない時代に手書きで企画書

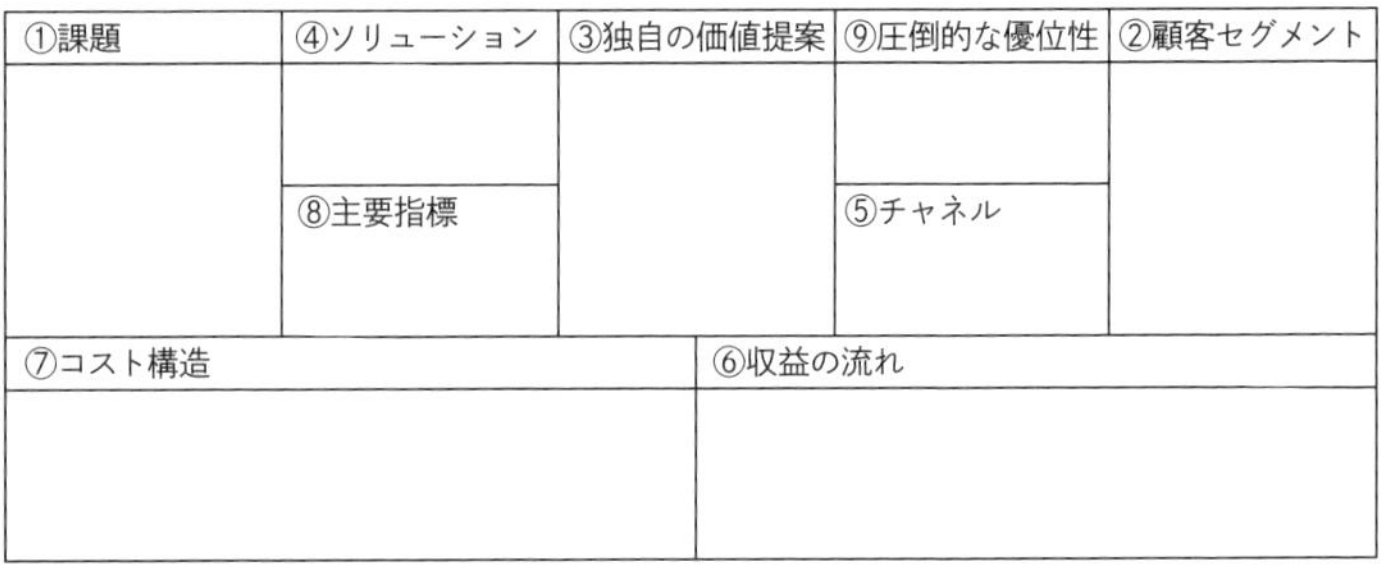

①課題	④ソリューション	③独自の価値提案	⑨圧倒的な優位性	②顧客セグメント
	⑧主要指標		⑤チャネル	
⑦コスト構造			⑥収益の流れ	

図表7-1　リーンキャンバス（出典：『図解リーン・スタートアップ成長戦略』アッシュ・マウリャ著、日経BP社、2017年）

を作っていたころからの習慣だ。どういうフレームを使うかは人によってまちまちだろう。自分自身のキャリアの中で一番慣れ親しんだフレームを使えばいい。ごくシンプルには、5W1Hで考えてもいいだろう。

参考までに、事業構想をまとめ上げる際のテンプレートとして、近ごろよく用いられるものに「リーンキャンバス（Lean Canvas）」がある（図表7－1）。リーン（Lean）とは英語で、経営などに関して「無駄がない」「効率的な」という意味だ。主にスタートアップ企業向けに考案されたもので、ビジネスモデルを九つの要素に分け、1枚の図にまとめて考えるフレームワークである。大がかりな事業計画書と違い、1枚にまとめるという制約を課すことで、ごく短時間に作成できる上、全体像が一目瞭然になるため、何度も見直し、必要に応じて微調整を重ねるのに便利なフレームワークである。

どのようなフレームワークを使うにしても、最も基礎となるのはSTPの三つだ。Sはセグメンテーション、つまり課題を切り分け、何にフォーカスするのかを見定める。Tはターゲットだ。Pは自分のもしくは自社のポジショニングのことだ。つまりSTPとは、どういう立ち位置から、誰にどのような価値を提供していくのか、となる。

用いるフレームが定まったら、そこに自分自身の経験や専門的なスキルをケーススタディとして落とし込むことで、実務家教員として教えるべきコンテンツが整理される。ケーススタディについては、自分自身の実務を通じて体験してきた中で、代表的なものを10件ほど書き出してみるといいだろう。筆者の場合でいえば、コミュニケーション関連の経験を筆頭に、介護関連の新規事業の立ち上げ、海外M&A、街づくり事業への参画、美容家電という市場ジャンルの開発などがそれに該当する。

いかに実践知を抽出するか

介護サービス事業から導き出した十箇条

経験談を語るだけでなく実践知を伝えることが肝心とはいえ、実は簡単なことではない。実践知の抽出の仕方について、介護関連事業に関する筆者の経験を例に見てみよう。

パナソニックは国の介護保険制度施行に先駆け1998年、「パナソニックエイジフリーサービス株式会社」を設立し、筆者は一連の介護サービス事業の新規立ち上げに携わった。同事業はその後順調に成長を続け、２０１６年4月には介護サービス事業、サービス付き高齢者向け住宅事業、介護ショップ、介護用品・設備の開発および販売事業を統合した「パナソニックエイジフリー株式会社」を発足し、現在に至る。この過程を振り返り、新規事業を開発する中で得られた暗黙知を形式知化し、事業構想に必要な「実践知」を導き出した。

事業の立ち上げに際しては、半年間を費やしてビジネスモデルを検討した。その中で、企画構想と現実との乖離（ギャップ）に直面し、これを埋めるスキームの構築に迫られた。筆者らが直面した乖離とは、第一に、当初は高齢者向けの介護ベッドや車椅子など介護用品を製造して販売する（売り切り）を想定していたが、実際の消費者はレンタル利用が中心だったことだ。

第二に、介護リフォームにおいても、当初は自社の住宅設備・建材の販売網が活用できると見越していた。しかし、介護を必要とする高齢者一人一人に合わせたリフォーム計画は手間と時間を要する上、単価が安いため既存の工務店では採算が合いにくく、工事品質にもムラが出やすい、などの困難が明らかになった。

第三に、こうした商品と在宅介護の顧客接点の場として店舗展開が必須であったが、系列の電器店やリフォームショップでは、介護現場の悩みに応えることは困難であった。

第四に、訪問入浴サービスについては、社内に専門人材が皆無であった。こうした課題を解決すべく試行錯誤し、最終的には質の高いサービスブランドを確立することができた。ここから導き出される実践知は何だったのか。

筆者はこの事業経験から、構想実践に資する以下の十箇条を定め、その後も日々の業務において心掛けてきた。

事業構想の「実践知」としての十箇条

1. 新規事業の起動には、自らに強い想いと驚異的な行動力がないといけない。
2. 新規事業は24時間365日、片時も気を抜けない。頼りになるのは共に汗をかく仲間たち。
3. 現場の小さな成功事例を見つけ出し、ビジネスモデル化する。そして必ず実践する。
4. 新規事業は予測がつかないことだらけ。なぜ上手くいかないかを分析し、アイデアを出す。
5. 顧客のニーズは現場でしか発見できない。毎日でも現場を回り、ニーズを五感で探し出す。
6. サービスの品質は現場で作られる。本当のCS（顧客満足）経営を実践しないと支持されない。
7. どの段階でも数字に強くこだわる。目標を二重管理せず、必達数字だけを掲げる。

8. 事業や粗利を縦通しに見ない。カテゴリーごとに分解して課題を発見する。
9. 社員1人当たりの生産性を上げること。1%の粗利率に強くこだわること。
10. 事業構想の原点は社会課題の解決。経営理念のない組織は、継続しない。

事業を形づくる三つの次元

事業構想大学院大学の授業では、事業のあり方を「存在次元」(経営理念、想いと行動力、理念共有)、「事業次元」(ビジネスモデル化、課題解決、ニーズ把握、CS経営)、「収益次元」(事業計画、収支管理、生産性向上)の三つの次元に整理することが多い。筆者が導き出した十箇条をこの三次元に照らして整理すると、1・2・10が「存在次元」、3・4・5・6が「事業次元」、7・8・9が「収益次元」に該当するとみなすことができる。

このように、ビジネスの現場での経験から得られた知見を体系化し、別のビジネスにおける課題解決にも役立つよう、他者が理解しやすい形で整理されて初めて実践知といえる。実務家教員として教壇に立つ場合は、自身の経験からこのような実践知を抽出し、学生が自らの事業構想に生かせる形で提示することが求められる。

実務家教員を増やすために

循環型の制度設計

これから実務家教員を目指そうという人は、世代的には大きく二つに分けられるだろう。主流は概ね50歳代で、セカンドキャリアとして実務家教員を考えている層だ。もう一つ、まだ少数派かもしれないが、30～40歳代の中堅層が実務家教員を経験する意味も大きい。

特に中堅層については、受け入れ側の大学と輩出元の企業が、所管する文部科学省を交えて議論を重ねるべきポイントが多い。まず、実務家教員を目指す人のさまざまなキャリアパスを考えなければならない。たとえ一時期だとしても、30～40歳代でビジネス現場を離れて教育に専念する場合、最も大きな懸念点は新たなビジネス経験を積む機会を逃すリスクがあることだ。その懸念を最小化するためには、例えば数年間、実務家教員を経験した後、輩出元の企業にせよ、まったく別の企業にせよ、また実業界に戻りやすくする仕組みが必要だ。つまり、実践と教育を行き来する循環型の制度設計を整える必要がある。

実務家教員のキャリアを評価する人事制度

循環型の制度設計を実現するには、産学双方にできることがある。まず企業としては、人事制度の見直しに着手すべきだろう。実務家教員の経験を積むというキャリアを、もっと積極的に評価する発想と具体的な仕組みが必要だ。そうした人事制度を持っている企業は、筆者の知る限り現状では皆無に等しい。こうした評価軸がなければ、とくに「エース級」と呼ばれるような優秀な人材が、教員を経験しようというモチベーションは上がりにくい。実務家としてキャリアアップを図りたいと願うのももっともだ。ビジネスの現場としても優秀な人材は引く手あまただ。そのため、若手の実務家教員がなかなか生まれにくい状況にある。

だが、副業・複業解禁の機運が高まり、複線的なキャリア開発が当たり前になりつつある今、若い時期にいったん自分の経験を理論化して実践知化していく意義は大きい。ぜひそうした動きを促進する仕組みについて早急に検討するべきだ。筆者自身、一貫してパナソニックという会社にいながら、事業構想大学院大学の教壇に立ったり、多種多様なセミナー・講演で講師やファシリテーターを務める機会を得られたことで、キャリアの幅を大きく広げることができた。いわば武者修行の機会として捉えれば、どの世代にとっても実務家教員の経験から得るものは大きいはずだ。

実務家教員の特性を生かした評価軸を

大学としても実務家教員のバラエティが豊かなほうがいいだろう。例えば、ＡＩやロボティクスなど、ＩＴの先端領域に関しては若い世代のほうが圧倒的に強い。筆者を含め、今の50〜60歳代が若い頃には想像さえできなかったテクノロジーがビジネスに欠かせない今、子どもの頃からＩＴ技術に慣れ親しんできた「デジタルネイティブ」には大きなアドバンテージがある。例えばＧＡＦＡに勤めた経験のあるような人が、デジタルマーケティングやデジタルコミュニケーションについて、実務家教員として教鞭をとる機会があれば、学生にとって非常に有意義だろう。

そのためにも、大学は実務家教員の特性を生かした評価軸を検討してはどうか。一般の大学教員と同様に論文数や研究実績を問われても、十分な評価を得られる人材が産業界にどれだけいるか疑問だ。各種セミナーで講演をしたり、メディア取材を受けたり、雑誌に寄稿したり本を出したりといった「社外」の活動は、アカデミックな領域では評価対象となるかもしれないが、多くの企業では「オプション」としてしか見なされない。実業の世界では、どういう事業を立ち上げたか、利益をどれだけ上げたかなど、事業経営そのものに対する貢献度こそが実績として測られる。

現状の評価方法のままでは、本来、実務家教員としてのポテンシャルを備えた人材を生かす機会を逸しかねない。それでは産学双方にとって機会損失となる。実務家教員を目指す人のキャリアパスは実業界で考え、評価軸は大学側にも検討を促し、両者ですり合わせていく姿勢が求められるだろう。

産学のボーダレス化

SNS時代のイノベーションの起こし方

前項の評価方法に限らず、アカデミックな領域と実業界は、従来まったく別のロジックで動いてきたが、これからは産学のボーダレス化が重要な視点になる。この点に関して筆者がかかわり、有意義だと感じたプロジェクトを二つ紹介しよう。

一つは、「SDGs新事業プロジェクト研究（＊1）」というプロジェクトだ。これはSDGs（持続可能な開発目標）を実践する人やSDGs分野で新しい事業を立ち上げる人向けの人材育成と実践のプログラムだが、事業構想大学院大学というう大学のプラットフォームを活用しているため、緩やかな産学共同の枠組みが実現できている（図表7－2）。パナソニックの社員も参加しているが、非常に新しい体験の機会となっている。将来の事業の芽が生まれつつある手

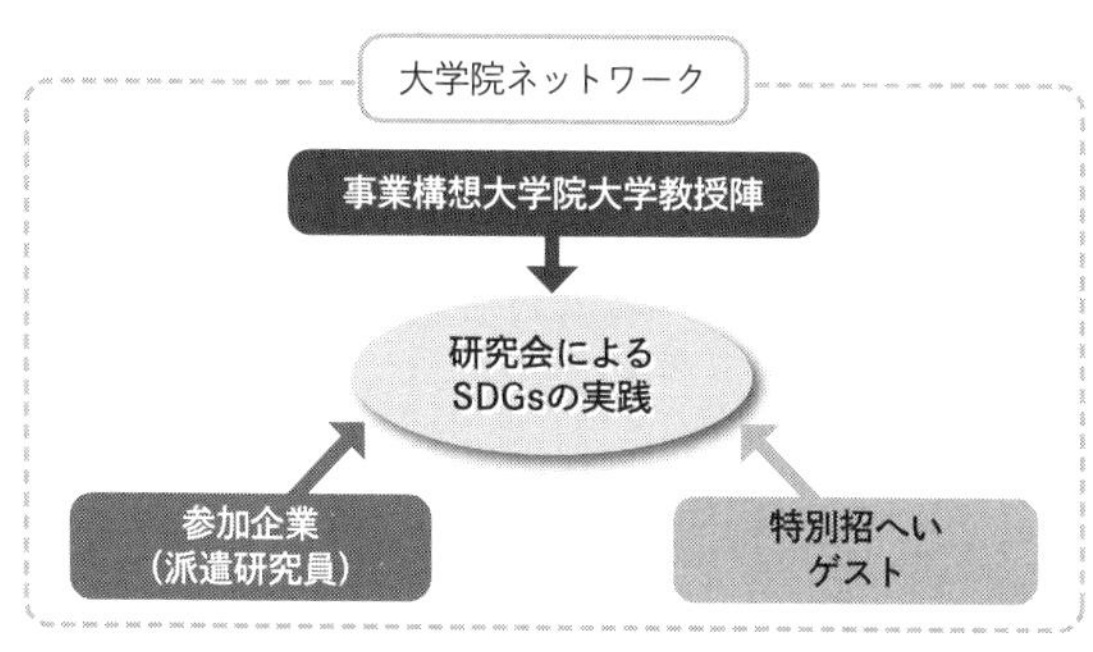

図表7-2　大学のプラットフォームを活用した産学共同の仕組み

応えも感じている。

もう一つは、大阪大学ベンチャーキャピタル株式会社（OUVC）、大阪市（大阪市経済戦略局、大阪イノベーションハブ［OIH］）、事業構想大学院大学による「大阪大学技術シーズに基づく事業化構想ワークショップ」だ。OUVCは大学に蓄積されている研究成果を事業化するベンチャー企業だ。このワークショップでは、大阪大学が持つライフサイエンスやナノテクノロジー・材料分野における技術シーズをベースにした事業の構想を練った。

筆者はファシリテーターとして関わったのだが、事業構想大学院大学としては、日ごろと異なるリソースから事業構想案をまとめる訓練になった。当該技術シーズが将来事業化された場合は、関わった学生が実際に新規事業を担う可能性もある。また学生の所属企業とのコラボレーションの可能性もあるだろう。

複数の企業間のコラボレーションは以前からあったが、きっちりと秘密保持契約などを結んだ業務提携という形になりがちだ。SNS（ソーシャル・ネットワーキング・サービス）がこれほど盛んになっている現在、情報共有や情報発信はもっとカジュアルかつフラットな形で行えるほうがいい。その点、産学をつなぐプラットフォームで取り組めば、自由闊達な議論が生まれやすく、結果的に社会やビジネスにおけるイノベーションが起こりやすいことを実感している。

「事業構想学」の体系化を視野に

こうした産学のボーダレス化は、大小さまざまな規模でもっと試行されていくべきだろう。そういう場合こそ、実務家教員の出番である。「産」も「学」も知っている実務家教員であれば、両者の橋渡し役を担うことができるはずだ。その意味で、実務家教員に求められるのは、単なる「教員」ではなく、「ファシリテーター」もしくは「コーディネーター」としての役割だとも言える。教育と実業を分かつ境界線が、いい意味でぼやけてくるような場づくりに貢献できる実務家教員がもっと必要だ。

逆に言えば、実務家教員となることで、そうした交流の場に身を置くチャンスが生まれるということでもある。一企業の中だけで成果を求めるよりも、はるかにネットワークが広がり、社内では得られない大きな刺激を受けて、キャリアが活性化されていくことは間違いない。

さらに、産学の多様なメンバーで事業を構想するという経験知を蓄積する中から、新たな実践知が導き出され、「事業構想学」とでも呼べるような新たな学問体系が生まれる可能性も秘めている。実務家教員が活躍できるフィールドは、今後ますます広がっていくだろう。

＊1　SDGs総研　https://www.sdg-s.jp/project/

竹安　聡（たけやす　さとし）

事業構想大学院大学教授、パナソニック株式会社ブランドコミュニケーション本部長、施設管財担当、企業スポーツ推進担当。1956年10月生まれ。大阪府出身。1979年、同志社大学商学部卒業。同年、松下電工株式会社入社。事業企画部長、マーケティング部長を経て、2005年執行役員・経営企画室長。2008年、パナソニック電工株式会社取締役。2012年4月、パナソニック株式会社役員・エコソリューションズ社副社長。2018年4月より、執行役員・チーフ・ブランド・コミュニケーション・オフィサー（CBCO）兼ブランドコミュニケーション本部長。この間、新規事業として介護商品・介護サービスを総合的に取り扱うパナソニックエイジフリー株式会社を創設・拡大。ほかに海外企業のM&A、各種ソリューションビジネスを立ち上げた実績を持つ。

第8章

感覚的な暗黙知の継承——ミスパリ学園の挑戦

ミス・パリ・ビューティ専門学校 副校長
須賀谷 映子

ミスパリ学園の概要

ミス・パリ・グループは現在、「エステティック ミス・パリ」「男のエステ ダンディハウス」「ミスパリ ダイエットセンター」「ダンディハウス PERSONAL GYM」「WASPA」の計5ブランドのエステティックサロンとスパを展開し、総数は約130店舗を数える。2008年5月の香港出店以来、上海、台湾と着々と世界進出を進め、その技と心は世界に広がっている。

さらに、当初から積極的に人材育成にも取り組み、世界基準のエステティック学を教える専門学校「ミス・パリ・ビューティ専門学校」「ミス・パリ エステティック専門学校」を運営するほか、「ミスパリ スタッフサービス」では美容と健康関連業界に特化した人材派遣なども手掛けている。

こうして、サロン運営にとどまらず「美の総合商社」として幅広く事業を展開することにより、健康寿命延伸産業における美容分野の牽引役であろうとしている当グループの教育事業を通して、美容という感覚的な暗黙知の形式知化とその伝達のあり方を考察する。

カリキュラムの特徴

教育理念に「美しく聡明で品格あるプロフェッショナルの育成」を掲げるミスパリ学園は、「一流の美」をつくり出す全ての環境を整えた、トータルで「美」を学べる専門学校である。理論とデータに基づいた最先端のエステティックを学べるトータルビューティ学科や、実践的かつ芸術性を高める美容学科を設置。世界に標準を合わせた独自のカリキュラムを展開し、施術を受けた人を感動させる技術を身に付けた、世界で活躍する美のプロを育成している。卒業生は当グループへの就職だけではなく、自らサロンの経営者になるなど華々しい活躍をしている。

学科は2年制のトータルビューティ学科と美容学科、1年制のスパ・セラピスト学科とエステティックマスター学科と大きく四つに分かれる。ほかにも短期で学ぶ認定セラピスト科、さらに通信教育課程として、美容学科通信教育課程と認定エステティシャン通信教育科がある。

各学科の概要

トータルビューティ学科

フェイシャルやボディケアなど、お客様の美しさを引き出す知識や技術、心地よい空間を提供できるサービスマナーなどをトータルで学ぶ。即戦力を重視したカリキュラムには定評があり、卒業までに多くの資格取得を目指す。多くの卒業生がサロンやスパはもちろん、化粧品メーカーやホテルなど幅広い業界で活躍している。

美容学科

カットやパーマなど美容師になるための技術はもちろんのこと、メイク、ネイルやエステなどをトータルで学び、最高の美をプロデュースできる力を身に付け、美容師国家資格合格率100％を目指す。

スパ・セラピスト学科

1年間でエステティックに関わる12の資格取得を目指す。授業はフェイシャル・ボディなどの基礎技術から応用まではもちろん、サロン実習、ミスパリ祭、課外授業などを通して、即戦力として活躍できるスキルも習得できる。

エステティックマスター学科

業界で初めての「介護予防セラピスト」「スパ・セラピスト」の資格取得に必要な高い技術力と知識、おもてなしの心とサロンマネジメントを学ぶ。「エステティシャンの大学院」を自認し、美の上級コースとして、世界の一流サロンや教育機関で活躍できるグレードの高いスペシャリストを育成する。

認定セラピスト科

フェイシャル・ボディの基礎を300時間で学び、「認定エステティシャン」資格の取得を目指す。週1回、土曜日に開講しているため、仕事や学校と両立しながらエステティックの勉強を始めたい人も通学しやすい。

充実の履修時間による他校との差別化

当校の教育体制は業界でも非常に定評があり、単に資格取得を目指すだけでなく、海外でも通用する力が付くようカリキュラムが組まれている。目安として参考にしているのが、NPO法人日本エステティック機構（JEO）が定めた「エステティシャン指針」である。JEOとは、エステティックに関する認証活動を行う中立・公平な第三者機関として2004年5月に発足した組織だ。JEOでは、エステティシャンが一定水準の知識と技術を有し、信頼性が高まることで、消費者が安心してエステティックサービスを受けられることを目的として、「エステティシャン指針」を定めている。指針では、エステティシャンが備え持つべき能力基準として、以下の三つを挙げている。

・エステティックの基礎的知識・技術
・ホスピタリティ精神を尊重しそれを実践するための接客マナー
・法令の遵守

こうした知識や技術の養成に向け、JEOでは二つのレベルが示されている。レベルによって、履修時間も300時間以上（理論110時間、実技理論20時間、実技170時間）と1000時間以上（理論280時間、実技理論100時間、実技620時間）の2パターンの目安が示されている（図表8－1）。

当校では2年制のトータルビューティ学科と美容学科は約2000時間、1年制のスパ・セラピスト学科とエステティックマスター学科は約1000時間のカリキュラムを設定している。専門学校の中にはJEOの300時間を目安にしているところもあるが、当校ではお客様に満足いただけるサービスを提供する人材になるには、やはりそれでは足りないと考え、十分な履修時間を設け、充実したカリキュラムを提供している。一例として、トータルビューティ学科の授業科目一覧を挙げる（図表8－2）。

300時間以上履修のエステティシャン（理論110時間、実技理論20時間、実技170時間）	1000時間以上履修のエステティシャン（理論280時間、実技理論100時間、実技620時間）
プロの技術者であるための基本的な知識と技術を有するエステティシャン **修得技術** ・フェイシャル（基本的な手技・機器） ・ボディ（手技） ・ワックス脱毛 **サービス業としての必須知識** ・ホスピタリティーマインド ・衛生・安全 ・法令遵守	プロの技術者としての知識・技術・実務経験を活かして、トータルにケアする能力を有するエステティシャン **修得技術** ・フェイシャル（手技・機器） ・ボディ（手技・機器） ・ワックス脱毛 ・メイクアップ・マニキュア **サービス業としての必須知識** ・ホスピタリティーマインド ・衛生・安全 ・法令遵守

図表8-1　JEOが示すエステティシャンの2つのレベル（出典：JEOエステティシャン指針）

「美」という感覚的な暗黙知をいかに伝えるか

学問体系が確立されていない難しさ

ＪＥＯが示す目安が業界基準となってはいるものの、美容業界には公に共有されている「エステティック学」といった学問体系があるわけではない。そもそも「美」の基準は国や地域によっても大きく異なる。エステティックの発祥は欧州にあるが、洋の東西によって「美」に対するアプローチもさまざまである。例えば、ある筋肉に働きかける場合、西洋的な感覚では直接筋肉を動かそうとするが、東洋的な感覚では「筋肉を動かす」前に「身体を温める」という発想が出てくる。それによって身体全体の流れを良くして、結果的に筋肉を動かそうという考え方である。日本におけるエステティック

<table>
<tr><th rowspan="2">科目区分</th><th rowspan="2" colspan="2">授業科目</th><th>第1学年</th><th>第2学年</th><th>合計</th></tr>
<tr><th>授業時間</th><th>授業時間</th><th>授業時間合計</th></tr>
<tr><td rowspan="4">一般科目</td><td rowspan="4">理論</td><td>伝承美学</td><td>90</td><td>0</td><td>90</td></tr>
<tr><td>表現・芸術文化論</td><td>45</td><td>180</td><td>225</td></tr>
<tr><td>ビジネス実務基礎</td><td>30</td><td>45</td><td>75</td></tr>
<tr><td>小計</td><td>165</td><td>225</td><td>390</td></tr>
<tr><td rowspan="17">専門科目</td><td rowspan="6">理論</td><td>フェイシャル総合理論</td><td>75</td><td>60</td><td>135</td></tr>
<tr><td>ボディ総合理論</td><td>75</td><td>30</td><td>105</td></tr>
<tr><td>関連技術各論</td><td>45</td><td>45</td><td>90</td></tr>
<tr><td>健康管理学</td><td>15</td><td>45</td><td>60</td></tr>
<tr><td>心理学</td><td>45</td><td>15</td><td>60</td></tr>
<tr><td>小計</td><td>255</td><td>195</td><td>450</td></tr>
<tr><td rowspan="4">実技理論</td><td>フェイシャル実技理論</td><td>30</td><td>15</td><td>45</td></tr>
<tr><td>ボディ実技理論</td><td>30</td><td>15</td><td>45</td></tr>
<tr><td>関連技術実技理論</td><td>45</td><td>60</td><td>105</td></tr>
<tr><td>小計</td><td>105</td><td>90</td><td>195</td></tr>
<tr><td colspan="2">理論計</td><td>525</td><td>510</td><td>1035</td></tr>
<tr><td rowspan="6">技術</td><td>フェイシャル技術実習</td><td>180</td><td>180</td><td>360</td></tr>
<tr><td>ボディ技術実習</td><td>150</td><td>150</td><td>300</td></tr>
<tr><td>関連技術実習</td><td>90</td><td>120</td><td>210</td></tr>
<tr><td>校内行事</td><td>30</td><td>30</td><td>60</td></tr>
<tr><td>サロン実習</td><td>60</td><td>60</td><td>120</td></tr>
<tr><td>技術計</td><td>510</td><td>540</td><td>1050</td></tr>
<tr><td colspan="3">総授業時間数</td><td>1035</td><td>1050</td><td>2085</td></tr>
</table>

図表8-2　トータルビューティ学科 必修授業科目一覧

は、東西を融合した「いいとこ取り」により発展してきている経緯もあり、明確な学問体系となっていない現実がある。

そのため、感覚的に美意識を磨くことが必要な側面もある。例えば当校の学生たちは、世界的なビューティコンテストとして知られる「ミス・インターナショナル」の世界大会を見学し、世界各国で選ばれたミスたちのパフォーマンスを見ることで大きな刺激を受けている。当校が同コンテストの公式パートナーを務めている関係で、ここ数年、東京で開催されている世界大会を自分の目で見る機会を提供できている。さらに、世界大会で優勝したミスたちを毎年学校に招き、ウォーキングやポージング、美の秘訣を披露していただいている。洗練された美しさや生き方に触れ、美の感性を磨いている。それによって一流の「美の基準」を身に付けることをねらっている。

グローバルスタンダードを模索する試み

一方で、国際間の業界基準を設けようとする動きもある。国際専門職標準機構（ＩＰＳＮ＝International Professional Standards Network）という団体が、ヘアとビューティ業界を対象に加盟国間で技術や教育レベルなど業界標準の基準をつくり、職業技能の相互認証を目指している。

現在、オーストラリア、ニュージーランド、香港、韓国、日本の五つの国と地域が加盟している。この環太平洋の各国間で、資格のレベル統一と相互認証を実施するため、美容技術の指導内容や指導法について、国際間の整合性が取れているか、毎年議論を重ねている。日本からは、エステティック業界の健全な発展と、セラピストの社会的地位の向上を目的として設立されたＮＰＯ法人日本スパ・ウエルネス協会が参加しており、当校は同協会の認定校という関係にある。なお、当校のカリキュラムが年間１０００時間もの充実したカリキュラムで運営しているのは、先に挙げたＪＥＯの基準を満たすという意味だけでなく、このＩＰＳＮ基準を意識してのことである。トータルビューティ学科を卒業すると、ＪＥＯ認証上級資格およびＩＰＳＮ国際ライセンスが取得できる。

こうした国際間での美の基準について議論が進んでいるが、今のところ日本らしい美が広く受け入れられているのは、やはりアジア地域である。当グループが海外進出をアジアから始めた理由もそこにある。アジア人と欧米人ではもともとの骨格や体型が大きく異なるため、現状の「ミスパリ基準」がどこまで通用するのかについては、まだ研究の余地がある。

暗黙知の伝え方の工夫

当校のカリキュラムにおいて、形式知化するためのポイントの一つは数値化である。例えばボディーサイズについていえば、体重が同じ50キロでも、その組成として筋肉が多いのか脂肪が多いのかによって、当然プロポーションが変わってくる。当校では一般に理想的とされるプロポーションを数値化しており、そうした基準をもとにお客様にアドバイスできるよう学生たちに伝えている。

また、顔立ちについても、目鼻の配置に関してバランスの取れた基準がある。一般に、鼻から目尻を通るラインの延長線上に眉尻があると、横顔がきれいに見える。自分でメイクする際には正面からしか見ないため、目尻と眉尻をそろえてしまう人も多いが、本来はもう少し眉を長くしたほうが横顔のバランスがいい。ほかにも、「カサカサした肌」と「ふっくら整った肌」の違いを、水分量や皮脂量などの基準を設けることで、何となく体感できるだけでなく、明確に表現できるよう教えている。

近年の傾向として、感覚的なこともできるだけ数値化することが、エステティック業界の人材育成においてはますます重要になってきている。例えば、上腕にマッサージを施す際、手首から何回の圧迫で肘に至るべきかを伝えないと、なかなか適切な方法を体得できないことが多い。裏を返せば、「美の基準」といった感覚的なことも客観的な数字にすることで、一定程度は形式知化することができる。

エステティック業界における人材評価

公正な評価が不可欠

次にエステティック業界における人材評価について述べたい。厚生労働省では56業種について公的な職業能力の評価基準を定めているが、その中にはエステティック業界に関する指針もある。「エステティック業の人材育成のために」と題したマニュアルでは、エステティック業界における人材の確保、定着、育成上の課題として以下の八つを挙げている（＊1）。

- 人材の確保
- 定着率の向上
- 効果的な人材育成
- 自社が求める人材像の明確化
- 効果的な採用面接
- キャリアパスの明確化
- 人材の早期育成
- 入職希望者の増加

その上で、次のように評価の重要性を指摘している。

エステティック業界にとって、「人材」こそが最大の経営資産であり、競争力の源泉です。入職後のキャリアパスを明確にし、エステティシャンをはじめとするスタッフが仕事を通じて成長を実感できる仕組みを整えることが、人材の確保・育成・定着に必須の条件だと考えられます。その仕組みを整えていくためにも「公正な評価」の機能が欠かせないのではないでしょうか。

細分化された評価基準

当グループでも早くも2004年、サロンにおけるエステティシャンの技術力を測るため、かなり細分化された評価基準を導入した。例えばボディトリートメントの際、手を動かすリズムや強度について、以前であれば審査する教員が目視により、「リズムが速いか遅いか、力の入れ具体が強いか弱いか」といったことを主観的に判断していた時期もあった。だが現在では、客観的に測定可能な評価基準を定めているため、技術レベルをそろえやすくなっている（図表8－3）。

また、「お客様への心遣い」といった一見評価が難しい項目に関しても、「お客様にタオルを掛けたかどうか」という指標に置き換えて測ることができる。同様の評価シートが当校のあら

項目	チェックポイント	配点
身だしなみ	制服・シューズは清潔でシワがなくインナーを着用している	2
	髪型・化粧は品良く清潔である	2
準備・衛生	美しいベッドメイキング、技術スペース	2
	化粧品、備品、機器の準備、ワゴンの整頓	2
誘導	スムーズな声かけ、気遣い、手際の良さ	2
	美しい話し方、言葉遣い	2
背面足	三大軽擦は膝が柔らかく、腰が入っている	2
	端から端の長いライン、大きな円である	2
	手首が柔らかく、手の平全体が密着している	2
背中	塗布は広い面を丁寧に行っている（肘までしっかり包み、腕の裏側を戻る）	2
	肩甲骨2点プッシュ、凝りほぐしの2ラインの違いを理解している	2
	熊手は指をあばらに沿わせ、長いラインで行っている	2
前面足	三大軽擦は膝が柔らかく、腰が入っている	2
	端から端の長いライン、大きな円である	2
	手首が柔らかく、手の平全体が密着している	2
腹部	塗布、みぞおち、あばら沿いは体を使い、密着している	2
	のの字は体を使い密着し、適度に圧をかけている	2
	圧迫・プッシュは呼吸に合い丁寧で位置が正しい	2
腕	膝が柔らかく、手首から肩まで長いラインでできている	2
	丁寧に密着させている、スジのラインを捉えている	2
	指先まで丁寧に行い、指間プッシュが丁寧である	2
デコルテ	肩つなぎは腰を入れ、往復で同じライン・圧である	2
	大胸筋は体を使い、手の平を密着させて開いている	2
全体	追従は手首が柔らかく、手の平全体を密着させてスムーズにできている	2
	鋸切は両手が均等に同じリズムで端から端までできている	2
	タッピングは指の第二関節くらいまでを使い、15～20cmの長さでなめらかである	2
	切打は手首の力を抜き、リズム良く筋肉まで刺激している	2

図表8-3 「ボディトリートメント」1級・2級 技術試験採点表（一部抜粋）

ゆる実技試験にも適応されており、属人的になりがちな暗黙知を形式知化し、体系的な実践知とするのに一役買っている。

なお、「美」を作り出す技術や理論、痩身機器や化粧品などは日々進化しているため、それに合わせて評価基準も進化し続けなければならない。そのため当グループでは、高品質の優良サロンの証として、日本スパ・ウエルネス協会から「ファイブスター サロン認証」を受けている。同協会の認定試験では、評価基準に関する専門委員会を設け、現場と試験内容や評価基準に乖離が生じていないかなどを年に2回チェックすることにしている。

現場の声を反映して試験に変更が加えられた例として「サービスマナー検定」がある。これは、専門知識はもとより、幅広い分野でのサービスマナーを身に付けた優秀な人材の育成を目指す資格だが、先ごろ試験内容に「書面の書き方」が加わった。オンラインコミュニケーション全盛の今、封書の書き方を知らない人が増えているということで、新たに導入された経緯がある。

美容分野における実務家教員のあり方について

ＩＳＯ認証と７つの品質目標

ミス・パリ・グループは、２００４年、業界初の「ＩＳＯ９００１」認証を取得した。現在、新規オープン店を除き全店で取得しているが、サロン単位で取得しているのも業界初の取り組みである。また、お客様と向き合いながら、長い時間をかけて導き出した「７つの品質目標」がある。「お客様の喜ぶ全てのことをやろう」との決意表明でもある。

７つの品質目標

１．高い技術力
２．効果を出す指導法
３．美しく聡明で品格ある社員
４．高品質の商品
５．安全性・有効性に優れた機器
６．居心地の良い洗練されたサロン

7．高い達成能力

当グループの取り組みの特徴は、サロンの設備といったハード面だけでなく、エステティシャンなどの従業員というソフトに関する「品質」基準も定めていることだ。ＩＳＯの品質管理の一環として、現場のエステティシャンをはじめ、従業員の質に関する基準を設けている。全てのスタッフが、ただキャリアを重ねるだけでなく、常に資格取得などを含めた高い目標を掲げながら、目標値を持って働けるシステムを確立している。

求められる実務家教員の人物像

当校では主に、実技の専門科目で実務経験の豊富な人材を教員として迎えている。その際、管理職などで部下・後輩を指導育成した経験の有無も考慮に入れている。当校が輩出する人材は、お客様に最上のサービスを提供できる人材である。仮にエステティックの知識と技術が身に付いていても、基本的な接客マナーやホスピタリティに欠けていては真のプロフェッショナルとは言えない。そこでサロンなどで実務経験をしっかり積んだ教員の指導を受けることで、お客様に満足いただける接客態度を学んでもらいたいという狙いもある。

実務家教員の資質として、実務経験・実務能力、教育指導力、研究能力が必要だと言われるが、現状では一人が全てを兼ね備えることは難しい。実務経験・実務能力が申し分ないとしても、指導計画を自身で立てられるとは限らない。また、当校のカリキュラムは実技指導の比重が大きいという性格上、教員専従となって現場から完全に離れてしまうと、自身の実践知が鈍ってしまう恐れがある。筆者自身、早い時期にサロンの現場を離れたが、教育担当となってからも折を見て、わずかな時間ではあるがサロンでの実務を続けている。今後は、教員も定期的に現場に入るようプログラム化することによって、実践知の創造が促進されるよう制度を整えていきたい。

研究能力については、グループ内にオリジナルブランドの化粧品や健康補助食品を研究開発している部門があることが強みになっている。世界中から集まってくる肌や身体に良い最先端の原料や新しい商品を比較検討し、あらゆるケースを想定しながらモニター試験を繰り返し、安全で効果の出るものを目指し商品開発を行っている。そのため当グループには、机上の理論だけでは得られない知見が蓄積している。

また、新技術・機器・商品などの開発に際しては、専門機関との共同研究も欠かせない。例えば東京大学大学院医学系研究科とは、1000人を超える顧客の実データを、さまざまな角度から調査、解析することにより、痩身効果を科学的に検証した。こうした技術開発に携わるスタッフがエステティックマスター学科の実技を担当しているほか、化粧品などの研究開発に携わるスタッフが、フェイシャル総合理論、フェイシャル実技理論、ボディ総合理論、ボディ実技理論などの講義を不定期ながら担当している。このように、当グループの人材を総合して実務家教員に求められる資質を満たしている。

ビューティアンドウェルネス専門職大学

こうして、エステティック業界における暗黙知の形式知化を試みてきた当グループは、これまでの知見を生かし、新たな学問分野の創出に乗り出す。横浜市に2021年4月、「美」「健康」「リラクゼーション」が学べる専門職大学である「ビューティアンドウェルネス専門職大学」を開校する予定だ。美容（エステティック、メイク、ネイルなど）とリラクゼーションの「ビューティ」と、心身の健康をもとに美しく豊かな人生の実現を目指す「ウェルネス」の二つを融合し「ビューティアンドウェルネス学」を創出する取り組みだ。

「多くの分野を学ぶこと」と「学びを掛け合わせて新しいビジネスを創造すること」は全く違う。ビューティアンドウェルネス専門職大学では、さまざまな学問を掛け合わせ、新しいビジネスを創造するための授業を行う予定だ。具体的には、1～2年次はスパセラピストに必要なホスピタリティの素養と、ビューティとウェルネスの理論と技術を基礎から学ぶ。3～4年次ではスパセラピストトータル実習をはじめ、マーケティング実習、マネジメント論、スパ品質管理演習など、実践的に幅広く学ぶことになる。

卒業時には「学士（専門職）」を含め、美と健康に関する国内外の上級資格を数多く取得することができる。さらに、観光立国施策における「体験型コンテンツ」の一つとして、付加価値の高い美容サービスを提供するなど、美容、健康、リラクゼーション、観光（インバウンド）において、新たなサービス・雇用を創出できる起業家や教育従事者、経営者などが誕生することを期待している。

これからの社会は、ＡＩの急速な進化や働き方改革の推進などによって、ますます大きく変化していくと考えられる。さらに、人生１００年時代と言われる中、単なる寿命ではなく、「健康寿命」への関心が高まっている。健康で美しく、豊かな生活を志向する「ウェルネス」がかつてないほど重要になり、こうした視点と実践的な技術を持つ人材がいっそう求められるようになる。さらに、日本の伝統文化に培われた「おもてなし＝ホスピタリティ」の心を学び、マネジメント能力と知識を身に付ければ活躍の場が広がる。美容の可能性を広げ、新しいビジネスを創り、日本の魅力を世界に発信できる人材を育成することが、ビューティアンドウェルネス専門職大学のねらいである。

＊1　「エステティック業の人材育成のために」（厚生労働省）p.1
https://www.mhlw.go.jp/content/11800000/katuyo_web.pdf

須賀谷　映子（すがや　あきこ）
ミス・パリ・ビューティ専門学校　副校長。東京家政大学卒業後、1999年に株式会社ミス・パリ入社。ミスパリエステティックスクール専任講師、学校法人ミスパリ学園理事、ミス・パリ　エステティック専門学校名古屋校校長などを経て、現在、ミス・パリ・ビューティ専門学校副校長就任、ミスパリ学園評議員を務める。その傍ら、日本スパ・ウエルネス協会で本試験作成を担当するなど、業界の発展に尽力している。

第9章

教育機関で活躍する実務家教員

ものづくりの現場に「実践知」を伝える実務家教員の役割

佐藤 太一

東京電機大学教授、
工学部長・工学部第二部長（2016年4月〜2020年3月）

1983年に東京工業大学で工学博士取得。同年日立製作所機械研究所に入社。1994年8月まで同社の研究員として、パッケージエアコン、エレベータ、磁気ディスク装置など、各事業所で開発される製品の低振動・低騒音化技術の研究に従事。同年東京電機大学助教授などを経て現職。東京電機大学では、「構造物の動的設計法」をはじめとする振動・音響にかかわる研究に従事。

近い将来、新しい技術知識を持った技術者の人手不足はより深刻化が予想される。一方、技術革新により、獲得した新しい技術知識の急速な陳腐化も危惧される。将来にわたって継続的な学び直しが求められる技術者に向けて、技術分野横断的な「実践知」を伝えるプログラムの最前線を探ろうと、東京電機大学を訪ねた。

全学的改編の一翼を担う「実践知重点課程」新設

「技術は人なり」の教育・研究理念の下、国内外で活躍する理工系技術者を数多く輩出してきた東京電機大学は2018年度、平日夜間および土曜に開講してきた工学部第二部の「社会人コース」を「社会人課程（実践知重点課程）」へと改めた。創立110周年の節目となる2017年から着手してきた全学的改編の一環だ。現在、社会人課程には26名（2018年度入学11名、2019年度入学15名）の学生が在籍し、電気電子工学科、機械工学科、情報通信工学科の三つの学科で学んでいる。

従来の「社会人コース」の場合、アルバイトでも働いてさえいればこのコースに所属できたが、新しい「社会人課程」では、企業で技術職の社員として働いてきた実績があることを課程所属の要件としている。社会人課程の意義について、佐藤太一教授はこう語る。

「『実践』の主体となるのは企業の現場で『知』の主体は大学です。技術者は通常、大学での『知』を生かしつつ、企業におけるOJTという『実践』を重ねることで育っていきますが、一人前になるには時間がかかります。早くプロの技術者になれるように、『知』と『実践』を橋渡しする課程が社会人課程（実践知重点課程）です」

工学の技術分野を横断する三つのユニット

入学後の共通教育科目、専門教育科目については昼間部とほぼ同じ内容だが、社会人課程の特徴は、ここに三つのユニットで構成される「実践知重点科目」が加わっていることだ。これにより、技術者が社会に貢献するために必要な「実践知」にフォーカスした学びを実現する狙いがある。

その三つのユニットとは、「開発・設計」「安全・安心」「スキル・キャリアアップ」のことだ。それぞれのユニットは5～7科目で構成され、ものづくりの上流から下流までの各工程で必要となる技術知識を、流れに沿って学べる科目配置としているのが特徴だ。「開発・設計」ユニットでは、技術の歴史を学ぶ「イノベーションヒストリー」に始まり「特許法」に至る。作った「もの」の安全・安心を担保することが技術者の責務との観点から、「安全・安心」ユニットには「材料の信頼性工学」や「応用失敗学」といった講義が並ぶ。また、技術者といえども高度なビジネススキルも必要になるため、「スキル・キャリアアップ」ユニットではプレ

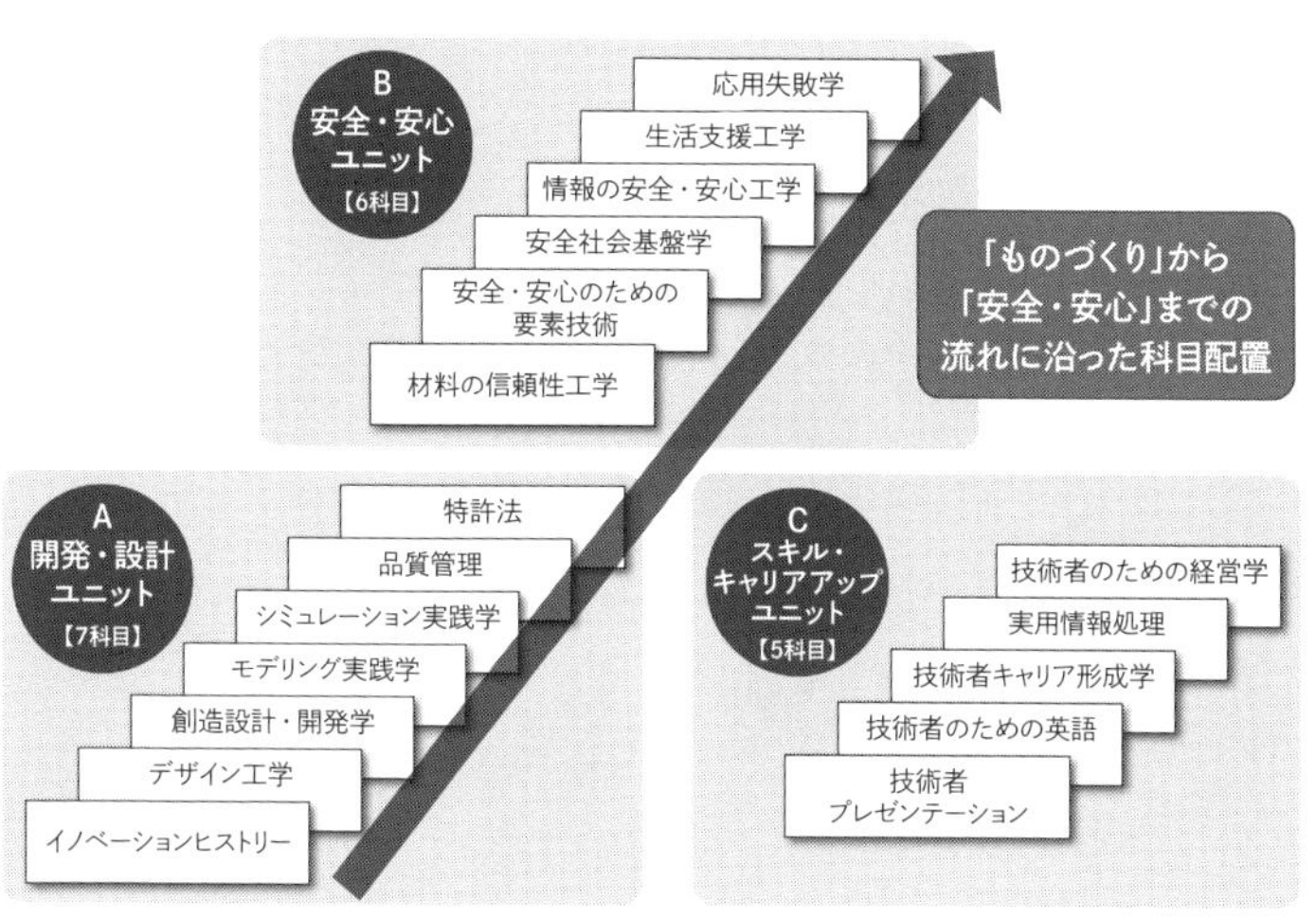

図表9-1-1　実践知重点科目の特徴（出典：東京電機大学提供）

ゼンテーションや英語、経営学などを学ぶといった具合だ（図表9－1－1）。

ユニットにおける各科目は15回の講義で構成されるが、15回の講義は原則5回ずつの電気、機械、情報などの異なる技術分野が融合する内容となっており、「技術分野横断型」がユニット構成科目の特徴となっている。

実務家教員にふさわしい人物像とは？

社会人課程を担当する実務家教員の割合は、2019年度後期時点で75・6％と非常に高い。学内外から主に大企業の技術者として活躍した経験のある人材を、佐藤教授自ら選んだのだという。講義内容などは各実務家教員に任せているが、ただ一点、佐藤教授がリクエストしたのが「かつて大学で学んだことを単に教えるのではなく、技術者として働いて初めて気づいたこと、仕事を通して身に付けてきたことを教えてほしい」ということだった。

「例えば通常、大学の機械系の授業や教科書は、『材料力学』『機械力学』『機械加工学』『生産工学』といった工学・技術内容によって分類されますが、仕事を進めていく上では、そうした学問をいかに総合して使っていくかという『知識の使い方』が重要になります。単に教科書に沿った教え方をするのではなく、技術者としての経験を生かして現場での仕事の本質を一気通貫で教えられる方に来ていただきました」

佐藤教授は自身も日立製作所で11年半の開発経験を積んだ実務家教員だ。その立場から見て、実務家教員にふさわしい人物像はどのようなものだろうか。

「ひと言で言えば、企業で活躍した経験のある人です。企業の中で、個人が持っている知識・能力だけでできる仕事は限られています。社内外のいろいろな人を巻き込んだり教えを請うたりしながら開発を進めるはずです。自分の技術力だけでなく、豊富な人的ネットワークを築いてきた人が実務家教員としてふさわしいでしょう」

特に実践知重点科目の場合、1科目15回の講義のうち、一人の実務家教員が担当する回数は平均5回と多くはない。そのため、学生に「ぜひ知っておいてほしい」という工学的本質を5回の授業で密度濃く伝えるスキルが実務家教員には求められる。

いかに「現場感覚」を維持し、磨き続けるか

一般に、いったんビジネスの最前線を離れて専任教員になった場合、企業勤務時代の現場感覚をいかに維持し、かつ磨き続けられるかが課題となる。特に理工系の場合、科学技術は日進月歩だ。以前に身に付けた知識や技術はあっという間に陳腐化してしまう。実務家教員はどのように対処すべきだろうか。

「私の場合は今でも企業人とのつながりがありますから、折々に会って話をすれば、なるほどこういうふうに企業も変わってきているな、ということは分かります。ほかの実務家教員の方も、以前の職を辞したとはいえ、独自の情報網を築いておられるはずですから、皆さんそれぞれに企業・社会の変化をキャッチアップしていると思います」

そうした意味でも、企業人時代にコツコツと基礎研究に打ち込むばかりでなく、さまざまな人と交わり揉まれ、大学教員になっても企業人との交わりを保つことのできる人のほうが実務家教員に向いていると佐藤教授は考えている。

「働く」技術者のニーズに合わせたリカレント教育

実践知重点科目は、企業人が技術研修として学習する科目としても有効だ。仕事と両立しながら実践に役立つ知識に的を絞って学びたいと考える技術者や、大学のリカレント教育をうまく社員研修に採り入れたいと考える企業のために、4年間の社会人課程とは別に、短期間で受講できるプログラムも用意している（図表9－1－2）。

最短1年間で修了できる「実践知プログラム（履修証明制度）」では、対象8科目（180時間）のうち6科目（135時間）を修得すれば、文部科学省の制度に基づく「履修証明書」が交付される。

「科目等履修生制度」を使えば、実践知重点科目の中から興味のある科目のみ1科目単位で履修でき、6カ月で修得（受講）することが可能だ。

さらに、特定の技術分野を深く学びたい場合は「特定技術分野特別聴講（モジュール）」という制度がある。電気電子・機械・情報・建築の4分野から修得したい技術分野を選び、各分野に配置されたテーマから3テーマ（1テーマ5回の講義）を選択・受講する。テーマの選び方によるが、最短5週間で集中的に特定技術分野を学ぶことができる。この「特定技術分野特別聴講（モジュール）」では、大学が発行する「単位」にはつながらないが、一定基準をクリ

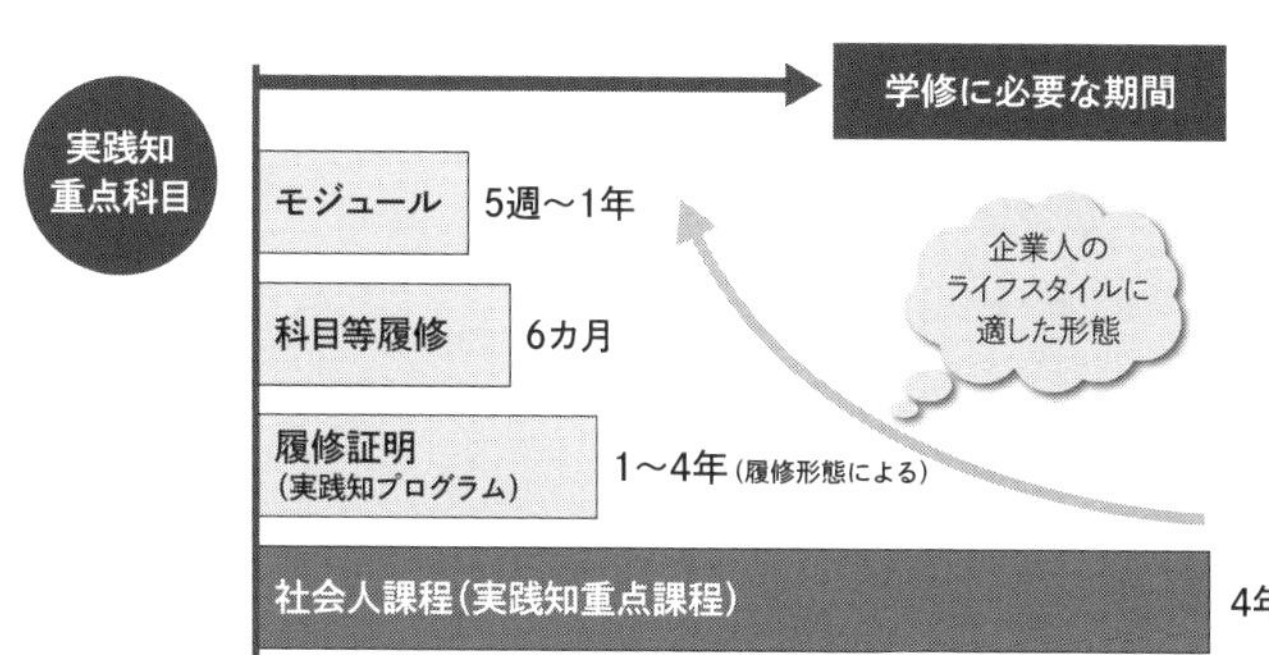

図表9-1-2　短期間で実践的能力を修得（出典：東京電機大学提供）

アすれば修了書が授与されるため、学習意欲の高まりにつながる。

はじめは「実践知プログラム」から入った人が、結局は社会人課程の2年次に編入し、本格的に学び始めた例もあるという。「その方は文系出身でしたが、電子マネーのプロジェクトに関わるようになり、『理科系の頭』が必要だということで当校に通うようになりました。充実した研修体制を自前で持つことが難しい企業の技術者にとって、OJTだけでは得られない体系化された『実践知』を学べる意義は大きいはず」と佐藤教授は自信を見せる。

さらに、受講者個人や企業のニーズに合わせて、実践知重点科目を中心としたカリキュラムに改善・工夫を加え続けていくという。マスプロダクションとカスタマイゼーションの長所を併せ持つ「マスカスタマイゼーション」が産業界で広がっているように、東京電機大学では、受講者による講義のマスカスタマイゼーションのあり方を探っていく考えだ。

業界トップクラスの実績を生かして
優れた指導力を発揮

東京都立産業技術大学院大学学長　川田 誠一

１９８２年、大阪大学大学院機械工学専攻博士課程を単位取得退学し、大阪大学工学部助手に。翌年、工学博士（大阪大学）。１９８６年、東京都立大学工学部助手に転じ、助教授、教授を歴任。２００６年、産業技術大学院大学産業技術研究科長に就任。２０１６年より、産業技術大学院大学（現・東京都立産業技術大学院大学）学長。

東京都公立大学法人が運営する東京都立産業技術大学院大学は、首都東京の産業発展をトップランナーとして担う高度専門職人材の育成を目的として２００６年に設立された専門職大学院だ。開学以来、既に数多くの優れたＩＴエンジニアやデザインエンジニア、事業イノベーターを育成し、産業振興に貢献している川田誠一学長に、実務家教員の活躍ぶりを伺った。

社会人学生の学びやすさを支える数々の仕掛け

東京都立産業技術大学院大学（ＡＩＩＴ）が掲げる研究教育上の目的とポリシーは明確だ。専門的知識と体系化された技術やノウハウを活用して新たな価値を創造し、産業の活性化に資する意欲と能力を持つ高度専門技術者を育成することだ。

学生の８割を現役のビジネスパーソンが占める同大学院では、社会人の学びやすさを徹底的に追求した制度を整えている。その一つが「ＡＩＩＴ単位バンク制度（科目等履修）」だ。これは入学前に「ＡＩＩＴ単位バンク登録生（科目等履修生）」として修得した単位を蓄積し、正規の学生として入学した際に活用できる制度である。この制度と正規学生としての学修を組み合わせることにより、事実上、７年間に及ぶ長期間の履修が可能となる上、うち「フルタイム」の学生として過ごす期間を1年間だけに圧縮することもできる。

「本来わざわざ大学院に来なくてもいい人にこそ来てほしい」。社会人の学びやすさにこだわるねらいについて、川田誠一学長はこう切り出した。「本学がターゲットにしているのは、ビジネスの一線で活躍しながらも、『このままでいいのか』と、ある種のフラストレーションを抱えている方たちです。そうした方がアクセスしやすいよう、単位バンク制度をはじめ、さまざまな制度を仕掛けてきました」

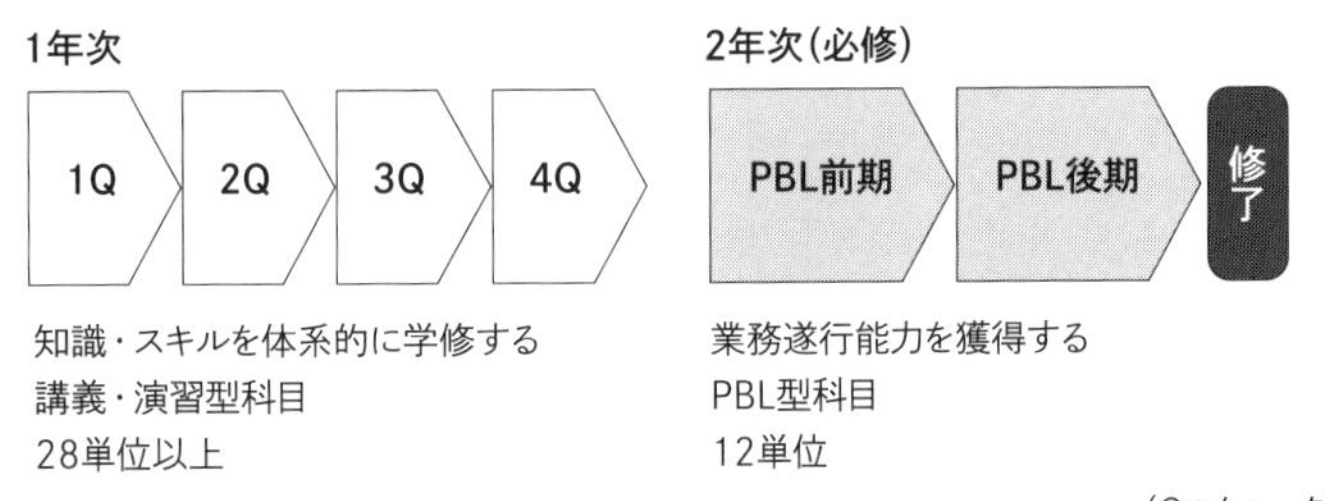

図表9-2-1　入学から卒業までの標準的な流れ（出典：AIIT提供）

標準的な履修パターンは4月入学の2年間だが、10月入学制度も可能だ。また、1年を4学期に分けるクォータ制を採用し、各科目の授業は週2回実施されるため、約2カ月という短期間で知識やスキルを集中して獲得できる。さらに、原則すべての講義がビデオ録画される講義支援システムも整っている。遠隔地からの視聴や繰り返し復習ができ、時間的な制約のある学生の学修をサポートする仕組みとなっている。

ＰＢＬ型教育によるコンピテンシーの追求

カリキュラムの特徴の一つはコンピテンシー（業務遂行能力）を実践的に身に付けるため、1年次に基礎的な知識やスキルを修得した上で、2年次からはＰＢＬ（Project Based Learning）型教育を中核に据えていることだ。世代や職業・職位の違いを超えた5名前後の学生がチームを組み、1年かけてプロジェクトに取り組む中で、実社会で即戦力として活躍できる力が身に付く（図表９－２－１）。

ＰＢＬを導入する大学・大学院はほかにもあるが、ＡＩＩＴの特徴はグローバル化の推進にも積極的に取り組んでいる点だ。ＰＢＬ型教育を発展させ、アジアに普及することを目指して２０１１年６月、ＡＩＩＴのイニシアティブでＡＰＥＮ（Asia Professional Education Network）を設立した。２０１９年4月現在、韓国、中国、ベトナムなどアジア13カ国の大学が加盟し、ＡＩＩＴと各国の大学が連携したグローバルＰＢＬも生まれている。グローバルＰＢＬに取り組んだ学生の中には、それをきっかけにジャカルタのＡＳＥＡＮ（東南アジア諸国連合）事務局との縁が生まれた人もいるという。

業界トッププランナーを実務家教員に

学生の年齢層は20歳代～70歳代と幅広く、既に修士や博士の学位を持っている人も少なくない。ある領域に限れば、教員より実務経験の豊富な学生も多い。そんな学生を教えるには、教員にも相当な力量が求められるに違いない。採用方針を聞くと川田学長はずばり「業界のトップリーダーのような、非常に優秀な方に来ていただいている」と断言する。

例えば、創造技術専攻の初代専攻長を務めた福田哲夫教授（現名誉教授）は、もともと７０

0系新幹線の開発を牽引したインダストリアルデザイナーだ。ほかにも、本田技術研究所で「フィット」や「インサイト」などのデザインを手がけた海老澤伸樹特任教授など、そうそうたる顔ぶれをそろえてきた。

「産業界のトップクラスの方を軸に集めることで、教授陣全体に高いレベルを意識してもらえます。世間一般では、研究者教員のほうが実務家教員より優れているといった見方もあるようですが、本学ではそういった発想はまったくありません。むしろ研究者教員から見ても素晴らしい方たちを中核に据えています」

ガラス張りの評価が指導力を高める

だが、実務家としていかに優秀でも、「教える」ことについては、ほとんど経験のない人が多い。同大学院ではそれを前提として、社会人を教えるノウハウを独自に研究し、その成果をもとに川田学長が研究科長時代に編纂したビデオ教材を新任教員に渡して勉強してもらうという。

また、学生の便宜を図る目的で授業はすべて録画されているため、全教員の教え方が「見える化」される。さらに、専任教員に対する学生からの評価はすべてオープンになっている。そこで、最初は教えることに不慣れな部分のある教員は、評価の高い教員による授業の動画も参考に、教え方を工夫するのだという。

「デザインにしてもエンジニアリングにしても、ある領域でトップクラスになった方は教育者としても本当に素晴らしい。企業はチームで仕事をしますから、人を率いて成功に導いた経験が後進の指導にも生きるのでしょう」と川田学長は語る。

ＡＩＩＴでは、ほとんどの実務家教員が専任教員として働いている。ビジネスの第一線で活躍してきた人にとって、専任教員に転じる際の懸念の一つは給与面だと言われるが、川田学長は「多少の収入減を上回る魅力を感じる方が来てくださっている」と自信を見せる。「例えば、企業で長年にわたって培ってきた方法論を学問的な裏付けをもって体系化し、より多くの人に広められるのが大きな喜びになっているようです。いい先生のもとには卒業した学生も集まり、ある種のソサエティが生まれている。それは企業勤めのまま定年を迎えていたら得られなかった経験です」

教育成果は人的ネットワークの広がり

開学からの14年を振り返り、川田学長は「人的ネットワークの広がりが何よりの成果」だと語る。「社会人学生が大半を占める本学には、経営者の立場にある人も多い。そこで同様の立場にある在学生や修了生のビジネス交流の機会となるよう、『ＡＩＩＴ社長会』という組織も生まれ、生涯にわたって続く関係性が生まれています」

ますます優れた高度専門職人材を輩出するため、ＡＩＩＴは２０２０年4月から、従来の2専攻体制（情報アーキテクチャ専攻、創造技術専攻）から、1専攻（産業技術専攻）3コース（事業設計工学コース、情報アーキテクチャコース、創造技術コース）体制となった。新たに事業設計工学コースが新設された形だ。

このコースの特徴を一言で表すと、「エンジニアリングのビジネススクール」だという。日本企業がなかなかＧＡＦＡにかなわないのは、「いいものを作れば売れる」という感覚が抜けきれないためだと見る川田学長は、「ＩＴとエンジニアリングの力で何をするべきかという根本から考えられる人材を育成するのがこのコースの目的」と語り、改めて専門職大学院のトップランナーを目指す考えだ。

トップクリエイターが活躍する「産学共同・現場実践教育」の挑戦

アミューズメントメディア総合学院 副理事長　吉田 東吾（写真右）

日本での音楽活動を経て2000年初頭に渡米。米国で学業に専念しながらも音楽活動を続け、世界のエンタテインメントに触れる。帰国後は、アミューズメントメディア総合学院、経営管理本部・広報企画部 理事を経て、2017年に現職に就任。これまでの自身の経験を生かし、世界における日本のエンタメ業界のプレゼンス向上を目指し日々尽力している。

アミューズメントメディア総合学院 理事　髙橋 淳（写真左）

大学院工学研究科卒業後、メーカーにてエンジニア、外資系コンサルティング会社にてディレクター、上場IT企業にて人事担当役員を経て現職に至る。企業内での人材育成に長年携わり、現在は教育機関側から若手優秀人材輩出による業界活性化を目指す。

学校法人吉田学園が運営するアミューズメントメディア総合学院は、1994年の創立以来、「制作現場こそ、最高の教育現場である。」という考え方を基に、「産学共同・

現場実践教育」の教育理念の実現を目指してきた。業界で活躍する現役のプロフェッショナルを講師陣に据え、最前線で活躍するクリエイターを数多く輩出する「現場」を訪ねた。

濃密なカリキュラムで「プロ」を輩出

アミューズメントメディア総合学院（ＡＭＧ）は、創立以来「産学共同・現場実践教育」を教育理念に掲げた、エンタテインメント業界のプロが作った専門学校だ。企業に協力するだけの「協同」ではなく「共同」にこだわり、学内に独自の制作部門を設け、学生と学院、そして企業が共に作品づくりを行える体制を構築している。第一線で活躍する卒業生と共に作品を制作し、世に送り出す仕組みも完備。プロの現場に参加することで、学生は実践的な指導を受けることができ、プロデビューのチャンスが得られる環境を実現している（図表９－３－１）。こうした教育体制の根底にあるのは「制作現場こそ、最高の教育現場である。」という考え方である。

「夢を、夢で終わらせない。」を謳うＡＭＧだが、２年間という短期間で「プロ」になるのは容易ではないはずだ。専門学校としてはかなり密度の濃いカリキュラムが組まれている上、夏

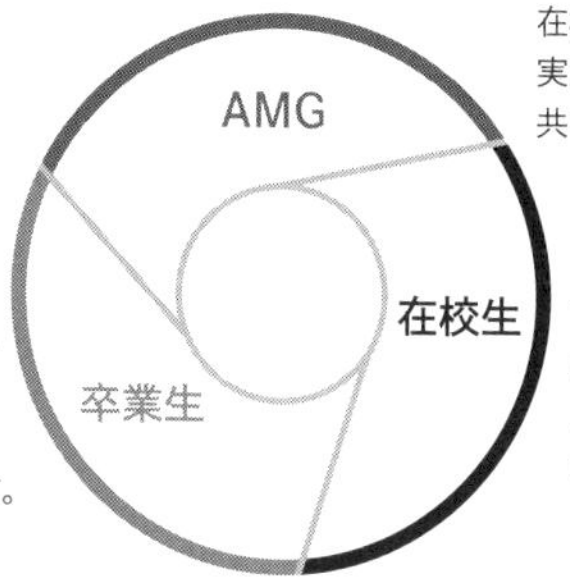

AMG
在校生
卒業生

在校生と卒業生にチャンスを提供。
実践的に指導を行い、
共に作品を作り上げます。

プロの制作現場を経験し、
実践的に学ぶことで
スキルUPするとともに
就職、デビューにつなげます。

学院の作品制作に参加。
プロのクリエイターとして
協力しあうと同時に、
後進育成を共に行います。

図表9-3-1　卒業生・在校生と連携し、在学中にプロデビューが可能な仕組み（出典：AMG提供）

休みなどの長期休暇中も、多くの学生は自主的に登校して作品制作に没頭するのだという。

その甲斐あって、ほとんどの学生は卒業後にそれぞれの道を歩み始める。就職を希望する学生は、ほぼ100％が業界各社への就職を決める。フリーランスでプロデビューを希望する学生には、教員やOB・OGネットワークを介して、さらなる勉強の機会を提供したり、随時仕事を紹介したりしているという。また、OB・OGのクリエイターと企業の要望をマッチングするエージェントサービスとして「AMG作家協会」を2018年に設立。現場で腕を磨いてきた学生の中でも、選りすぐりの実績あるクリエイターが多数在籍しているという。

教壇に立つのは現役のトップクリエイター

AMGの教員は全て、業界の第一線で活躍する現役のトップクリエイターだ。「現役」にこだわる理由を髙橋淳理事は、「今そして将来、現場で求められるスキルや人材を常に意識した教育を行いたいから」だと語る。また、「どんなクリエイターの方も、成功体験ばかりではなく多くの失敗を重ねているはずです。生半可な気持ちではプロになれない厳しさと同時に、一方で仕事の醍醐味や、夢がかなった人生の豊かさを自分の体験として語っていただきたい。光も影も教えたいという思いを持っている先生方が多いですね」と言う。吉田東吾副理事長は、「後進の指導に対して熱意を持って取り組んでくださるという意識」を重視し、「業界をもっと発展させたい、そのためには後進を育てなければ、という情熱を持っている方にお願いしています」と語る。

現役のクリエイターを教員として迎えていることもあり、カリキュラム運営については、学校側も積極的に関与する。科目概要やゴール設定など、シラバスの基本的な骨格はAMGから提示した上で、具体的な授業の組み立ては各教員が工夫するというのが大枠の役割分担だ。

クリエイティブ系の暗黙知を、属人的な「センス」に頼らずに形式知として伝えるにはどうすればいいのか。クリエイティブなスキルは、教科書を読んで身に付くようなものではない。そこで、作品を完成させるというゴールから逆算し、必要な作業を実際の作品制作の流れに沿って分解し、体感できるカリキュラムにしているという。

例えばゲーム制作という課題に際しては、ゲームプログラマー学科、ゲームプランナー学科、ゲーム・アニメ3DCG学科の学生がチームを組んで共同制作に取り組む。プロの現場でも複数のメンバーで取り組むことが多いためだ。ゲームの企画書づくりに始まり、まずは試作版をつくってからブラッシュアップを重ねていく。作品づくりに必要な知識やスキルに関する授業を、最も適切なタイミングで配置し、実地で身に付けるという形を取っている。

こうして、できるだけ実務に近いプロセスを踏みながら、さまざまなフェイズで壁にぶち当たる経験もしてもらうのだ。あるときはチーム全員で知恵を出し合い、あるときは1人で悶々と悩む経験を通して、ゼロから作品を生み出す力を育んでいくのだという。

業界の「洗礼」を受けて飛躍する

カリキュラム運営に際したAMGの先駆性は、各学科に業界出身者の教務担当者を置いているところにも表れている。業界の実情を知っているからこそ的確なサポートができるため、教員にとっては心強いパートナーといえる。

また、授業後に学生が提出する「カリキュラムシート」も授業の組み立ての参考になる。その授業で学んだことや身に付けたことのほか、教員への質問や要望などが書かれたシートに教務担当者が目を通し、授業に改善すべき点があれば教員にフィードバックしている。

こうして授業をサポートする仕組みを充実させることで、もともとは「教育者」ではなかったクリエイターが、自身の専門性を思う存分伝えることに専念できる環境を整えてきた。髙橋理事は「教えることを楽しんでいただいているようでありがたい」と教員たちに全幅の信頼を寄せる。

ＡＭＧの教育を語る上では業界各社の協力も欠かせない。外部評価を得る機会を多く設けていることが、学生にとっては大きな刺激となっている。例えばゲーム系の学科では、３〜４カ月で1作品をつくるというサイクルで授業が進むが、その都度、必ず関連企業の開発責任者クラスの人に見てもらっている。企画コンセプトからゲーム中の実際の動きについてまで、自分の作品について業界の第一線で働くプロの前でプレゼンテーションをする。学生たちにとっては相当なプレッシャーだろう。厳しい洗礼を受け、学生が涙する場面もあるという。それでも何かしら改善のヒントを示してくれる人が多く、学生たちはそれを励みに、作品のブラッシュアップに取り組むことができる。

こうした場に参加する企業は、とくに提携関係にあるわけではないというが、髙橋理事は「2年間でプロにするという、当校の骨太なカリキュラムを意気に感じて関わってくださっている」と見ている。「厳しいフィードバックを受けて、大きく成長する学生も多い。その変化を楽しんでいただいているようです」。また、２０１９年に25周年を迎えたＡＭＧでは、初期に卒業して関連企業に就職した学生が、既に取締役クラスに就いていることもある。そうしたＯＢ・ＯＧたちが母校に来て、後輩に指導してくれることもあるという。

海外発信を視野に専門職大学へ

短期間にプロとして働ける素地を身に付けるカリキュラムを提供しているとはいえ、やはり2年間で教えられることには限界もある。そこでＡＭＧでは、２０２２年春の開学を目指して専門職大学の準備を進めているところだ。

「クリエイティブをめぐる技術の進歩が著しいうえ、これからのクリエイターは単に作品をつくるだけではなく、プロデュースする能力が求められている」として吉田副理事長は、「このグローバル時代において、幅広い視野を持って日本のコンテンツを発信できる人材を育てたい」と意気込む。そのために、専門職大学における教員採用では、専門スキルはもちろんのこと、ヒット作の仕掛け人としての実績があり、国内だけでなく海外マーケットの経験をも重視した人選を進めているという。「長くプロとして活躍し続けるため、もっと多くのことを学べる環境を整えたい」と大学化への期待を込める。

第10章 ビジネスの現場で活躍する実務家教員

現場でぶつかる「壁」の乗り越え方に実践のヒントがある

五井 裕之

宣伝会議「Webリテラシー講座」講師、
富士フイルムビジネスエキスパート株式会社
マーケティングコミュニケーション本部 マネージャー／プランナー

富士フイルムグループのインハウスエージェンシーの役割を担う部門に所属。プロモーション領域において、企画・プロデュース・制作ディレクション・メディアプランニングを担当。デジタルカメラ、フォトブック、チェキ、フジカラーの年賀状、お正月を写そう、写プライズ、企業広告、ＢｔｏＢなどのプロモーションに携わる。２０１０年、運用系広告の配信を行う部門を社内に立ち上げ、領域を拡大。グループへの統合的・横断的なデジタルマーケティングサービスの提供を目指している。

雑誌への寄稿をきっかけに民間企業が主催するビジネスパーソン向けの講座で講師を

務めることになった五井裕之さん。デジタルマーケティングの最前線で多忙な日々を過ごすなか、本業以外でもさまざまなクリエイティブに没頭している五井さんは、講座を通して何を伝えているのか、またその経験から何を得ているのか伺った。

原動力は「行動する人を増やしたい」という思い

マーケティング・コミュニケーションの総合シンクタンクである株式会社宣伝会議の雑誌「宣伝会議」に寄稿したことをきっかけに、五井さんは２０１９年度から同社の「Ｗｅｂリテラシー講座」の講師を務めるようになった。各回２時間×３回で構成される同講座の最終回「Ｗｅｂマーケティングの進展と適応の実務」を担当している。

実務経験で得た知見を伝えているという点で、五井さんの役割はまさに実務家教員のそれだが、自身に「実務家教員」という気負いはない。講師を務める上で五井さんの根底にあるのは、「みんなの頭の中にあるアイデアや経験は、どんどん世の中に広めるべき」という信念にも似た思いだ。

「ＴＥＤはIdeas worth spreading（広める価値のあるアイデア）というスローガンを掲げていますが、講師の話をいただいたとき、心に浮かんだのはこの言葉です。ＴＥＤでは『世界を

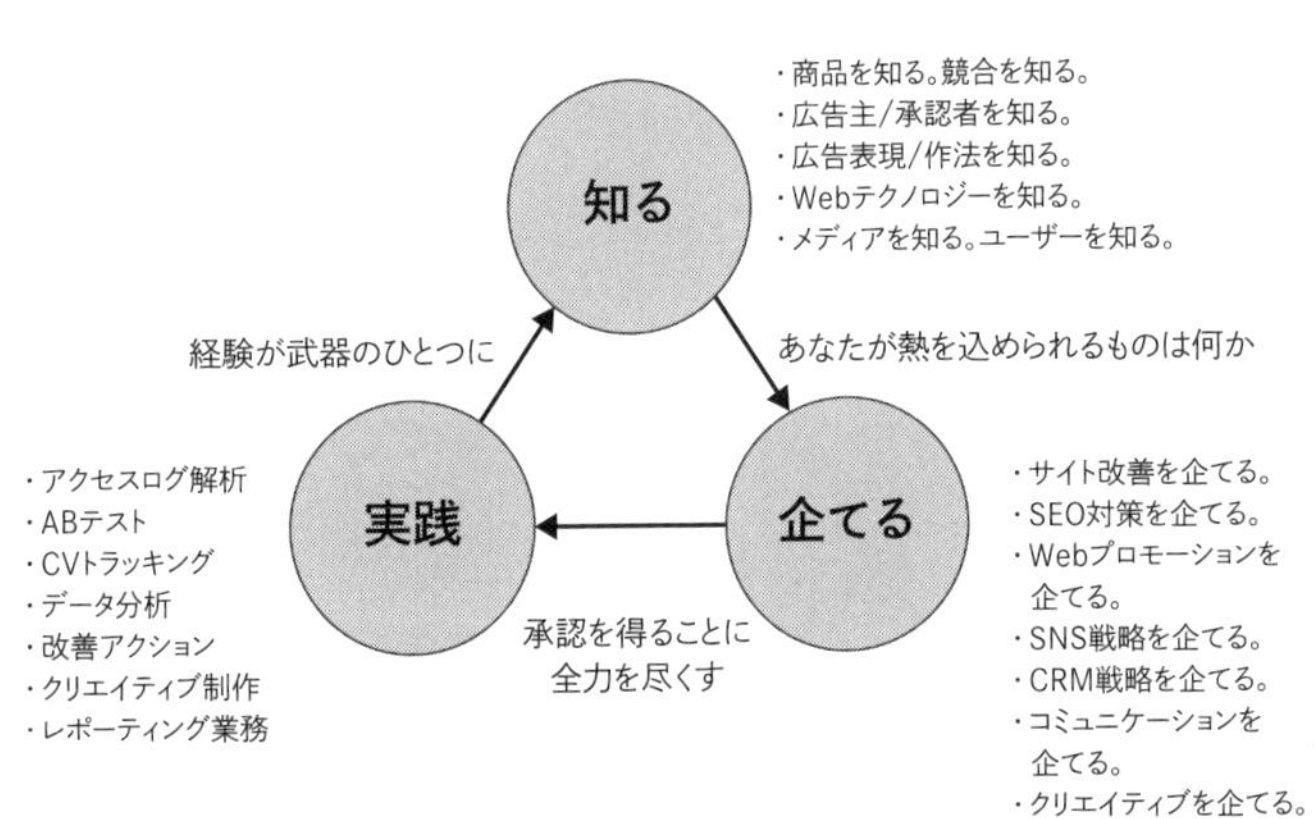

図表10-1-1 「知る」「企てる」「実践」のトライアングル（出典：五井氏提供）

よりよいものにするためのアイデア』が語られ共有されていますよね。自分が試行錯誤したことに価値があるのならば、伝えてみたいという純粋な思いがありました」

五井さんは富士プレゼンテック株式会社（現富士フイルムビジネスエキスパート株式会社）入社当初、営業部に配属され、展示会やイベントのディレクション業務に従事した。だが、当初から抱いていた「コピーが書けるようになりたい。広告を作りたい」という思いを実現すべく、宣伝会議のコピーライター養成講座などを自費で受講。念願かなって制作部に転属し、コピーライターとして活躍するようになる。

次に、当時はまだあまりコピーライターが進出していなかったデジタル広告の可能性を追求するため、独学でリスティング広告を研究。Ｇｏｏｇｌｅの思想やロジックに夢中になった。月額10万円の案件を受注するところからリスティング広告の自社運用を開始し、その後全盛期を迎えたアドテクノロジーとともに事業拡大を図り、さらにコンテンツマーケティングを推進するなど、さまざまなデジタル・クリエイティブを企画・実践してきた。「私は自分が興味を持ったことを行動に移してきただけ。でも世の中のほとんどの人は行動しません。自分の経験を伝えて、まだ動き出せていない人に、行動することの重要性を伝えたいという思いが強い」と語る。

五井さんは行動するためのプロセスを「知る」「企てる」「実践」の3段階で捉えている（図表10－1－1）。例えば新しいＷｅｂテクノロジーを知り、その中で自分が情熱を傾けられる要素を見出す。次にそれをプロジェクトにするための戦略を立て、社内外の承認や協力を得られるよう全力で働きかける。うまく実践にこぎつけられれば、その経験が次のステップへの強力な武器になる。五井さんが講座で伝える行動する力とは、このサイクルを回すことだ。

多くの「顔」を持つことで講義に厚みが出る

講座を担当するにあたって、宣伝会議の講座担当者に言われたことがある。「五井さんだからできた、と思わせないように」ということだ。そこで五井さんが工夫したのは、ビジネス現場で自身が遭遇してきた障壁と、それをいかに突破したかを包み隠さず開示したこと。

「例えば、新しい事業に着手すべきときに何から始めればいいのかわからないとか、自分の提案に誰も耳を貸してくれないとか、所属企業や職種が違っても共通の課題があります。そのヒントとなるよう、自分の経験をできるだけ具体的に伝えることが有効だと考えました」

日々変化するビジネス環境の中で、実務におけるノウハウを学際的な意味での「形式知」に落とし込むのは難しい。五井さんが講師として実践しているのは、伝え方そのものの形式知化だ。

「本来の形式知とは、マーケティング概論とかクリエイティブ概論といったものかもしれません。ただ、それではやや概念的すぎます。日々の実務に役立つ再現性の高い『知』を伝えるには、自分が実践してきた壁の乗り越え方を伝える形が最も効果的です」

もう一つの工夫は、「富士フイルムグループの社員」ではない立場でのプロジェクトの話題も豊富に盛り込んでいることだ。受講生のほとんどは、デジタルマーケティングに関わるプレイヤーという共通項はあるものの、その所属先や手がける業務領域はさまざまだ（図表10－1－2）。事業主側の人もいれば、広告代理店、メディア、ＩＴ関連商品のメーカーや販売会社勤務の人もいる。自社グループの話ばかりでは、立場の違う受講生に「自分には関係ない」と思われかねない。その点、本業以外にも多くの「顔」を持つ五井さんは、さまざまな引き出しを持っている。

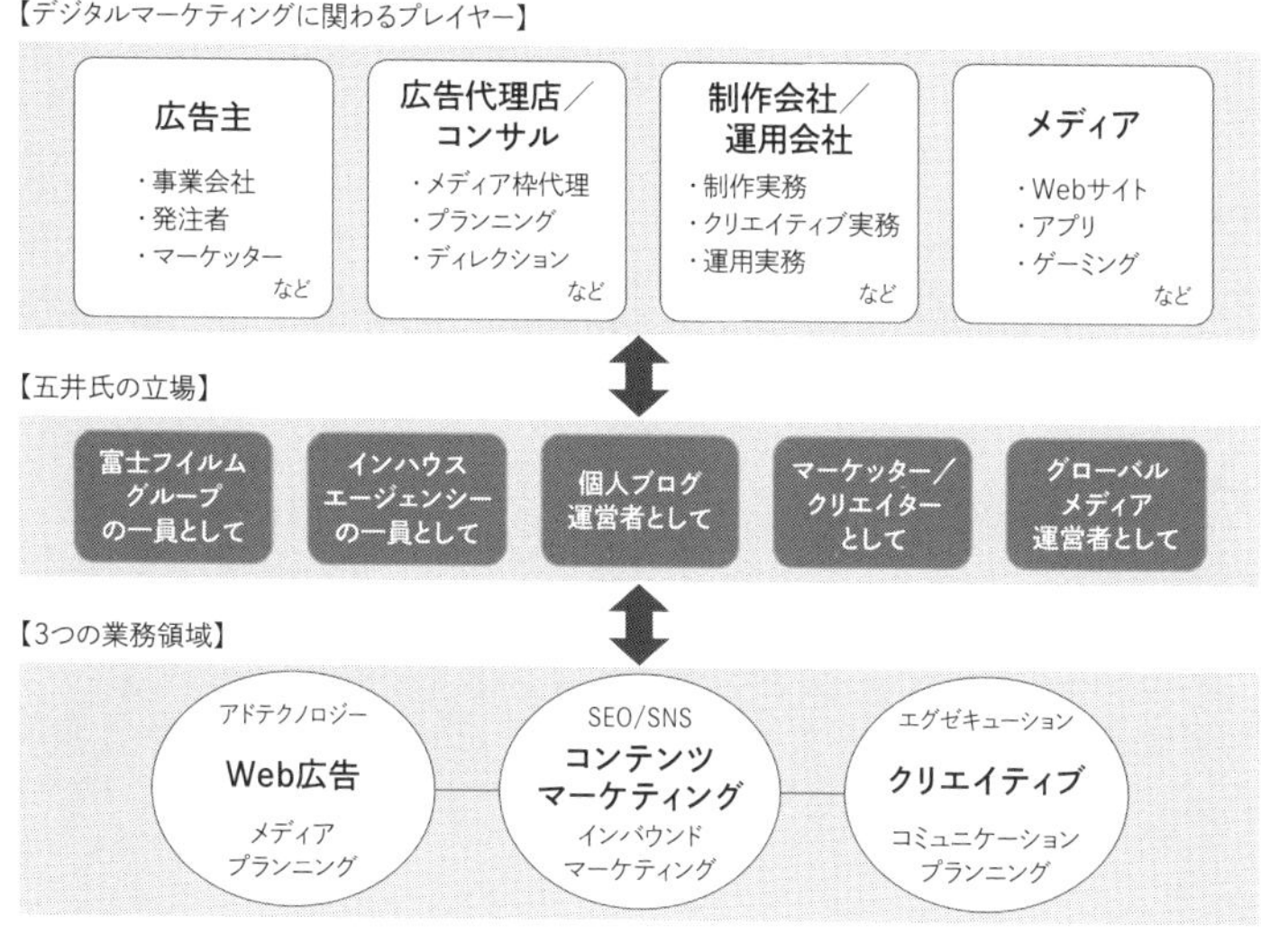

図表10-1-2　デジタルマーケティングに関わるプレイヤーと業務領域（出典：五井氏提供）

「本業は事業主であると同時に、ハウスエージェンシーの側面もある。また、個人的にはコンテンツマーケティングを試すために始めたブログやＹｏｕＴｕｂｅチャンネルなどのメディアを運営していたり、マーケッター／クリエイターとしての活動もある。あらゆる活動の話題を盛り込むことで、できるだけ全ての受講生に響くよう心がけています」

教えることで自分の実践が整理される

自ら意図して「実務家教員」を目指したわけではない五井さんだが、講師業からは得るものが多いと感じている。「何より、自分のいろいろな活動が1本の線に収れんされ、アップデートされていくのがありがたい」のだという。

生粋のクリエイター気質である五井さんは、常に「何かを作りたい」という思いが強い。多忙な仕事の合間を縫って、本業とは全く別に映像制作チームを結成し、ディレクションを務めたVR映像が「4K・VR徳島映画祭2019」で上映作品に選出されるなど、「仕事」ではないとはいえ、「趣味」とも言えないレベルのクリエイティビティを発揮している。

「公私共に『これだ！』と思って取り組んでいる、あらゆる実践が講座のネタになります。『この経験をどんなふうに伝えようか』という視点そのものが、次の行動を起こすモチベーションになっています」

営業職からスタートし、次々とキャリアを切り開いてきた五井さんの実践には共通のパターンがある。興味を持ったことは徹底的に研究し、新たな概念を理解し、知見を深めるというインプットを経て、まずは自分でプロトタイプを作ってみる。次に、その過程で得た気づきを分かりやすい形式知に整理し、人に伝えていく。こうしたインプットとアウトプットという一連の流れが、多岐にわたる五井さんのクリエイティブな活動を支えていると言えそうだ。

今後の展望を聞くと、「近い将来、受講生の方と何かプロジェクトをご一緒できたら」と語る。1コマ2時間の講座だけでは、受講生の「成長」を見届けることは正直できないが、「自分も動き出してみたい」というコメントが届くなど手応えを感じている。

「講座をきっかけにして行動する人が増えるかもしれないと思うと、将来が楽しみです。こうしたところに自分の存在価値があるのかもしれません」

社内の課題解決を支援する「教育者」として活躍

電機メーカー勤務　松山 博輝

民生機器設計部署にて、ソフトウェア開発のプロジェクトマネジメント、人材育成、組織開発を推進。研究ができる社会人を希求し、専門職修士（技術経営）、専門職修士（経営管理）を学ぶ。その後、教育がわかる社会人を目指し、２０１９年に実務家教員養成課程第１期を修了。教育を通じた社会貢献のキャリアを模索中。

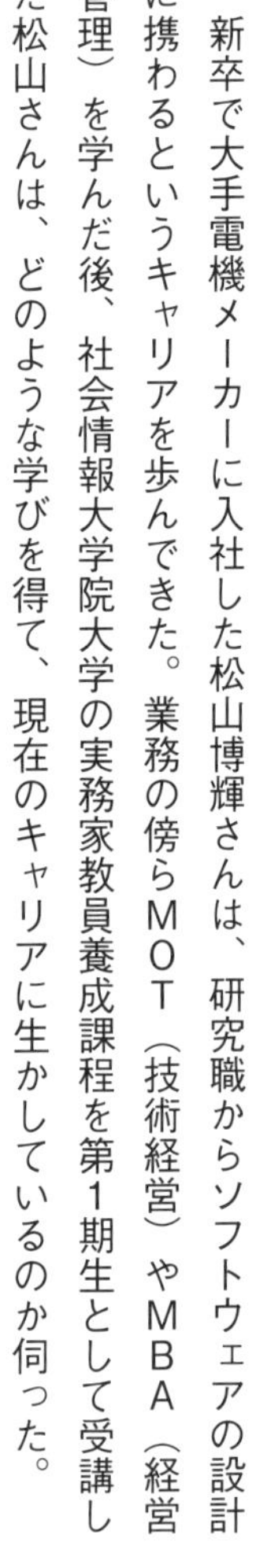

新卒で大手電機メーカーに入社した松山博輝さんは、研究職からソフトウェアの設計に携わるというキャリアを歩んできた。業務の傍らＭＯＴ（技術経営）やＭＢＡ（経営管理）を学んだ後、社会情報大学院大学の実務家教員養成課程を第1期生として受講した松山さんは、どのような学びを得て、現在のキャリアに生かしているのか伺った。

組織の活性化を研究したい

実務家教員養成課程の第1期生として学び始める前、松山さんは2013年からの2年間でMOT（技術経営）を、さらに2016年からの2年間でMBA（経営管理）を学んでいた。その上でさらに実務家教員養成課程に進んだ背景には、「誰もが生き生きと働けるようになるには、どうすればいいのか」という問題意識があったという。

「もともと私は人や組織というものに興味があり、どうしたら職場や組織を活性化できるのかを研究できれば、という思いを抱いていました。また、MOTやMBAではプロジェクトレポートという形での成果物は残したものの、課題をこなすのに精いっぱいで、論文執筆に取り組む余裕はありませんでした。そこで、先行研究を自分なりに分析して、しっかりと論文に落としこむ経験を積んでみたかったんです」

実務家教員に必要な三つの能力として、実務能力、研究能力、教育指導力があるが、実務家教員養成課程では研究能力を高めるため、論文執筆の基礎と演習という単元がある。一般的なMOTやMBAにはない要素だ。

「教育指導力」はビジネスの現場にも役に立つ

だが、実際に授業が始まってみると、当初の関心は徐々に変わっていった。研究者としての研究能力ではなく、実務経験を積んだからこそ貢献できる研究領域がありそうだと考えるようになった。特に教育指導力を身に付ける授業が、実務家としてのスキルを高めるのに役立った。例えば教授法の授業では、15コマの授業の設計方法や、学習者を支援する姿勢の重要さを学んだが、そこには日ごろの仕事に通じる発見が大いにあったという。

「普段の仕事では、社員や組織が困っているところに手を差し伸べて、一緒に解決策を考えるという場面が多くあります。具体的には、品質のいいソフトを書くにはどうしたらいいか、その上で納期に間に合わせるためにどのようにプロジェクトをマネジメントすればいいかといったことです。そうしたプロジェクト支援や組織開発、人材育成の現場に生かせるヒントが数多く学べました」

また、ファシリテーションの授業では、一度に大勢の人を相手に話す際に、いかにコミュニケーションを成立させるのかという学びがあった。

「ファシリテーション手法は、いわゆる授業の設計に限らず、普段の会議や打ち合わせの席でも非常に役立つものだと気づきました。どのタイミングで何を問いかければ、目の前にいる人が自律的に物事を考えられるようになるのかを考えるようになりました。発問の仕方次第でコミュニケーションの質が変わってきます」

例えばソフトウェア開発の現場では、どのタイミングでどの成果物を完成させる必要があるか、その完了条件は何かなどの開発プロセスのフォーマットがある。プロジェクトリーダーなら誰もが頭に入っているものだが、なぜそのプロセスでなければならないのか、掘り下げて考える機会は意外と少ない。

「日ごろ当たり前と思っているプロセスの意図を問い直すにも、ファシリテーションの手法が有効です。そうすることでリーダー自身の自覚が深まり、『やらされ感』を覚えることなく、自律的にプロジェクトに取り組めるようになります」

職場の課題をプログラム化して解決に導く

実務家教員養成課程での学びを日頃の業務に生かした結果、松山さんの部署では「業務レポート」の提出率が顕著に上がったという。このレポートとは、仕事の一区切りで成果を共有する目的で作成が推奨されているものだが、慌ただしい業務の中、どの部署も提出率が低いのが常だった。「年間に何本は書くという目標設定はされているものの、レポートの書き方を習わないので、つい億劫になるのも無理はない」と松山さんは感じていた。そこで松山さんは、どうしたら部署のメンバーがレポートを書けるようになるかを考え、それをプログラム化していった。

「そもそも、どうしてレポートを書く必要があるのか腑に落ちていなければ始まりません。そこから出発して、日常業務の中にある『レポートの種』の探し方や、読んだ人に響くストーリーの作り方など、シラバスを設計するようにプログラム化しました」

その結果、レポート提出率は最終的には9割を超えたが、「提出率よりも一人一人のレポート執筆に臨むマインドの前向きな変化の方が大きな収穫だった」という。

自分を見つめ直し、キャリアを棚卸しする好機

松山さんは、自身のキャリアの軌跡を「企業組織内での成長」と「キャリア財産の確立」という二つの軸で捉えている（図表10－2－1）。

新卒で入社した後、研究者として音響信号処理などを研究する部署にいた（図表内Ⅰの領域）松山さんは、組織改編のタイミングで、エンジニアとしてソフトウェア開発に携わるようになる（Ⅱ）。ここまでは「企業組織内での成長」のフェーズだ。

やがてキャリアを重ねるにしたがい、プロジェクトマネジメントを担うようになると、人材育成や組織開発に興味を持ち始める（Ⅲ）。そこでMOTやMBA取得など、社外に越境的な能力開発の機会を求め、会社に雇用されるだけではないキャリアのあり方を志向するようになった。さらに実務家教員養成課程を終えた今、自身の成長もさることながら、課題を抱える

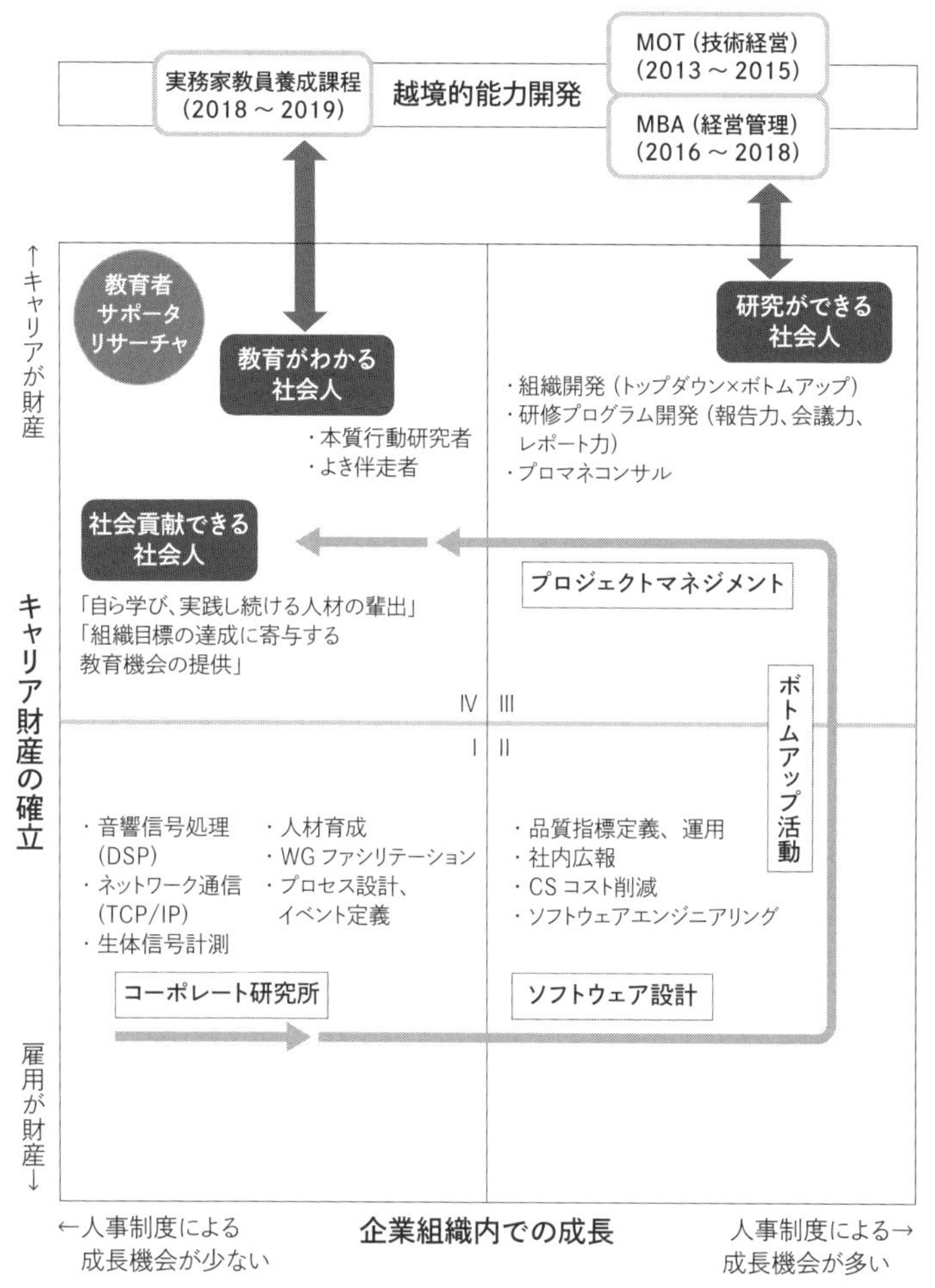

図表10-2-1　組織内専門人材の学習プロセス（出典：松山氏提供）

人をサポートしたり伴走したりする役割を社内でつくれるのではないかと取り組んでいる最中だという（Ⅳ）。

「キャリア上のありたい姿を言葉にするなら、『よき伴走者』がしっくりきます。社内で研修を担当する機会も増えてきて、実務家教員養成課程の学びが実践的に役立っています」

実務家教員養成課程を終えた人が、必ずしも教育機関の教壇に立つとは限らない。所属組織内で部下や後進の指導に生かしたり、社内研修講師を担ったりするなど、教育的立場に立つ上で、学びを生かすこともできる。松山さんはまさにそうしたタイプの好例といえる。

もっとも、こうした形で実務家教員養成課程が業務に役立つことを、最初から思い描いていたわけではない。全課程を終えて初めて、自分を見つめるプロセスだったと気づいたのだという。

「どの授業にも共通するのは、実務家教員として選ばれるために『自分の特徴は何か』『他者と差別化できるポイントは何か』を問われることです。おかげで、講義を受けながら自分のキャリアを棚卸しすることができました。狭義の『教員』を目指しているわけではなくても、セカンドキャリアやパラレルキャリアを開発したい人にも大きな価値のある機会だと思います」

「専門性×スキル」で生まれる最強のキャリアコンサルタント

須田 万里子
合同会社人材ドック代表、
一般社団法人リベラルコンサルティング協議会代表理事、
一般社団法人キャリアコンサルティング振興協会代表理事

2級キャリアコンサルティング技能士、国家資格キャリアコンサルタント。人材会社で25年、約5000人の就職支援を経験。2008年独立後は、企業・大学・公的機関で、年間200以上のセミナーとカウンセリングを実施。「カウンセリングからコンサルティング」をモットーに活躍の場を広げている。2019年キャリアコンサルタントの育成のために「キャリアBASE」を東京・秋葉原に常設。現場のキャリアコンサルタント育成に力を入れている。

大手派遣会社勤務の経験を生かし、キャリアコンサルタントとしてさまざまな公的機関や大学などで、多数の人材育成や求職者の相談に乗ってきた須田万里子さん。キャリアコンサルタントの実態や実務家教員を目指す意味を伺った。

登録試験機関が行うキャリアコンサルタント試験

受験要件
- 大臣認定の養成講習の受講
- キャリアコンサルティングに関する３年以上の実務経験

↓ 試験合格

指定登録機関による登録
「キャリアコンサルタント」資格（名称独占）の付与

- 守秘義務・信用失墜行為の禁止
- 労働者等に対するキャリアコンサルティングを実施、労働者等のキャリア形成を支援

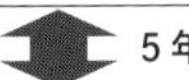

大臣指定の更新講習の受講

- 知識、技能の維持を図るため、知識講習８時間以上 技能講習30時間以上を受講（一部免除措置等あり）

図表10-3-1　キャリアコンサルタント登録制度の概要（出典：厚生労働省ウェブサイト）

「キャリアコンサルタント」とは？

「キャリアコンサルタント」とは２０１６年４月に創設された国家資格で、キャリアコンサルティングの専門職だ。以前は複数の民間資格が乱立し、「キャリアカウンセラー」や「キャリアコンサルタント」を名乗っていても能力のばらつきが大きかった。そこで２００８年から国家検定「キャリアコンサルティング技能検定」が開始され、２０１６年には、国家資格として「キャリアコンサルタント」が誕生したという経緯がある。

キャリアコンサルタントの資格を習得するには、厚生労働大臣認定の養成講習を合計１５０時間受講し（キャリアコンサルティングの実務経験が3年以上ある場合は不要)、学科・実技試験に合格する必要がある。その後、キャリアコンサルタント名簿に登録することで、初めて「キャリアコンサルタント」と名乗ることができる(図表10－3－1)。現在の登録者数は5万人を超える(2020年2月末現在)。

求められるのは「寄り添う」だけではなく「課題解決」

須田さんはまだ労働者派遣法ができる前、1980年代前半に大手派遣会社で活躍した後、大手金融系のコンサルティング会社で営業課長や人材開発部長を歴任。一貫してキャリアをサポートする仕事を続けてきた。2008年には合同会社人材ドックを創業し、若手から管理職の育成・教育・アドバイスで活躍の場を広げてきたキャリアコンサルタントのベテランだ。

キャリアコンサルタントは、企業やハローワークをはじめとした職業紹介機関、教育機関、若者自立支援機関など、幅広い分野で必要とされている。仕事紹介のイメージが強いかもしれないが、その活躍の場は思いのほか広い。須田さんも「大学・専門学校やハローワーク、企業の人事部はもちろん、老人ホームや介護施設などでもキャリアコンサルタントの資格は生きてきます。仕事を得るための支援ではなく、生き方そのものを支援するのがキャリアコンサルタントの仕事です」と語る。

逆に言えば、単にキャリアコンサルタントの資格を取っても、ほかの専門性やキャリアバックグランドがなければ、なかなか活躍の機会が得られないのが実情だ。近年この傾向がますます顕著になっているという。

「今から10年ほど前であれば、キャリアコンサルタントに求められていたのは『傾聴』が中心でした。でも今は、少子化、グローバル化、AIの導入に伴い、自律的な人材の育成が急務です。寄り添うだけのカウンセリングだけではなく、明確な『課題解決』が求められています」

ところが、須田さんによれば、一歩踏み込んだ解決策の提示が苦手なキャリアコンサルタントが多いらしい。専門性に裏打ちされた自分ならではの価値が提供できなければ、5万人ものキャリアコンサルタントがいる中で、「その他大勢」に埋もれてしまう。

須田さん自身、2009年にキャリアコンサルティング技能士（2級）の国家資格を取り、合同会社人材ドックという屋号で独立したものの、順風満帆だったわけではない。

「技能士の資格があるからといって、仕事が降ってくるわけではありません。必死で仕事をつくってきました。ただし、私がやってきたのは、すべて自分の経験をもとにした勘とコツ。自分はできるけど人には伝えられない。まさに暗黙知の塊でした」

「ありがとう」に満足していては半人前

そうした課題意識を抱いていた須田さんは、偶然に社会情報大学院大学の実務家教員養成課程を知り、第1期生に申し込むことに決めた。初回の講義「実務課教員概論」に大きな刺激を受けたことが今も印象に残っているという。

「キャリアコンサルタントとして30年も働いてきましたが、自分に欠けているものに初めて気付きました。目の前の人に『ありがとう』と言われることで自己満足してしまっていたんです。相手が変容したとき、実は何が起こっているのかを検証し、それをほかの人にも使える形式知にできないといけないのだと腹落ちしました」

実務家教員に求められる実務経験や能力は十分だとしても、人に伝えるための理論化が足りないことを実感したという須田さんは今、「圧倒的に足りない」と自身で思っている研究能力をさらに磨き、これまでのキャリアコンサルタントとしての暗黙知を理論化して論文にまとめたいと考えているところだ。

産業界と学術界を往還し、高度な経験と最先端の学術知を適切な方法で教育できるのが実務家教員だ。厚生労働省の管轄であるキャリアコンサルタントが、文部科学省の管轄の実務家教員となることで、省庁の枠組みを超えた新たな往還が生まれることも期待できそうだ。

さらに、須田さんが自身の実践知を共有する場として、2019年12月から新たに始動したのが「キャリアBASE」というサービスだ。

「実は自分のキャリアデザインができていないキャリアコンサルタントが多い。そこをサポートしたいんです。私が教えるばかりでなく、キャリアコンサルタント同士が学び合ったり、キャリアコンサルタントと企業や各団体とのマッチングを促進したりするプラットフォームにしたいと考えています」

自身がキャリアコンサルタントとして培ってきたノウハウをすべて披露し、キャリアコンサルタントの自由な働き方を応援する「キャリコン革命」を起こしたいのだと意気込む。

「キャリアコンサルタント10万人計画」を見据えて

現在約5万人のキャリアコンサルタントを、厚生労働省は2024年度末に10万人にする数値目標を掲げている。国の経済成長を持続するために、働き手が自らのキャリアを考える習慣を身に付ける必要があり、そのためにキャリアコンサルティングを受ける機会が重要だと考えられているのだ。

「企業人事やハローワーク、教育機関などだけであれば、キャリアコンサルタントの人数をそこまで増やしても仕事はないでしょう。でも、あらゆる分野で活躍できるポテンシャルがあるのがキャリアコンサルタントです。活躍の場が広がれば10万人でも足りないほどです。そうなったとき、キャリアコンサルタントのスキルと掛け合わせる専門性を持っていない人は厳しい。掛け算できる強みを持ったキャリアコンサルタントのネットワークを築きたいですね」

第4部

実務家教員への招待

第11章

実務家教員養成プログラムの構想と展開

文部科学省「持続的な産学共同人材育成システム構築事業」の各取り組み

事業構想大学院大学／社会情報大学院大学 准教授
富井 久義

はじめに

実務家教員は、高等教育機関と企業が有する教育資源の往還を促進し、産学の協力・連携関係を充実させるためのキーパーソンである。文部科学省高等教育局専門教育課は、今後の社会における人材育成のための教育システムの改革を担い、実践的な産学共同教育の場やプログラムを提供するために不可欠な存在だと位置付ける（＊1）。そこで同課は、２０１９年度より最大５年間の補助事業として、「持続的な産学共同人材育成システム構築事業」の公募を行い、中長期的かつ持続的に社会の要請に応えることができる産学共同による実務家教員の育成システムの構築を目指している。

本章では、同事業に採択された四つの取り組みについて、取り組みの内容と特徴、実務家教員の定義と育成する人材像を紹介する。

実務家教員ＣＯＥプロジェクト

プログラム名称	実務家教員養成課程
取組名称	実務家教員ＣＯＥプロジェクト
拠点校	社会情報大学院大学
連携校	日本女子大学・武蔵野大学・事業構想大学院大学

実務家教員ＣＯＥプロジェクトのねらいと背景

実務能力・教育指導力・研究能力を兼ね備えた質の高い実務家教員のトータル・サポート。これが、社会情報大学院が中心となって取り組む「実務家教員ＣＯＥプロジェクト」の目指すところである（図表11－1）。

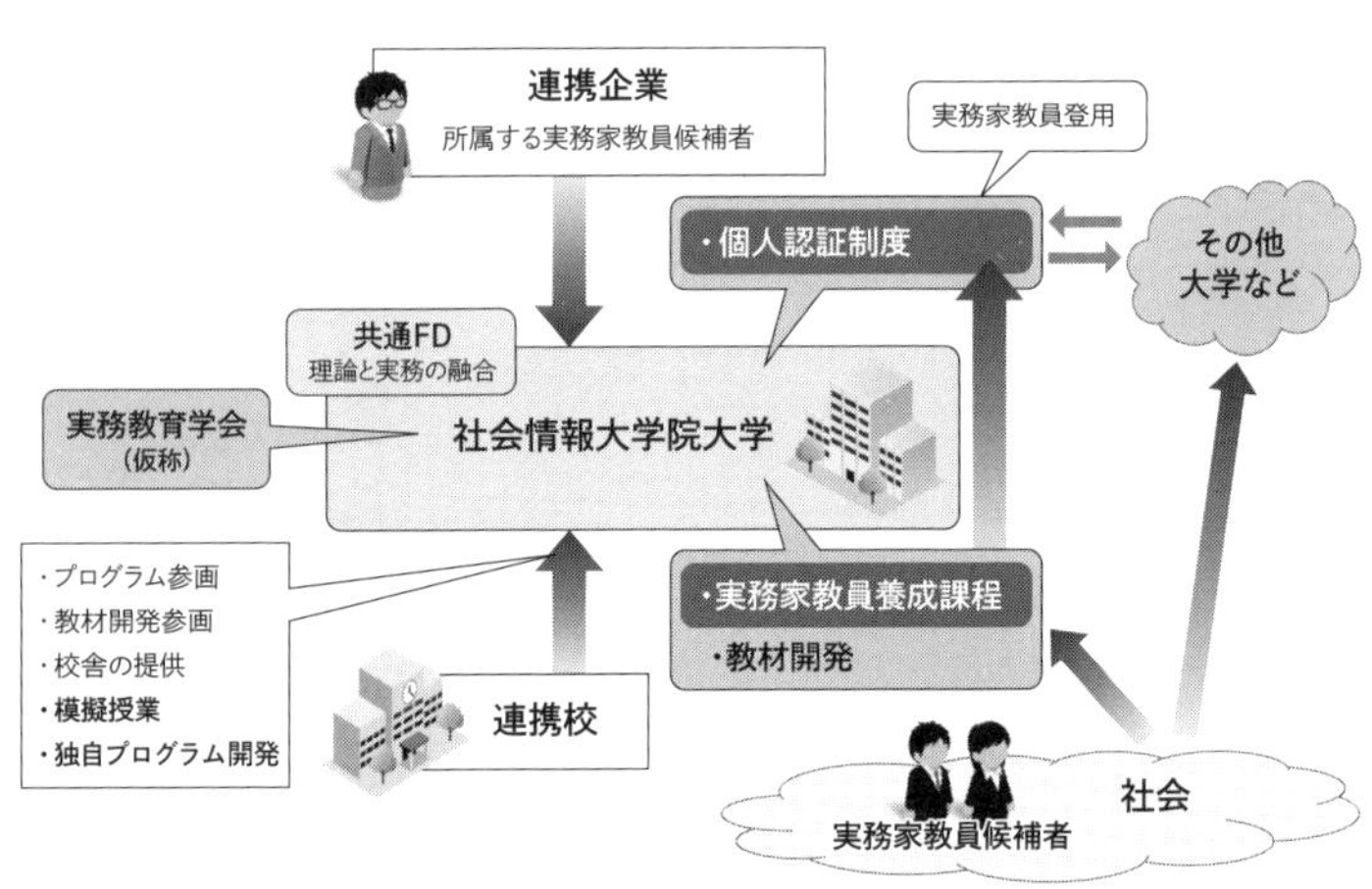

図表11-1　実務家教員COEプロジェクト事業概要図

社会情報大学院大学は、文部科学省「持続的な産学共同人材育成システム構築事業」の公募に先立ち、2018年10月に「実務家教員養成課程」を開設した。実務家教員に求められる基礎的な素養を身に付けるための61時間・4カ月のプログラムは、2019年度末時点で4期までが開講され、受講生の数は132名にのぼる。本養成課程の受講終了後に専門職大学院や専門学校で実務家教員として採用された修了生も輩出されている(第12章コラム参照)。

社会情報大学院大学が実務家教員養成に取り組むのは、2017年以来、多数の実務家教員を擁して広報のプロフェッショナルを育成する日本唯一の専門職大学院を運営する中で、実務家教員養成の重要性に気づいたためである。

大学院生が実践に結びついた理論を学ぶにあたっては、実務の領域で高い専門性を持つ実務家が教育の担い手となってモデルを示すことの有効性が高い。だが、その実務家が、実践知を体系化していく「研究能力」や体系化した実践知を伝達する「教育指導力」といった、知識を伝達する担い手としての専門性を必ずしも備えているわけではない。それらの能力は、教育研究を担当する教員として核となる能力であるにもかかわらず、これまで実務家教員はそれぞれ独自に、あるいはＦＤ研修の場（第３章参照）において、断片的に習得することを余儀なくされてきた。こうした状況では、実務家教員がどれだけ実務の領域で高い専門性を持っていたとしても、その能力を発揮して大学院生に高い教育効果をもたらせるかどうかは、個別の実務家教員の努力に委ねられ、不確実なものとなりかねない。そしてこうした状況は、社会情報大学院大学に特有の課題ではなく、実務家教員を擁して実施されるあらゆるプログラムに通底するものである。

今後も実務家教員が大学・大学院で活躍することが期待される中で求められるのは、実務家教員が知識の伝達の担い手として求められる能力を、体系的に学ぶ機会を持つことである。言い換えれば、実践知を体系化していく研究能力や、体系化した実践知を伝達する教育指導力を磨き、実務能力を効果的に発揮するための準備の機会を、実務家教員の特有性に即した形で提供していく必要がある。こうした問題意識から、社会情報大学院大学は、実務家教員の候補者を対象に、その入り口段階での教員としての学びの機会を提供する「実務家教員養成課程」を設置した（詳細は第12章参照）。

実務家教員養成課程は、実務能力・教育指導力・研究能力のうち、あらゆる専門領域の実務家教員に共通する基礎的な素養を養成することに主眼を置いている。このため、受講にあたって受講者の専門性を問わない点に特徴がある。また、これらの基礎的な能力は、専門学校などの大学・大学院以外の高等教育機関や、企業内研修プログラムの企画担当者や研修講師にも応用可能なスキルであることから、そうした人々を受講の対象に含めている点にも特徴がある。

このように、これまで社会情報大学院大学は、入り口段階の実務家教員の実務能力・教育指導力・研究能力の育成に取り組んできた。しかしながら、高等教育機関が提供する教育プログラムの質保証という観点からいえば、実務家教員養成は、入り口段階のみの制度化では十分とはいえない。実務家教員としての着任後にも、高等教育機関をめぐる状況の変化に対応し、実務能力・教育指導力・研究能力の絶えざる向上を図り、継続的にこれらの能力に関連する理論や実践についての学習・研究の機会を設ける必要がある。

そのため、社会情報大学院大学の実務家教員ＣＯＥプロジェクトは、実務能力・教育指導力・研究能力を兼ね備えた質の高い実務家教員のトータル・サポートをねらいとしている。これら三能力を兼ね備えた質の高い実務家教員を養成・輩出した上で、実務家教員に求められる各能力の継続的な向上を促し、それによって、社会における実践と結びついた理論を学ぶ場としての高等教育機関の教育の質を制度的に保証する。社会情報大学院大学は、実務家教員ＣＯＥプロジェクトにおいて、こうした取り組みを通じて、実務家教員養成をめぐる教育・研究の中核拠点（COE＝Centre of Excellence）となることを目指している。

実務家教員COEプロジェクトの取り組み

実務家教員COEプロジェクトが具体的に手がけるのは主として、①実務家教員向けの共通FDセンターの開設、②実務家教員向けの学会の創設、③実務家教員向けの個人認証制度の創設、④実務家教員養成課程の導入校の拡大の四つである。

第一の実務家教員向けの共通FDセンターの開設は、実務家教員養成課程の修了者や、現に実務家教員として大学などの高等教育機関で授業を担当する教員を対象に、教育指導力の向上や実務経験を体系化する研究能力の向上を目的とした、参加者公募型の共通FD研修を実施することをねらいとしている。実務家教員養成課程の内容を発展させ、実際の授業実践に即した形での教育指導力の向上や、研究能力を向上させて実践的に論文を書くためのポイントを指南するような研修を企画している。共通FDセンターは2020年度より稼働し、2カ月に1回ペースで共通FD研修を実施する。

第二の実務家教員向けの学会「実務教育学会（仮称）」の創設は、実務家教員が自らの教育・研究実践の報告や、実務家教員養成に関する調査・研究成果を報告する場として設けるものである。そのねらいは、実務家教員が研究能力を磨くことと、実務家教員養成に関するノウハウを実務家教員といわゆる研究者教員の協働によって蓄積していくことにある。実務教育学会（仮称）の設立、第1回学会大会の開催と、第1号の学会誌の投稿論文募集は、２０２０年に行われる予定である。

第三の実務家教員向けの個人認証制度の創設は、実務家教員に求められる実務能力や教育指導力、研究能力の質を制度的に担保するもので、実務家教員の能力の長期にわたる質的向上の実現を目指すものである。認証は２０２１年度から開始し、社会情報大学院大学の実務家教員養成課程のほか、持続的な産学共同人材育成システム構築事業の各プログラムの修了生を対象とするほか、現に大学・大学院などで活躍する実務家教員も対象とする予定である。本認証は5年ごとの更新制とし、一定数以上の共通ＦＤセンターの共通ＦＤ研修の受講によって、実務家教員をめぐる最新の知見や制度、研究倫理についての理解のアップデートを図り、その上で教育・研究実践に関する口述試験や模擬授業形式の実技試験を行う。

第四の実務家教員養成課程の導入校の拡大は、現在全国の高等教育機関などで実務家教員の要請が求められていることに対応する取り組みである。社会情報大学院大学では現在、東京・名古屋・大阪・福岡の4会場で、あらゆる専門領域の実務能力を持つ実務家教員を対象とした養成課程を実施しているが、各高等教育機関の育成したい実務家教員像に合致するようにカスタマイズされた専門性の高い養成課程を広めていくことが、本取り組みのねらいである。実務家教員ＣＯＥプロジェクトでは、武蔵野大学法学研究科ビジネス法務専攻の社会人大学院生を対象とした独自の養成課程の開発を、武蔵野大学との連携によって展開する予定である（第2章参照）。なお、社会情報大学院大学の実務家教員養成課程では、修了生を対象として、日本女子大学リカレント教育課程の学生を対象とした模擬授業実習の機会を提供している（第6章参照）。実務家教員養成課程の候補者が、養成課程修了後にこのような研鑽を積み、フィードバックを受ける機会を提供することも、導入校の拡大の中では検討されている。

実務の現場と大学・大学院などの高等教育機関を往還し、社会動向と学術動向の双方についての知識を有する実務家教員の活躍は、学術領域に実務の現場での知見をもたらすことで学生に実社会に即した学習を促すと同時に、実務の現場に学術領域で培われてきた最新の知見や教育・研究能力を役立たせることを促すことに結びつく。すなわち、実務家教員は、社会の領域と学術の領域双方のイノベーションを促進する役割を持った変革のエージェントである。実務家教員ＣＯＥプロジェクトは、このような役割を担う実務家教員に対して、実務能力に加えて教育指導力と研究能力を兼ね備える機会を提供し、その継続的なサポートを行うことで、今後の知識集約型社会に求められる実践知の体系化と普及・活用の促進に貢献することを目指している。

創造と変革を先導する産学循環型人材育成システム

プログラム名称	産学連携教育イノベーター育成プログラム
取組名称	創造と変革を先導する産学循環型人材育成システム
拠点校	東北大学
連携校	熊本大学・大阪府立大学・立教大学

創造と変革を先導する産学循環型人材育成システムのねらい

実践知と学術知を往還して学びと社会をつなぎ、さらに学習成果のエビデンスに基づく教育変革を先導する教育イノベーター。これが、東北大学が主導する「創造と変革を先導する産学循環型人材育成システム」が期待する実務家教員の役割である。

本事業の責任者で東北大学高度教養教育・学生支援機構大学教育支援センター長の大森不二雄教授は、実務家教員に対して、最新のエビデンスに基づく「学習科学の成果を踏まえて、どういう授業が望ましいのかということを、先入観なく受け止めて、自分なりの教育者としての

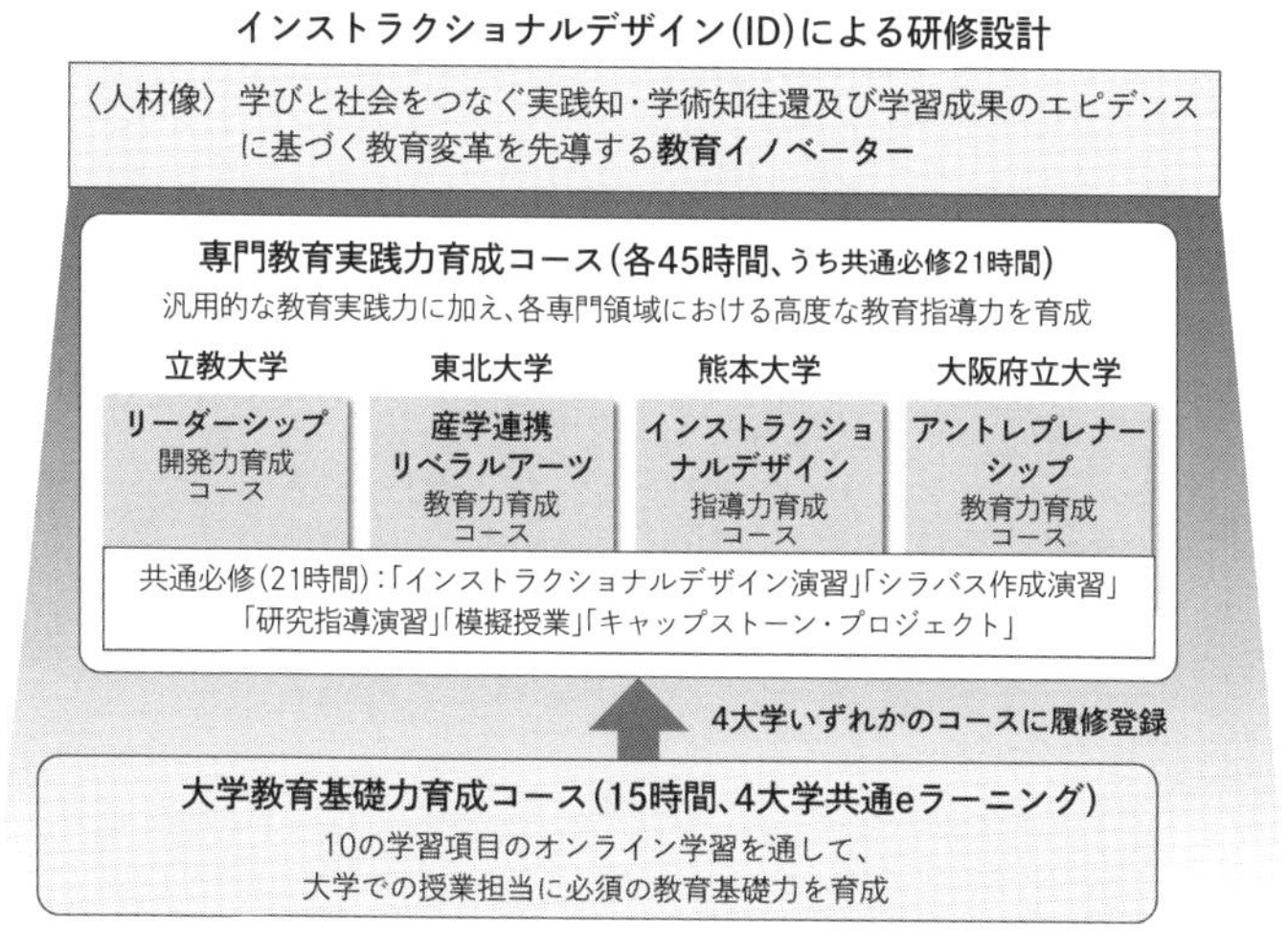

インストラクショナルデザイン(ID)による研修設計

〈人材像〉 学びと社会をつなぐ実践知・学術知往還及び学習成果のエビデンスに基づく教育変革を先導する**教育イノベーター**

専門教育実践力育成コース(各45時間、うち共通必修21時間)
汎用的な教育実践力に加え、各専門領域における高度な教育指導力を育成

立教大学：**リーダーシップ**開発力育成コース
東北大学：**産学連携リベラルアーツ**教育力育成コース
熊本大学：**インストラクショナルデザイン**指導力育成コース
大阪府立大学：**アントレプレナーシップ**教育力育成コース

共通必修(21時間)：「インストラクショナルデザイン演習」「シラバス作成演習」「研究指導演習」「模擬授業」「キャップストーン・プロジェクト」

4大学いずれかのコースに履修登録

大学教育基礎力育成コース(15時間、4大学共通eラーニング)
10の学習項目のオンライン学習を通して、大学での授業担当に必須の教育基礎力を育成

図表11-2　産学連携教育イノベーター育成プログラムのコース編成（出典：東北大学提供）

授業法なり学生に対する学習支援なりを更地から考えてほしい」という。すなわち、創造と変革を先導する産学循環型人材育成システムにおいて、実務家教員は、教育の専門家として、学生の大学での学習の動機づけを高めていくことが期待されている。そのために、自身の職業上の専門性に加えて「教育者として有益で汎用的な専門性を新たに獲得してほしい」（大森教授）というのが、本事業で提供される「産学連携教育イノベーター育成プログラム」のねらいである（図表11－2）。

産学連携教育イノベーター育成プログラム

産学連携教育イノベーター育成プログラムは、東北大学・熊本大学・大阪府立大学・立教大学の4大学が、各校の強みを生かして、

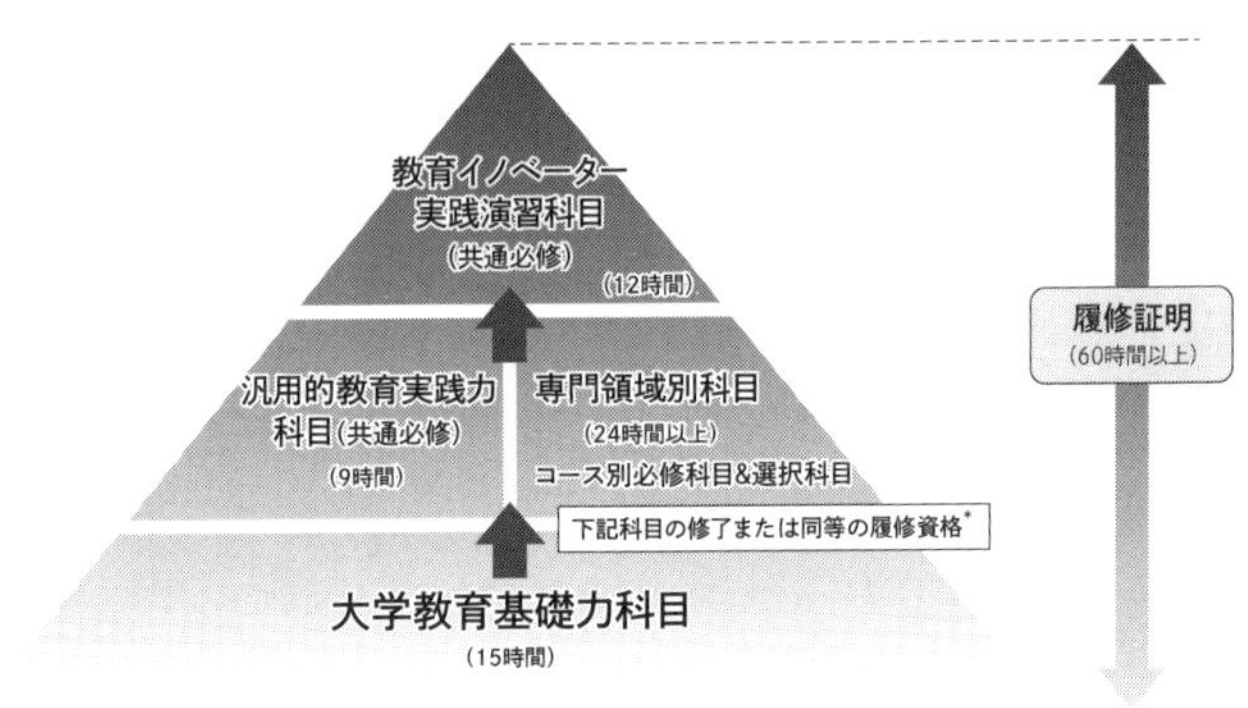

＊個別の資格審査により大学教育基礎力科目の修了者と同等の知識・技術等を有すると認めるものとする。ただし、該当者に履修証明書を交付するには、他科目の総時間数を60時間に増やす必要がある。

図表11-3　産学連携教育イノベーター育成プログラムの科目構成と履修構造
（出典：東北大学提供）

多くの業種・職種で汎用的に必要とされる資質・スキルを提供するプログラムである。「大学教育基礎力科目」「汎用的教育実践力科目」「専門領域別科目」「教育イノベーター実践演習科目」からなる、総学修時間60時間以上の履修証明プログラムとして開講される（図表11－3）。

「大学教育基礎力科目」は、大学での授業を担当するために必須の教育力を育成する科目で、大学教育制度論、教材設計論、学習評価論、実務家教員論など、10の学習項目をeラーニングで15時間にわたり学ぶ。

「大学教育基礎力科目」に続いて履修する「汎用的教育実践力科目」では、インストラクショナルデザイン（＊2）、シラバス作成、研究指導についての実践的な演習に取り組む（計9時間）。「専門領域別科目」は、各大学の強みや専門性を生かして提供される科目（24時間以上）で、コースごとに内容が異なる。本プログラムで提供されるのは、東北大学が提供する「産学連携リベラルアーツ教育力育成コース」、熊本大学が提供する「インストラクショナルデザイン指導力育成コース」、大阪府立大学が提供する「アントレプレナーシップ教育力育成コース」、立教大学が提供する「リーダーシップ開発力育成コース」の4コースである。

プログラムの仕上げとなるのが「教育イノベーター実践演習科目」（12時間）であり、「教育イノベーター」としての取り組み案を発表・討論する「キャップストーン・プロジェクト（＊3）」と、模擬授業からなる。

東北大学「高度教養教育・学生支援機構大学教育支援センター」は、これまで、文部科学省認定の教育関係共同利用拠点として、大学教職員の組織的な研修などを実施し、その能力開発に取り組んできた実績を持つ。産学連携リベラルアーツ教育力育成コースもまた、東北大学高度教養教育・学生支援機構大学教育支援センターが有する大学教員の能力開発のノウハウをベースに、大学における教育で求められる専門的な能力を育成することを目指している。また、熊本大学「教授システム学研究センター」は、教育の効果・効率・魅力を高めるインストラクショナルデザインに基づいて、日本初のeラーニング専門家養成大学院「教授システム学専攻」を設置・運営してきた実績を持つ。インストラクショナルデザイン指導力育成コースは、熊本大学教授システム学研究センターが有するオンラインでの実務家教育についての高度な専門性に基づいて、学習成果のエビデンスに基づく効果的な教育実践を普及する実務家教員の育成に取り組む。

大阪府立大学のアントレプレナーシップ教育力育成コースは、「イノベーション教育研究所」と「高度人材育成センター」が連携して提供してきた大学院共通教育科目「イノベーション創出型研究者養成カリキュラム」において、毎年約５００人の受講者を輩出してきた実績を生かして提供される。さらに、立教大学のリーダーシップ開発力育成コースは、経営学部の「ビジネス・リーダーシップ・プログラム」での知見を生かし、実務家教員に対し、チームでのプロジェクトの実行などを通してビジネス・リーダーシップを体験的・段階的に身に付けさせるリーダーシップ教育を展開していく能力を育成する。

大学教育基礎力科目と東北大学の提供する産学連携リベラルアーツ教育力育成コースについては、拠点校や連携校の教員に限らず、経験豊富な大学教育関連分野の専門家を広く担当教員として配置している点にも特徴がある。

産学連携教育イノベーター育成プログラムの特徴

産学連携教育イノベーター育成プログラムの特徴は、ｅラーニングを活用することで、受講者の自学自習を組み込んだプログラムを構成している点にある。そこでは、熊本大学大学院社会文化科学教育部教授システム学専攻によるｅラーニングを通じたｅラーニング専門家養成の取り組みにおける知見が生かされている。

具体的には、各学習項目は、事後学習としての小レポートの作成と事前学習としての参考文献の講読という、受講者の自学自習を基本として構成されており、最大30分の動画コンテンツは、受講者の自学自習の理解を促すためのポイント解説に絞られている。「それまでその領域のことを知らない人が読んでも、多分こういうことは分からないのではないかという部分（中略）あるいは本質的に重要なことは何か（中略）を強調する形で」（大森教授）動画の講義は実施される。

これに加えて、インストラクショナルデザインの理論に基づく具体的な授業設計や、シラバス作成、研究指導といった、ｅラーニングではできない実践的な演習を集合研修で行う。特に東北大学が実施する「産学連携リベラルアーツ教育力育成コース」には、一般学生を対象とした模擬授業を実施する機会が設けられる予定である。

産学連携教育イノベーター育成プログラムの計画

産学連携教育イノベーター育成プログラムは、２０２０年度に開始される。２０２０年度は、東北大学の産学連携リベラルアーツ教育力育成コースと熊本大学のインストラクショナルデザイン指導力育成コースが開設される。７月にかけて受講者募集がなされ、８月の選考を受け

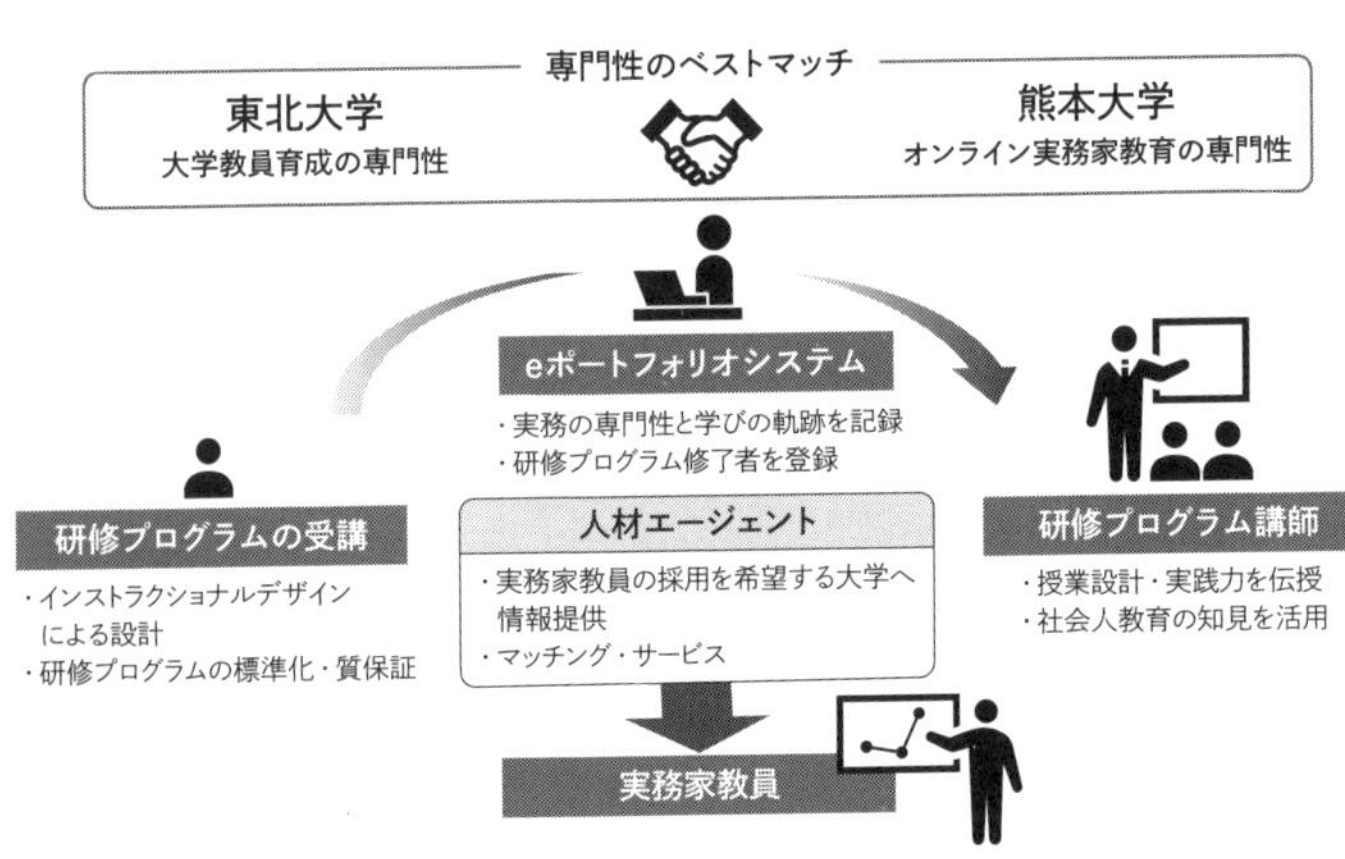

図表11-4　実務家教員育成・活用ナショナルシステム（出典：東北大学提供）

て、9月から11月にかけてオンラインの大学教育基礎力科目を開講、さらに12月から2月までの期間でその他の科目を開講するスケジュールとなっている。2021年度には、大阪府立大学のアントレプレナーシップ教育力育成コースと立教大学のリーダーシップ開発力育成コースも開設される予定である。

実務家教員育成・活用ナショナルシステム

東北大学および熊本大学は、文部科学省「持続的な産学共同人材育成システム構築事業」に採択された各取り組みのとりまとめを行う運営拠点校としての役割も担っている。その名称は「実務家教員育成・活用ナショナルシステム」であり、①各拠点の取り組みが閲覧可能なポータルサイトの運営、②各拠点の実務家教員育成プログラムの修了者を対象としたeポートフォリオやデータベースの作成と、それに基づく大学とのマッチング・サービスの運営、③研修プログラムの質保証と標準化の取り組み、④研修プログラム講師の養成を行う予定である（図表11－4）。

特に、実務家教員のキャリア開発やプロフェッショナル・コミュニティの形成についての検討を進めており、「産学越境キャリア開発科目（仮称）」の開発や、オンラインのデータベース構築とオフラインでのキャリア支援を組み合わせることで、効果的な支援を行っていくことを、転職サイトエージェント事業者や研究者のキャリア形成を支援する企業と連携して取り組んでいる。

ＰＢＬと多職種連携を活用した進化型実務家教員養成プログラム構築事業

プログラム名称	進化型実務家教員養成プログラム
取組名称	ＰＢＬと多職種連携を活用した進化型実務家教員養成プログラム構築事業
拠点校	名古屋市立大学
連携校	岐阜薬科大学・高知県立大学・中京大学

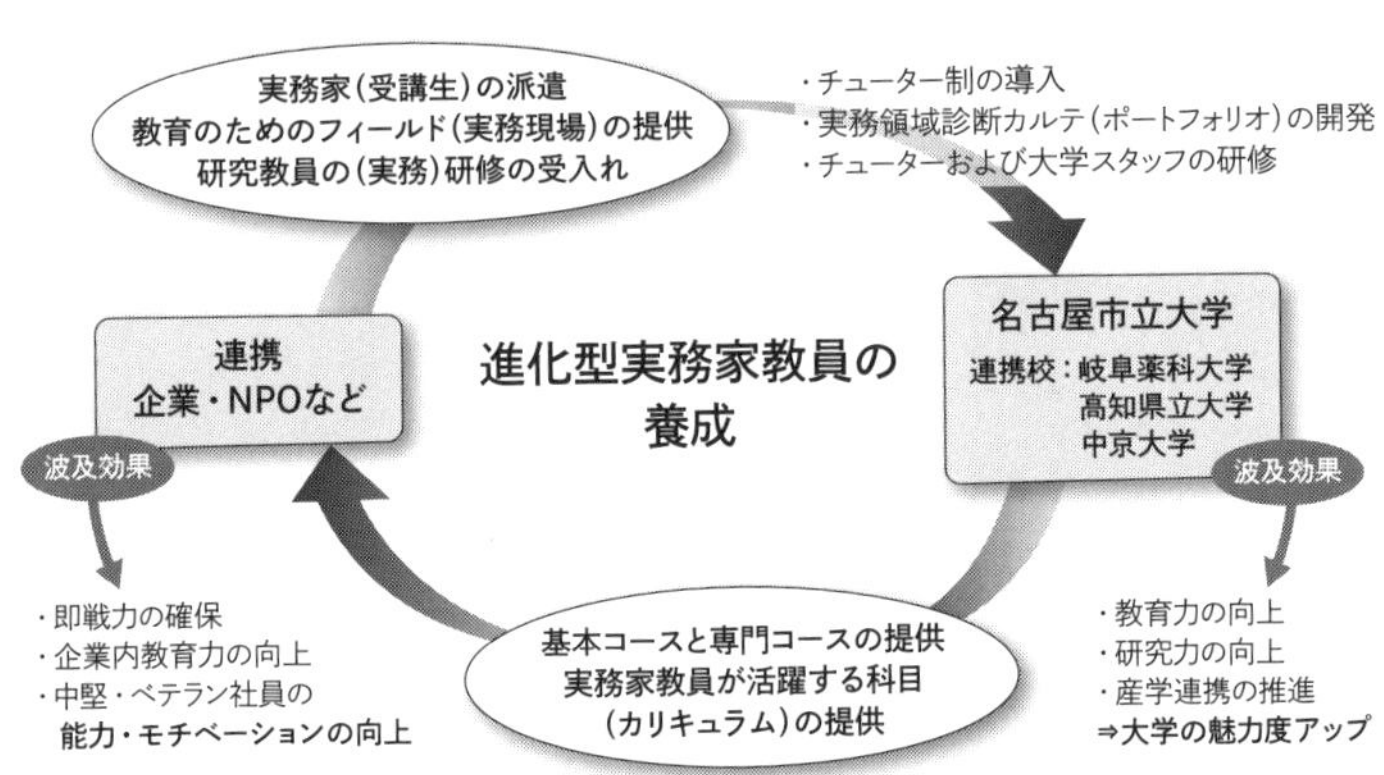

図表11-5　PBLと多職種連携を活用した進化型実務家教員養成プログラム構築事業概要図（出典：名古屋市立大学提供）

ＰＢＬと多職種連携を活用した進化型実務家教員養成プログラム構築事業のねらい

実務家教員のベースとなる実務経験をどのように評価するのか。

名古屋市立大学の主導する「ＰＢＬ（＊４）と多職種連携（＊５）を活用した進化型実務家教員養成プログラム構築事業」が重視するのは、実務家教員がこれまでに経験してきた内容を深く評価することである（図表11－５）。

なぜ、実務経験の評価を課題に掲げるのか。本事業を担当する鵜飼宏成教授は、実務家教員の実務経験の評価の方法を重視する要因を二つ指摘する。

第一は、これまでの実務家教員の採用に際して、大学が実務家の経験の内容を深く評価してこなかった点である。採用にあたっては、履歴書に記される保有する学位や科目・成績といった学歴

	実務領域診断カルテ項目	ポイント
1	実務家の実務領域の診断	知的熟練の幅と深さ（仕事表等を応用）
2	専門学術分野マップ	専門領域・学際領域マップと強み・弱み
3	多職種連携領域と能力	リーダーシップ、チーミング等
4	不足・克服領域の能力開発計画（道程）	能力開発領域・カリキュラムマップ
5	教育基礎知識の評価と講評	教育基礎力の評価
6	教育実習・PBL演習評価と講評	経験学習指導力の評価

図表11-6　実務領域診断カルテのポイント（出典：名古屋市立大学提供）

や職務経歴書に記される職歴が評価されることになるが、それが当の実務家教員の能力を反映できているかどうかは、「本人が十分に言語化できないことも多く」、実のところ不確実であるという。そのため、採用する大学の側にとっては、実務家の経験を過小評価してしまう可能性が残る。第二は、実務家教員は万能であるわけではなく、「苦手な領域もあるし、全くできない領域もあるし、ひょっとしたらここは他の人より優れてるっていう領域がある」。そうした経験や能力の偏在性を把握する必要があると、鵜飼教授はいう。

そこで本事業では、実務家教員を養成するプログラムに付随して、実務能力を診断して経験をインデックス化する「実務領域診断カルテ」の開発に力を入れている。カルテは、①知的熟練の幅と深さに関する実務領域の診断、②専門学術分野についての強みと弱みを示すマップ、③リーダーシップやチームビルディング能力などを示す多職種連携領域と能力、④不足・克服領域の能力開発計画、⑤教育基礎知識の評価と講評、⑥教育実習・ＰＢＬ演習評価と講評という6項目から構成され、進化型実務家教員養成プログラムの基礎資料としても修了生のアピール資料としても活用される予定である

（図表11－6）。このカルテは、実務家としての経験や能力を100％言語化することまでは至らないかもしれないが、その経験にインデックスをつけることで、「別の言い方で表現をお助けする」（鵜飼教授）ための提案であるという。

「進化型」実務家教員による「多職種連携」とPBL

本事業において提供される「進化型実務家教員養成プログラム」（英語名称：Training for Evolutionary Evangelist Program、略称：TEEP）において、PBLと多職種連携を重視するのも、実務家教員の実務の能力を生かすためである。一つの学術領域だけでは解決できない学際的な新領域の課題解決を、「進化型」の実務家教員に期待される役割と位置づける本事業では、多様な職種の人々が知恵を出し合って問題の分析・解決策の実行に移せるような授業を設計する能力の開発を重視している。

本事業で育成する実務家教員を「進化型」と呼ぶのは、一つに、学際的な新領域の課題解決を担う人材たることを期待するからであり、いまひとつに、知識の伝達者であるよりもむしろ、ステークホルダーや専門家と協働して課題に取り組む立ち位置を取ることを期待するためである。

新領域の課題解決とか新学術領域っていうのは、一つの学問領域とかだけでは解決できないだろうと思っているので、おのずと多職種で仕事をして、多職種の知恵で問題を分析して、解決策を立案して実行に移していくっていうことで社会の新しい領域が開拓されていくだろうと思っているし、課題が解決されていくだろうと考えています。そこの部分を担える能力開発の場っていうのは、多職種連携PBL演習なんだろうと思って計画をつくりました。将来、そういう演習系のプログラムを実務家教員の人たちは採用された大学でやっていけば（中略）その解決策の担い手になっていくだろうという意味で、あえて多職種連携PBL演習っていうのを一つの授業科目として大切にしたいというふうに考えました。（鵜飼教授）

ここでいう多職種連携は、広く「自分の専門と異なる人と協業していく」ことを指す。もともとこの用語が使われてきた医療や心理・福祉の領域に当てはまる「減災・医療コース」や「心理カウンセリングコース」に限らず、「経営実務コース」や「スポーツ実務コース」など、プログラムで設けられる全てのコースで多職種連携はキーワードになっている。例えば、経営実務コースで探究される可能性のあるテーマの一つであるエネルギー循環型社会について考えてみても、まちづくりの専門家のみならず、再生可能エネルギーの専門家、各種の発電装置の設置対象となる農地や宅地の所有者、公共施設を管理する自治体など、「おのずと自分と専門の異なる人々と一緒になって協業していくことが、ふつうの姿」となる。本事業では、そうし

多職種連携PBLの試行プログラムの様子。社会課題の克服を目指しバックグラウンドの異なる学生チームで行った３日間のPBL成果報告会。６分野の多様な職種の専門家がそれぞれの視点から学生たちの計画を指南し、成果を出すための光明を探る
（出典：名古屋市立大学提供）

た協業のありかたを多職種連携と呼んでいる。

さらに、多職種連携ＰＢＬ演習の場では、「多職種連携」は二つの側面で実践的な意味を持つ。一つは、演習に参加する学生の専門領域やバックグラウンドが多様であることだ。そしてまた、演習で取り上げる事業の実現にあたっては、多様な社会のステークホルダーと結びつきを持つ必要があることも、多職種連携の指すところとなる。このような演習の場において、実務家教員に求められるのは、学生の考えるプランのクオリティを高め、実践活動の成果を上げるために、前もってこと細かに教えるのではなく、学生の探究に向けた適切なヒントになる情報とその提供の方法を考え、実行することである。そのためには、演習の進行の適切なプロセス・デザインを行い、加えて効果的な情報提供するに足る多様な背景知識や情報を有することが求められる。これらの能力を生かすワークシートやワークショップ、ファシリテーションの手法を用いて、実務家教員は演習を推進してい

く。

このように、多職種連携PBL演習は、Ｓｏｃｉｅｔｙ５・０の実態を把握するための知識や、それに基づいて今後の社会変化のありようを構想するソーシャルデザイン力などの思考力、多職種連携を推進するプランニング能力を養成する。加えて、学習者の社会人基礎力および学習力の診断カウンセリング能力の養成も同時に行われる予定である。具体的には、演習で共通して用意されるルーブリック（＊6）をもとに学生が学習成果についての自己診断を行い、そこに実務家教員が相談に乗るという形式を取る。

このように、名古屋市立大学の主導する「ＰＢＬと多職種連携を活用した進化型実務家教員養成プログラム構築事業」の特徴は、実務家教員の実務の領域における専門性を伸ばすことと、大学での教育についての方法論を身に付けることを結びつけて捉えている点にある。

進化型実務家教員養成プログラムのコース編成

「進化型実務家教員養成プログラム」の具体的な構成は、多職種連携ＰＢＬ演習を含む実務家教員による教育手法を学ぶための「基本コース」と、実務領域の専門性を伸ばしていくための「専門コース」の二階建となっている。

基本コースは、「大学教員基礎力養成項目」「ソーシャル・デザイン能力養成項目」「多職種連携・PBL能力養成項目」の三つの大項目からなり、学習時間は63時間＋αである。大学教員基礎力養成項目では、eラーニングを含む講義形式で「大学教育と進化型実務家教員」「教育・研究倫理」「研究方法概論」が設けられ、これに、実習を含む「研究指導論」、それに実際の大学の授業をゲストスピーカーとして担当する「大学教育実践演習」（事前・事後指導付）が加わる。ソーシャル・デザイン能力養成項目は、SDGs（Sustainable Development Goals＝持続可能な開発目標）やESD（Education for Sustainable Development＝持続可能な開発のための教育）に関する基礎知識や、データサイエンスの活用にかかわる基礎的で概観的な知識など、ソーシャル・デザインを行うための前提となる知識の習得をねらいとするものである。さらに、多職種連携・PBL能力養成項目は、前述のように、本事業における中心的な科目であり、指導教員の指導のもと、PBLの企画および実施を行うものである。

専門コースは、実務領域の専門性を伸ばしたり、欠けているところを補ったりすることを主眼に設定されている。「経営実務コース」「減災・医療コース」「心理カウンセリグコース」「スポーツ実務コース」の4コースがあり、前二者を名古屋市立大学が、後二者を中京大学が中心となって開設する。具体的には、基本コース履修後に、各校で開設されている授業科目のうち指定された科目を、科目等履修生として4科目（計8単位相当）以上履修する方法をとる。

基本コースは4月から9月（前期）、専門コースは10月から3月（後期）に実施されるが、専門コースが実務領域の専門性を伸ばしたり補完したりするという性格を持つことから、これに当てはまらない受講者の場合、基本コースのみの受講も認められる。具体的に想定されるのは、ビジネススクールなどの社会人大学院で学んできた実務家教員の希望者などが、基本コースのみを受講することである。

「進化型実務家教員養成プログラム」は、２０２０年度から試行される。4月に基本コースが開講され、４月から6月が「大学教員基礎力養成項目」と「ソーシャル・デザイン能力養成項目」の実施期間、７月から9月が「多職種連携・ＰＢＬ能力養成項目」の実施期間である。そして、専門コースは、後期にあたる10月から3月が実施期間となる。

なお、本事業では、基本コース修了者を対象としたワークショップを年に1回、夏休み期間（8月から10月）の休日に実施し、最新の大学教育の動向や、ＰＢＬなどの教育実践などをテーマに取り上げる予定である。修了者がその能力を維持・向上させ、最先端の教育や実務の動向について情報交換を行うコミュニティを形成していくことが期待されている。

ＫＯＳＥＮ型産学共同インフラメンテナンス人材育成システムの構築

プログラム名称	実務家教員育成研修プログラム
取組名称	ＫＯＳＥＮ型産学共同インフラメンテナンス人材育成システムの構築
拠点校	舞鶴工業高等専門学校
連携校	福島工業高等専門学校、長岡工業高等専門学校、福井工業高等専門学校、香川高等専門学校、放送大学学園

舞鶴工業高等専門学校社会基盤メンテナンス教育センター「e＋iMec講習会」

地元のインフラは、地元で守る。

舞鶴工業高等専門学校（舞鶴高専）社会基盤メンテナンス教育センター（iＭｅｃ）は、橋梁点検をはじめとする社会基盤（インフラ）の高齢化・老朽化に対応できる技術者を確保するため、メンテナンスに関する実践的な知識と技能の修得を目指すリカレント教育プログラム

「e＋iMec講習会」を開発し、京都府北部の周辺自治体や民間企業、全国の高等専門学校（高専）と連携して、地域に根ざしたインフラメンテナンス分野の技術者の育成に取り組んできた。

舞鶴高専がこうした取り組みを進めてきたのは、インフラメンテナンス分野の担い手の確保と技術力の維持・向上が、今後の経済・社会動向における重要な課題だと認識しているためである。橋梁は日本全国に約72万橋あるが、10年後にはこのうちの半数以上が架設後50年を経過し、今後、維持管理や修繕などの需要の増加が見込まれている。他方で、全体の橋梁の7割以上を管理する自治体（市町村）では、橋梁保全業務に携わる土木技術者が不在のケースがあり、さらに、実際の業務を手がける地元企業の実務者にインフラメンテナンス分野での経験が乏しいことが課題となっており、需要の増加に対応する技術者の育成が喫緊の課題となっている。そのため舞鶴高専は、特に自治体と地元企業の建設技術者を主たるターゲットとして、橋梁メンテナンス技術者を育成するシステムの構築に取り組んできた。

社会基盤メンテナンス教育センターの施設・教材

e+iMec講習会の様子

（出典：舞鶴工業高等専門学校社会基盤メンテナンス教育センター提供）

講座名	到達目標
教育・研究者の教養講座	高等教育の現状と課題を正確に認識する。 教育・研究者としての資質と能力を養う。
知識と実務経験の棚卸講座	実務家として修得した知識と実務経験の体系化・構造化する。
学修設計能力養成講座	リカレント教育プログラムの学修設計に必要な知識とスキル（シラバス作成能力、教材作成能力）を修得する。
学修指導能力養成講座	リカレント教育プログラムの学修指導に必要な知識とスキル（ファシリテーション能力、講義能力、体験型学修指導能力）を修得する。
学修評価能力養成講座	リカレント教育プログラムの学修評価に必要な知識とスキルを修得する。
教育補助実習	iMec講習会全体の流れと講義や体験型学修の組立て方を理解する。
実証講座教育実習	講師としてiMec講習会を指導し、学修到達度を評価するために必要な知識とスキルを修得する。
講座数：7講座	学修時間合計：90時間（e-learning：13時間、講習会：77時間）

図表11-7　KOSEN型産学共同インフラメンテナンス人材育成システムの構築事業概要図（出典：舞鶴工業高等専門学校社会基盤メンテナンス教育センター提供）

e+iMec講習会は、具体的には、eラーニングと講習会の組み合わせで行われるプログラムで、橋梁点検の導入編・基礎編・応用編やコンクリートの品質管理などの講習会を開催し、これまでに延べ約1000名の受講者を輩出してきた。京都府北部やその周辺のみならず、東京や、遠くは岩手からの受講者もいる。全ての講習会を（一社）全国土木施工管理技士会連合会の継続学習制度（CPDS）（＊7）の認定対象講習会とし、さらに、橋梁点検の講習会については、国土交通省の「公共工事に関する調査及び設計などの品質確保に資する技術者資格」に登録された「橋梁点検技術者」の認定講習会とするなどの取り組みもなされていることから、民間企業の技術者の受講者が増加傾向にあり、現在の受講者の構成は、自治体技術職員が3割、民間企業技術者が6割、学生が1割である。

e＋iMec講習会の特徴は主として、①舞鶴高専が収集している実物劣化部材を教材としていること、②事前に知識を修得するeラーニングと橋梁メンテナンスに関する技能の修得を図る講習会の組み合わせで実施されること、③学修効果を高めるため、各回の定員を10名以内として講習会を少人数制で実施していることの三つである。あくまで「勉強するための講習会」であり、「人の影に隠れ」ずに意見を言えるような環境をつくり出すことで、「正確に劣化の状態を把握し、健全性や措置の必要性を判断でき」る能力の養成を目指している（玉田和也教授）。

また、事業運営・実施にあたり、地域の官民との間で地域連携に取り組んでいることもiMecの強みである。具体的には、京都府北部の広域振興局や自治体、業界団体と舞鶴高専からなる「京都府北部社会基盤メンテナンス推進協議会」を組織し、実態の共有とニーズの把握、講習会の案内や受講者の派遣、実物劣化部材の提供での協力関係を築いている。

舞鶴高専は、このような特徴を持つインフラメンテナンス人材育成システムを、高専のネットワークを生かして全国に展開していくことを目指している。しかしながら、それにあたっては、プログラムを担当する講師を複数育成していくことが欠かせない。そのため舞鶴高専は、橋梁メンテナンス技術者の育成プログラムの講師の養成に特化した実務家教員育成研修プログラムに取り組むことを掲げている（図表11－7）。

ＫＯＳＥＮ型産学共同インフラメンテナンス人材育成システムの構築

「ＫＯＳＥＮ型産学共同インフラメンテナンス人材育成システムの構築」の事業責任者で社会基盤メンテナンス教育センター長の玉田和也教授は、この領域でのリカレント教育について、「地方にとってはその橋が落ちたらその先にいけなくなる」という「声は上がっていていてニーズはある」という。しかしながら、そのリカレント教育を「教える先生としてなかなかいい人がいない」ことが課題である。ではなぜ「教える先生」がいないのか。それは、学術の領域においては、「古くなったコンクリート橋をどう治しましょうとかは、あんまり論文にならない」ず、また、ＮＥＸＣＯや国土交通省の管理する橋梁の点検をしている非常にレベルの高い技術者が所属する（一社）建設コンサルタンツ協会会員企業では、社内研修を通じた人材育成システムが既に成り立っていて、ベテラン技術者に外部で講師を担当させるインセンティブがないのである。

それでも、本事業のとりまとめを担当する嶋田知子特命准教授は、「業界として技術者の底上げというのは非常に大きなテーマ。それは理解いただいているので、大枠として業界が取り組まないといけない課題には、やはり高い技術を持っている我々が一肌脱がなきゃいけないんじゃないかという、高尚なところで動いてもら」うことを期待している。実際、本事業で産学共同教育の場として構築したＲＥＩＭ（＊8）産学連携コンソーシアムには、産業界から（一社）近畿建設協会、西日本高速道路株式会社、（一社）建設コンサルタンツ協会関西支部が参画している。

現在でも橋梁点検の基礎編以外のｅ＋ｉＭｅｃ講習会は、そのほとんどを実務家教員が担当している。彼らに自分たちが持つ会社の「ノウハウを同業他社にさらけ出」（玉田教授）していただくことで、回を重ねるごとに「プログラムがブラッシュアップされて」いっており、彼ら「個人としては満足しておられる」（嶋田特命准教授）という。ベテラン技術者に対して「教える技術」を体系的に伝え、実務家教員としての知識や技能を身に付けられるようにすることが、本事業の「実務家教員育成研修プログラム」の主たるねらいである。

実務家教員育成研修プログラム

舞鶴高専が実務家教員育成研修プログラムの対象とするのは、あらかじめ橋梁メンテナンスに関する高度な実務能力を有する者であり、「技術的には完成している人」（玉田教授）である。そうした技術者に対して、玉田教授は、「橋のことをよく知らない人にも教えていかなきゃいけない」という状況で、「レベルを下げて分かりやすく受講者に説明をするとか、その人らにとっては常識だと思っていることを実は知らないということは結構あるから、そこに気づいてもら」えるような実務家教員になってほしいという。「ＫＯＳＥＮ型」のインフラメンテナンス人材育成システムの持ち味は、現場で実際に実務を行う受講者側の知識・理解・立場に即した教育を行い、現場で確実に実践できる人材の育成である。そのためには、技術レベルは高いが、「教えることに関しては素人」であるベテラン技術者に対して、「教える技術」を伝えることが必要になる。玉田教授はその要点について、次のように述べている。

どう教えていくかとか、受講者の立場に立って、何が分からないかとか、考えながら教えないといけない。こっちの伝えたいことだけ言っても多分違うじゃないですか。伝えたいことを言っても向こうの知りたいことが違うと。そこも本当は分かっていないと教えられない。（玉田教授）

「実務家教員育成研修プログラム」は、具体的には、「ベテラン技術者に教育実習も含む研修を受けてもらって、実務家教員をやってもらおうという一般的なコンセプト」（嶋田特命准教授）のもと、「教育・研修者の教養講座」「知識と実務経験の棚卸講座」「学修設計能力養成講座」「学修指導能力養成講座」「学修評価能力養成講座」「ｉＭｅｃ講習会教育補助実習」「実証講座教育実習」の7講座で構成される、約6カ月、90時間のプログラムである（図表11－8）。プログラムを通じて、高等教育の現状と課題を把握した上で、自らふりかえって可視化した自身の経験技術を人に伝える方法を修得することがねらいとされている。

各講座には、「教育・研修者の教養講座」を除いて、1回あたり1日から3日間の講習会が

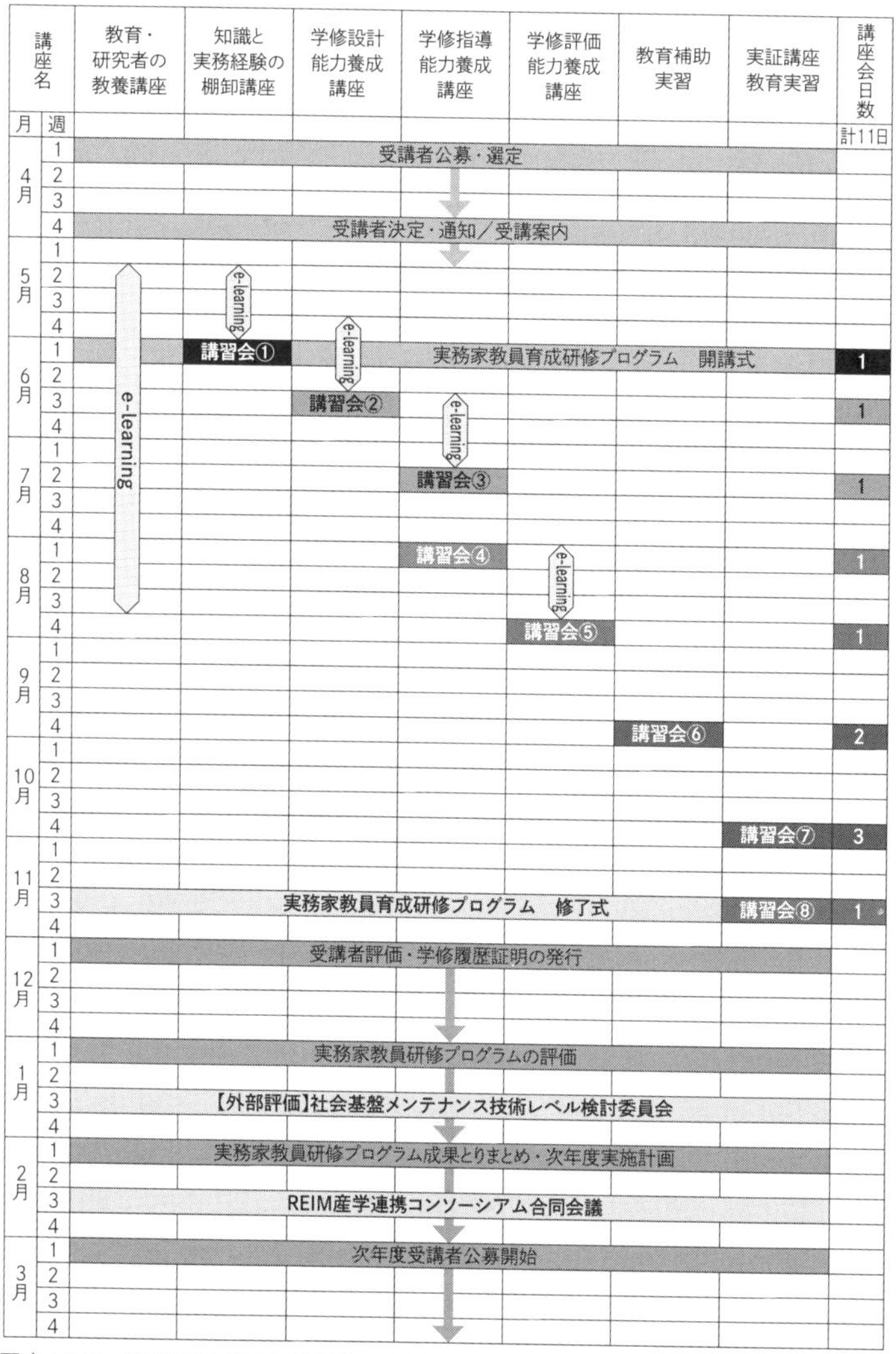

月	週	教育・研究者の教養講座	知識と実務経験の棚卸講座	学修設計能力養成講座	学修指導能力養成講座	学修評価能力養成講座	教育補助実習	実証講座教育実習	講座会日数
									計11日
4月	1	受講者公募・選定							
	2								
	3								
	4	受講者決定・通知／受講案内							
5月	1								
	2	e-learning	e-learning						
	3	e-learning	e-learning						
	4	e-learning	e-learning						
6月	1	実務家教員育成研修プログラム　開講式	講習会①	e-learning					1
	2	e-learning		e-learning					
	3	e-learning		講習会②					1
	4	e-learning			e-learning				
7月	1	e-learning			e-learning				
	2	e-learning			講習会③				1
	3	e-learning							
	4	e-learning							
8月	1	e-learning			講習会④	e-learning			1
	2	e-learning				e-learning			
	3	e-learning				e-learning			
	4					講習会⑤			1
9月	1								
	2								
	3								
	4						講習会⑥		2
10月	1								
	2								
	3								
	4							講習会⑦	3
11月	1								
	2								
	3	実務家教員育成研修プログラム　修了式						講習会⑧	1
	4								
12月	1	受講者評価・学修履歴証明の発行							
	2								
	3								
	4								
1月	1	実務家教員研修プログラムの評価							
	2								
	3	【外部評価】社会基盤メンテナンス技術レベル検討委員会							
	4								
2月	1	実務家教員研修プログラム成果とりまとめ・次年度実施計画							
	2								
	3	REIM産学連携コンソーシアム合同会議							
	4								
3月	1	次年度受講者公募開始							
	2								
	3								
	4								

図表11-8　研修プログラムの年間スケジュール

（出典：舞鶴工業高等専門学校社会基盤メンテナンス教育センター提供）

設けられており、全体として、講習会が月1回ペースで開催されるようスケジュールが組まれている。講座にeラーニングの学修内容が含まれている場合には、各講座の講習会開催前3週間が集中学修期間とされている。

プログラムは2021年度から年1回開催し、10人程度の少人数制で実施する予定である。講習会は、舞鶴高専が保有する実物劣化教材を使用する「教育補助実習」「実証講座教育実習」を舞鶴高専で実施するが、他の講習会については、受講者の負担を軽減するため、大阪などにサテライト会場を設けて実施することを見込んでいる。

修了者には、各地の高専で実施する橋梁メンテナンスに関するリカレント教育プログラムを担当する実務家教員として活躍することが期待されている。また、舞鶴高専は、橋梁メンテナンスに関するリカレント教育プログラム全体を、実務家教員育成研修プログラムを含めて、パッケージとして他の高専に提供することを計画している。

都市だけじゃなくて、高い技術を持った人が地方で活躍できるというふうになってくると地方の技術力アップになる。各地方に人材を最適配置するということが、それがイコール地方創生だと私は思っているんですが、実務家教員を育成するプログラムを完成させておくということが、将来的には人材の最適配置の種にはなるかなと思っています。（嶋田特命准教授）

まとめにかえて

以上のように、文部科学省「持続的な産学共同人材育成システム構築事業」に採択された4大学は、各大学の特徴を活かした実務家教員養成のプログラムを提供していく。取り組みごとに養成する実務家教員像の力点は異なるが、そのことによって、幅広く多様な実務家教員の養成が行われることが期待される。

まとめておくならば、最初に取り上げた社会情報大学院大学の「実務家教員COEプロジェクト」は、実務家教員が実務能力・教育指導力・研究能力を兼ね備えて高い競争力を保ち続けるためのトータル・サポートができるような各種の制度構築を行っている。これに対して、東北大学の「創造と変革を先導する産学循環型人材育成システム」は、実務家教員が高等教育機関の教育変革のエージェントとなることを期待し、教育者として有益な学習科学などの汎用的な専門性の獲得を促すプログラムを計画している。また、名古屋市立大学の「PBLと他職種連携を活用した進化型実務家教員養成プログラム構築事業」は、実務家教員が実務の領域で有する経験や能力を生かしていくことを念頭に置き、経験や能力の診断と、多職種連携・PBL型の授業を展開する能力を身に付けることに力点を置くことに特徴がある。そして、舞鶴工業高等専門学校の「KOSEN型産学共同インフラメンテナンス人材育成システムの構築」は、実務家教員の活躍の場を橋梁のメンテナンス人材を育成する講習会の担当講師と明確に定め、橋梁に関するメンテナンス人材育成システムを全国的に普及することをねらいとしている。

どの取り組みにも共通するのは、いかにして実務家教員が自身の経験を言語化・体系化して、実務領域における課題解決と学術領域における理論を結びつけ、学生の関心を引きつけながら伝達できるのかが、実務家教員を目指す実務家が据えるべき中心的な課題だということである。各プログラムの履修を通じてこの課題に取り組むことでそれぞれの「実践の理論」を生成し、それをもとに授業実践を展開していくことが、実務家教員の強みになるだろう。

＊1 文部科学省高等教育局専門教育課、２０１９、「２０１９年度 大学教育再生戦略推進費 Ｓｏｃｉｅｔｙ５・０に対応した高度技術人材育成事業 持続的な産学共同人材育成システム構築事業 ―― リカレント教育等の実践的教育の推進のための実務家教員育成・活用システムの全国展開 公募要領」。

＊2 インストラクショナルデザインとは、「教育活動の効果と効率と魅力を高めるための手法を集大成したモデルや研究分野、またはそれらを応用して学習支援環境を実現するプロセス」を指す（鈴木克明、２００６、「e-learning実践のためのインストラクショナル・デザイン」『日本教育工学会論文誌』29巻3号、１９７－２０５頁）。

＊3 キャップストーン・プロジェクトとは、プログラムで学んだ内容を活用し、社会の現実的な問題に適用して解決方策を探る実践的な総仕上げの項目のこと。近年イギリスやアメリカの主に大学院プログラムで実施されている（David R. Schachter and Denna Schwartz, 2009, "The Value of Capstone Projects to Participating Client Agencies," *Journal of Public Affairs Education*, 15(4): 454–

461.)

＊4　PBLとは、Project Based Learning（課題解決型学習）ないしProblem Based Learning（問題解決型学習）の略語。本事業においては、正解がないか定まらない社会問題などに主体的に向き合い、対話を通じて解決策を探求するアプローチを学修する方法を指している。

＊5　多職種連携とは、異なる専門的背景を持った専門職が集まり、共有した目標に向けて共に働くことを指す。もともとは保健医療の領域で用いられるようになった言葉だが、後述するように、本事業においては、領域を問わず広く「自分の専門と異なる人と協業していくこと」を指している。

＊6　ルーブリックとは、「具体的な学習方法を示す観点と学習目標の到達度を数レベルで示す尺度およびそれぞれの特徴を示す既述語で構成され（中略）た評価基準法」を指す（中島英博編、2008、『シリーズ 大学の教授法4 学習評価』玉川大学出版部、129頁）。

＊7　全国土木施工管理技士連合会の継続学習制度は、制度の加入者の講習会等の学習の記録を登録し、必要な場合に学習履歴の証明書を発行するシステムで、Continuing Professional Development Systemの頭文字を取ってCPDSと呼ばれている。

＊8　REIMとは、Recurrent Education of Infrastructure Maintenance＝インフラメンテナンスのリカレント教育の頭文字を取った略称。

富井 久義（とみい ひさよし）

事業構想大学院大学／社会情報大学院大学 准教授。筑波大学大学院人文社会科学研究科博士課程修了。博士（社会学）。日本学術振興会特別研究員（DC2）、茨城大学社会連携センター社会連携コーディネーターを経て、2019年4月より現職。専門学校・大学・大学院とさまざまな現場で授業を担当してきた経験や、ボランティア活動に携わってきた経験をもとに、実務家教員養成課程の授業を担当する。専門はボランティア論・市民社会論・環境社会学。

第12章 学術界と産業界を架橋する実務家教員養成のあり方

社会情報大学院大学 広報・情報研究科 助教
橋本 純次

実務家教員に必要な学び

実務家教員をめぐる状況

Society 5.0、人生100年時代といった言葉で表されるように、リカレント教育への需要が高まる中で、新たな一条校として「専門職大学」が認められるなど、高等教育のあり方も大きく変容しつつある。現行制度では、専門職大学では4割以上、専門職大学院では3割以上の実務家教員を配置することが求められている。また、専門職大学などにあっては、実務家として企業などに勤務しつつ、年間6単位以上（専門職大学院では4単位以上）の授業単位を担当し、かつ教育課程の編成その他の運営について責任を担う「みなし専任教員」としての勤務形態が認められている。さらに、一般の大学においても、実務家教員が一定数の授業科目を担当することが高等教育無償化制度の対象校となる要件として挙げられるなど、さまざまな場面で実務家教員の登用促進が図られている。

実務の場で活躍する人々が実務家教員として大学などに就職することは、実務の視点から研究への示唆を与えるとともに、学生に実社会に即した学修を促し、同時に、実務家教員自身がアカデミアで研究されている最先端の知見を取り入れることを可能にする。そして、実務家教員が大学などでの教育・研究活動を経て再び企業などに活躍の場を移す場合、そうした知見や研究・指導能力が実務の場において役立つことになる。

複雑化した現代社会の課題に立ち向かうためには、社会に偏在する知識を総動員する必要がある。本書でこれまでに述べてきたように、「実務家教員」という働き方が一般化されることは、高度な知識と教育能力を持つ人材の循環が促され、学術界と産業界双方におけるイノベーションが促進されることを意味する。

そこで実務家教員に期待されるのは、社会のあらゆる場面に遍在する「実践知（暗黙知）」を、教育可能な「形式知」に変換し、体系化する能力である。さらに、その上で高等教育の水準を担保しつつ、社会のニーズや産業界のニーズにも配慮した授業計画を策定し、実際に授業を展開できなければならない。その上で、形式化された実践知を適切な指導方法で教育・伝達する必要がある。

これらの能力を持つ実務家教員の活躍の場面は、必ずしも高等教育機関のみに限られない。私教育（民間教育事業者）、人材育成会社、組織内研修、企業内大学など、講師の質向上が求められる場面は、社会のあらゆる場面で求められる教育に及ぶ。

それでは、社会のニーズを踏まえた学びを提供する実務家教員として活躍するためには、どのような学びが必要なのだろうか。本章ではそれを、実務家教員に必須の三能力から紐解いてみたい。

実務家教員の課題

第1章で述べた通り、実務家教員には、「実務能力」「教育指導力」「研究能力」の三能力をバランス良く身に付けることが求められる。まず、前二者については、実務能力の高さと、それを適切に教授する能力の高さは必ずしも比例しないという課題がある。特に深刻な問題は、最先端で活躍する著名な実務家であればあるほど、自らの授業を「他者に評価されること」に慣れていない点にある。

こうした実務家教員の多くは、大学などでゲスト講師として授業に招聘され、それがある程度「ウケた」経験を有しており、授業運営に自信を持っている場合がある。しかしながら、

「90分間の授業を組み立てる」ことと、「90分間×15回の授業を設計する」ことは根本的に異なる。例えば、一つ一つの授業をどのようなストーリー構成でつなげるべきか、15回の授業を通じて学生にどのような能力を身に付けさせるか、そのためにどのような授業外の課題を出せばよいか、最終的な成績評価はどうすればよいか、どうすればシラバスでこれらを適切に表現できるか、といった事柄を考える必要がある。これらについては、各機関で実施するファカルティ・デベロップメント（ＦＤ）などの取り組みにより一定程度は解消されうるものの、その前に学生からの批判にさらされて自信を失う、あるいは上手くいかない原因を学生に転嫁する実務家教員も残念ながら存在している。

教員養成プログラムの活用

こうした不幸な結末を避けるためには、実務家教員になる前に、自らの授業について深く考える機会を持つことが肝要である。これは実務家教員に限った話ではなく、２０１９年8月には、博士後期課程における「プレＦＤ」の実施、または情報提供を努力義務化する形で、大学院設置基準が改正された。それまでにも多くの大学が教員養成のプログラムを開講していたが、教学マネジメントの必要性に関する認識が高まる中で、いわゆる研究者教員による教育のあり方も見直される時期がきた、というわけである。

一方で、学術的な知見を教授する研究者教員と、実践知を継承する実務家教員では、その教育指導力を提供するためのプログラムも異なって然るべきである。実務家教員に特化したプログラムとしては、2020年3月末現在、社会情報大学院大学が東京・大阪・名古屋・福岡の4都市で開講する「実務家教員養成課程（以下、養成課程）」が、国内で先駆けて開講されている。

同課程で重視されているのは、あらゆる領域の実務家教員にとって必要なスキルを提供することにある。すなわち同課程は、受講者一人一人が、自らのキャリアを省察的に見つめ直すことで、教授したい／教授できるテーマを発見し、それを既存の学術的知見を踏まえつつ体系化する方法を学び、最終的に科目シラバスと模擬授業の完成を目指す、というものである。同課程では、あらゆる場面で他の受講者や教員からの評価を受ける機会が設けられており、前述した「評価慣れ」への一定の処方箋ともなることが期待されている。

実務家教員向けの養成プログラムについては、2019年に文部科学省「持続的な産学共同人材育成システム構築事業」の公募を経て、東北大学・社会情報大学院大学・名古屋市立大学・舞鶴工業高等専門学校の4校が中心となり、今後も全国的に拡大していく見込みである（第11章参照）。まずはこうしたプログラムを活用することが、実務家教員として活躍するための近道といえよう。

実務家教員の「研究能力」

先に、実務家教員にとって必要な能力として「研究能力」を挙げた。ここでいう研究能力とは、研究倫理への理解を前提として、高等教育機関などに所属する教員として「論文を書く」能力や、学生に「研究指導をする」能力に限られない。それ以上に実務家教員に求められる研究能力は「体系化・言語化能力」である。

自身の経験を体系化ないし言語化するために、どのような手続きが必要だろうか。この点においては、「SECIモデル」のようなナレッジ・マネジメントの知見が一つの手がかりとなろうが、その前段階として何よりも重要なのは、「自らの実践知を客観視すること」である。具体的には、自身の経験を同じ領域の他者と比較するとともに、自身の実務領域に近い分野の「教科書」を精読すべきである。もちろん、教科書に沿って必要な知識を教授する授業は必ずしも実務家教員に期待されるものではないが、これは自身にとって「当たり前」となっている事柄の特殊性や重要性を認識するために必要なことである。実務家教員には、このプロセスを経て得られた漠然とした違和感、すなわち、「自身の実務経験と学術的知見の隔たり」を埋める手段を構想し、提言する能力が求められているのである。

さらに、こうしたプロセスを通じて得られるもう一つの能力が「翻訳能力」である。実務家教員には、産業界で使われる言語と学術界で使われる専門用語を、相互に参照可能な形に変換することが期待されている。

複雑化した社会における「実践と理論の融合」は、学術の世界における重要課題の一つと考えられている。そこにおいて、学術界と産業界を結ぶ共通言語を提示できる実務家教員が中心的な役割を担うことは間違いないだろう。

必ずしも、全ての優れた実務家がそのまま実務家教員として活躍できるわけではない。他者からの評価を受け、他者に学び、そして先行研究に学ぶことで初めて、実務家教員としての自らの立ち位置を明らかにすることができる。謙虚に自らを客観視することが、実務家教員となるための第一歩なのである。

それでは、そうした視点や能力はどうすれば身に付くのだろうか。本章では、社会情報大学院大学の運営する養成課程について、その内容をカリキュラムの設計思想と併せて紹介する。

実務家教員養成課程の内容

育成する人材像

養成課程において「実務家教員」とは、民間企業や官公庁、各種団体などで培ってきた知識、経験、あるいはノウハウといった豊富な実務能力を持ったうえで、それらを教育可能な形式知へと変換し、それが既存の知識体系（あるいは学知）において、いかなる位置づけにあるのかを整理する研究能力と、それを多様な受講者の姿に応じて適切に指導できる教育指導力を兼ね備えた者を指す。

すなわち、競争力・実力ある実務家教員にとって必要な素養は、「実務能力・教育指導力・研究能力」の三本柱である。そこで、本研修プログラムは、豊富な実務経験を持つ受講者を対象に、それを効果的に教育できるようになるための教育指導力を高めるとともに、受講者自らが経験知を言語化して体系化し、「実践の理論」を構築する研究遂行能力を養うことを目的として編成する。

養成課程が具体的な到達目標として想定するのは、教育指導力の点では、シラバスや授業計画の組み立てかたを理解し、授業の運営方法を実践的に身に付けることである。また、研究能力の点では、実務経験で得た知識を言語化し、既存の学術領域との関係で体系化していくことで、論文執筆の基礎的な素養を身に付けるとともに、学生に対して論文指導ができるようになることである。

実務能力については、養成課程の序盤において、「自分がいかなる実務家か」「何を教えたいか」といった観点から、自らの経験を省察的に言語化する機会を設ける。これにより受講者は、養成課程全体を通じて「自らの授業にふさわしい教育方法」を常に検討し続けられるようになる。すなわち、養成課程においては、養成する能力は共通しているものの、具体的な成果物は、個々人にカスタマイズされたシラバスや授業計画であり、教員個人調書であり、模擬授業ということになる。

このように、養成課程は、実務の領域にかかわらず、あらゆる領域の実務家が、競争力・実力ある実務家教員として活躍するための基礎的な素養を身に付けることができるものであり、この点に特徴がある。

養成課程の内容

２０２０年3月末現在、東京・名古屋・大阪・福岡の4会場で開講されている養成課程は、15週・30講からなる講義・演習形式の授業と、７講からなる事例研究から構成される。講義・演習形式の授業では、90分を1講とする授業を2講連続で実施し、講義とそれに即した演習を組み合わせて配置している。事例研究は、１２０分ないし１８０分を1講とする構成で実施する。養成課程は、以上の全61時間で構成される。

それぞれの授業は、「ガイダンス」「教育方法」「制度理解」「演習」「研究方法」「事例研究」「キャリアパス」と七つの領域に大別され、実務家教員に求められる「実務能力」「教育指導力」「研究能力」の三つの素養を効果的に身に付けられる構成となっている。

教育指導力の習得に対応するのは、「教育方法」「制度理解」「演習」である。シラバスの作成、効果的な授業の方法、研究指導法、成績評価など、基本的な教育指導力を実践的に身に付けられるよう構成されている。

研究能力の習得に対応するのは「研究方法」である。実務経験で培った実践知を体系化して既存の知識体系に位置づけ、学術論文を執筆する手法の定着を目指す。

実務能力については、自身の実務経験の社会的位置づけを見定めたり、実務に関連する最新の知見を身に付けたりする観点から「キャリアパス」の授業を展開しており、受講者はこのなかで自身の将来構想を検討することになる。

養成課程は、こうした30講の授業に加えて、既に実務家教員として活躍する養成課程の修了生による授業や、教育機関などにおけるコンプライアンスに関する講習、授業設計・論文・公募書類について演習形式で検討する研究会などから成る「事例研究（実務の最先端特講）」を設けている。

図表12－1に養成課程の構成を示し、以下、各週の授業内容について詳述する。なお、本構成は第5期（2020年4月開講）時点のものであり、受講者の反応や社会状況の変化を踏まえて、適宜アップデートされる可能性がある。

週	領域	講	内容
1	ガイダンス	第1講	実務家教員概論 I
		第2講	実務家教員概論 II
2	キャリアパス	第3講	教員調書と実績
		第4講	教員調書と実績演習
3	研究方法	第5講	実践と理論の融合 I
		第6講	実践と理論の融合 II
4	教育方法	第7講	実践講義法 I
		第8講	実践講義法 II
5		第9講	シラバス作成の基礎 I
		第10講	シラバス作成の基礎 II
6		第11講	教授法の基礎 I
		第12講	教授法の基礎 II
7	制度理解	第13講	高等教育論
		第14講	成人教育論
8	教育方法	第15講	教材研究の基礎
		第16講	教材作成演習
9	研究方法	第17講	論文執筆の基礎 I
		第18講	論文執筆の基礎 II
10	教育方法	第19講	ファシリテーション論
		第20講	ファシリテーション演習
11		第21講	研究指導法 I
		第22講	研究指導法 II
12	演習	第23講	成績評価の基礎
		第24講	成績評価演習
13	キャリアパス	第25講	実務家教員のキャリアパス I
		第26講	実務家教員のキャリアパス II
14	研究方法	第27講	論文執筆演習
		第28講	シラバス作成演習
15	演習	第29講	模擬授業 I
		第30講	模擬授業 II
	事例研究	第31～37講	実務の最先端特講

図表12-1　実務家教員養成課程のプログラム構成

第1週　第1講・第2講「実務家教員概論」Ⅰ・Ⅱ

第1週の目的は、実務家教員について、制度の変遷と現状を説明することにより、受講者が養成課程全体を通じてどのような学修をしていくか、イメージを持てるようにすることにある。

第1講では、まず、本研修プログラムの中核的理念として、実務家教員の使命が「実践知（暗黙知）の形式知化」、言い換えれば、「理論と実務の架橋」にあることについて、「知識社会」といわれる現代社会の状況とともに解説する。

第2講では、実務家教員をめぐる需要と制度の現状と課題について説明したうえで、「実務能力・教育指導力・研究能力」の三本柱が、競争力・実力ある実務家教員にとって必要不可欠な要素であり、本研修プログラムのねらいがこれらの能力の育成にあることを説明する。

第2週　第3講「教員調書と実績」・第4講「教員調書と実績演習」

第2週の目的は、受講者が自らの実務経験を正確に認識できるよう促すとともに、それを教員個人調書に落とし込む技法を教授することにある。教員個人調書は、大学教員として就職するうえで必要不可欠な書類であるが、学術領域以外の者にとって、それを書く機会は皆無である。特に実務家教員を志す場合、履歴書および教育研究業績書に、何をどこまで記載すべきか、あるいは記載できるのかといった点について、精査する必要がある。

そこで、第3講の講義、第4講の演習では、受講者における「キャリアの棚卸し」を促し、実務家としての自身の強みを再確認させ、ひいては、「自身の実務経験のうち、なにを指導するのか」という、実務家教員にとって核になる要素を見つめ直す機会を与える。第2週の段階でこうした経験を積むことにより、これより先の授業を、自らの教授したい内容との関連のなかで理解することができるようになる。また、本授業では、教員公募に応募するために求められる「教育研究の抱負」について、具体例を基礎として書き方を教授する。

第3週　第5講・第6講「実践と理論の融合」Ⅰ・Ⅱ

第3週の目的は、受講者の「個人的な経験」を、「単なる経験談」ではなく、普遍的で教育可能な形に昇華するにはどうすればよいか、教授することにある。それは、「実践知（暗黙知）の形式知化」あるいは「理論と実務の融合」という言葉で表される、実務家教員にとって必要不可欠な素養である。

第5講と第6講では、第2週で「棚卸し」した、各受講者の実務経験を基礎として、それらを既存の学問領域との関係上、いかなる形で体系化できるか、検討する。具体的には、「自身の経験・知見で最も主張したいことや伝えたいことは何ですか」、「指導しようと思う実務を構造化・手順化してみてください」といった項目からなるリサーチ・ペーパーを作成することで、受講者自身の実務経験を客観視する契機を与える。

第4週　第7講・第8講「実践講義法」Ⅰ・Ⅱ

第4週の目的は、実務家教員が授業をする上で求められる実践的なテクニックや環境づくりの方法について解説することで、受講者が自ら実施する授業について、イメージを持てるようにすることにある。

第7講・第8講では、「教えること」の専門家による講義から、どのような授業が学生の興味を引くことができるか、どのような講義法を採れば学びを促進できるかといった知見を提供する。具体的には、視線の動かし方、身振り手振りといった事柄を含めて、実際に授業を実施する上での実践的な方法論を指導する。さらに、大学教員として必須の「事務局との連携」についても、基礎的な知見を提供する。

第5週　第9講・第10講「シラバス作成の基礎」Ⅰ・Ⅱ

第5週の目的は、高等教育機関のみならず、あらゆる学びの場における教学マネジメントの基礎となる、シラバスの作成方法を教授することにある。第9講と第10講では、第4週までの授業を通じて、受講者自身の実務経験を体系化する方法と、実際に指導する内容が固まってきたことを受け、15講分のシラバスをどのように組み立てるべきか、具体的に検討する。例えば、講義内容をどのような順番で編成すべきか、理論を扱う単元と実践的な単元のバランスをどうすべきか、といった点について指導する。第5週の授業では、いわゆる「グラフィック・

シラバス」の完成を目指し、それ以降の期間において内容を言語化していく。なお、受講者の作成したシラバスについては適宜提出を求め、添削のうえ返却するとともに、第14週・第28講の「シラバス作成演習」にて、講師および他の受講者からの評価を受ける場を設ける。

第6週　第11講・第12講「教授法の基礎」Ⅰ・Ⅱ

第6週の目的は、第5週の講義で受講者が立案したシラバスを基礎として、それぞれの授業計画に、いかなる教授法・指導法がふさわしいか、検討することにある。

第11講では、講義方法の種類を理解するとともに、知識の定着とモチベーション維持に関する学術理論について教授する。これを踏まえて第12講では、実際の授業設計全体の中で、どのような内容をどのような順番で教えるべきか、具体的な方法論を踏まえて検討する。

第7週　第13講「高等教育論」・第14講「成人教育論」

第7週の目的は、受講者が実務家教員として活動する上で必要な、高等教育と成人教育に関連する制度について教授することにある。制度理解に際しては、現行制度の分析と学術研究の歴史的展開の両者の理解が肝要であり、このことを踏まえて講義を行う。

第13講は、「高等教育論」と題して、専門職大学・専門職大学院を含む高等教育について、基礎的な理解を目指す。第14講では、「成人教育論」について、ペダゴジー（Pedagogy）と比較したアンドラゴジー（Andragogy）の特性を理解するとともに、リカレント教育の対象者が社会人であることを考慮し、彼らにとっていかなる教育方法が効果的か、解説する。

第８週　第15講「教材研究の基礎」・第16講「教材作成演習」

第８週の目的は、受講者が自らの授業で使用する教材について理解し、どうすれば効果的な教材を開発できるか、教授することにある。これまでの講義で、受講者はシラバスの書き方、教授法、リカレント教育の特徴といった点について学修した。それを踏まえて、自身の講義を運営するために、いかなる教材が必要か、また、ふさわしいか、検討する。

第15講では、それぞれのメディア特性の観点から各教材の特性を検討するとともに、教材研究の方法論を学ぶ。第16講ではそれを踏まえ、演習を通じて、自身で教材を選択・作成できるようになることを目指す。

第９週　第17講・第18講「論文執筆の基礎」Ⅰ・Ⅱ

第９週の目的は、受講者の研究能力、とりわけ、実践報告や研究ノートなどを含む学術論文を執筆するために必要な知識を教授することにある。

第17講では、「研究」に関する基礎知識と、研究倫理の重要性を理解するとともに、論文執筆に関する実践的な方法論を学修することで、実務経験を説得的な学術論文に落とし込むことを目指す。

第18講では、学生が論文について何を知りたいか、論文を執筆する上で学生に求められる能力は何か、といった観点から、論文・レポートの指導方法を検討する。併せて、論文・レポートの評価方法についてどう考えるべきか、という点にも言及する。

第9週の終わりには、受講者に対し、これから取り組みたいと考える研究テーマについて、論文のプロットを作成する課題を課す。第14週・第27講で実施する演習の中で、本課題について、講師および受講者相互による添削を行う。

第10週　第19講「ファシリテーション論」・第20講「ファシリテーション演習」

第10週の目的は、理論と実践の両面から、学生に講義参加を促す方法論を教授することにある。問題解決型学習（ＰＢＬ）をはじめ、アクティブ・ラーニングの重要性と効果が指摘される中で、実務家教員もそうした方法を積極的に導入する必要がある。一方で、そのために求められるファシリテーション能力の醸成については、必ずしも従来型の教員養成プログラムでは重視されてこなかった。

第19講では、ファシリテーションに関わる技法について、コミュニケーションの理論を含めて解説する。第20講では、それを踏まえて、受講者同士が小グループに分かれて特定のテーマについてのディスカッションを行う演習に取り組むことで、ファシリテーターの役割を実践的に経験したり、学生からファシリテーターがどのように見えるのかを観察したりする機会を設ける。受講者による相互評価を行うことで、多角的な視点から効果的にファシリテーション能力について学修することを促す。

第11週　第21講・第22講「研究指導法」Ⅰ・Ⅱ

第11週の目的は、大学などにおける効果的な研究指導のあり方について検討することにある。高等教育のみならず、実務教育や専門職教育の場においては、個別相談・指導を実施することが少なくない。その場合、相談内容に即して、指導方法を柔軟に変化させることが肝要である。

第21講と第22講では、相手の能力を最大限引き出すために求められる研究指導のあり方について検討する。受講者が自らに合った指導方法を考案できるよう、講義の中で、徹底した自己分析を行う。

また、研究指導の際にしばしば問題となるハラスメント（セクシュアル・ハラスメント、アカデミック・ハラスメントなど）について、実例を交えつつ、いかなる形でのリスク・マネジメントが可能か、受講者同士の議論を踏まえて解説する。

第12週　第23講「成績評価の基礎」・第24講「成績評価演習」

第12週の目的は、適切な学修を促進する成績評価について、理論と実践の両面から検討することにある。適切な学修を促すためには、講義全体を踏まえた適切かつ段階的な到達目標を定めなければならない。成績評価は、評価される側にとって納得できる基準と根拠を前提としてなされる必要があり、適切な成績評価は、学習意欲を高め、学習自体を促進しうる。

そこで、第23講と第24講では、ルーブリックやGPAといった成績評価の方法に関する理論を学ぶとともに、自らの講義にふさわしい成績評価のあり方について考える。

第13週　第25講・第26講「実務家教員のキャリアパス」Ⅰ・Ⅱ

第13週の目的は、本研修プログラムが終盤に差しかかった段階で、受講者が教員になった後のことをイメージする機会を提供することにある。受講者は、これまでの講義で、実務家教員として活躍するための素養である「実務能力・教育指導力・研究能力」の基礎を学んできた。

そこで、第25講・第26講では、実務家教員や研修講師などになると何が待っているのか、そもそもどういった経緯で実務家教員になったのか、といった事柄について、心構えを含めて、実際に活躍する実務家教員から学ぶ機会を設ける。なお、本演習は、連携校の協力を得て実施する。

第14週　第27講「論文執筆演習」・第28講「シラバス作成演習」

第14週の目的は、第5週の終了後に提出された各受講者のシラバスおよび、第9週の終了後に提出された論文のプロットについて、受講者が相互にレビューする機会を提供することで、自身の実務経験を第三者に納得してもらう方法について、実践的に教授することにある。

第27講・第28講では、まず、提出されたテーマを基礎として受講者をグループに分け、グループごとに受講者同士でゼミナール形式の授業を行う。その中で、それぞれの受講者は、自身のプロットおよびシラバスについてブラッシュアップを図りつつ、ゼミナールの運営方法に関する知見を得ることになる。

第15週　第29講・第30講「模擬授業」Ⅰ・Ⅱ

これまでの14週にわたる講義と実践の中で、受講者は、実務家教員として活躍するための「実務能力・教育指導力・研究能力」を得ることができた。そこで、第15週の目的は、本研修プログラムの総仕上げとして、講義を実践的に組み立てる経験を与えるとともに、それを基礎として、各受講者の達成度を評価することにある。

第29講・第30講では、それぞれの受講者が20分間の模擬授業を実施する。なお、同模擬講義を受講者の授業計画全体の中で評価するため、事前に15回分のシラバスの提出を求める。さらに、全ての模擬授業には、受講者全員が出席し、相互に意見・感想を述べ合うことで、実際の授業と同等の緊張感を持たせるとともに、それぞれの授業について、新たな発見を促す。

養成課程の修了要件は、本演習において、全担当教員による評価を受け、それに合格することである。

第31講〜第37講「実務の最先端特講」

養成課程は、第15週まで、受講者が豊富な実務経験を俯瞰的に認識する方法を提供しつつ、それを前提に、教育指導力と研究能力を身に付けることに力点を置いて展開してきた。これらに加えて、実務家教員に関する最新のトピックスや、実務経験を教育することの具体的なイメージ、さらには、受講者一人一人の「三能力」をさらに醸成していく場を提供することも、養成課程の役割であると考える。

そこで養成課程では、第1講から第30講までの授業と並行して、月2回程度・合計7回の開催頻度で、ゲスト講師を含む多様な教員による授業と研究会を行っている。受講者は、事例研究として、各領域・分野の実務の最新知見を得たり、自身の持つ実務経験の社会的位置づけを検討したりするほか、養成課程の修了生がどのように自身の実践知を教育可能な形式知に変換しているか学修できる。また、教育機関などにおける研究倫理とコンプライアンスに関する単元については、独立した講習会を設けており、高い規範意識を持つ実務家教員の養成に努めている。さらに、授業設計・論文・応募書類のブラッシュアップを図るため、同期間には、研究会形式の授業を展開している。受講者はそれぞれの関心に応じて、単一ないし複数の研究会に参加することができる。

実務の最先端特講では、カリキュラム編成を柔軟に変更することで、各期の受講者にとって最も効果的な学びを実現している。

開講時期・学習時間

養成課程の基本的な開講時期は、4月~8月、10月~翌2月の年2回であるが、受講希望者の動向などを考慮して、6月・12月などに追加で開催する場合がある。実際のところ、2020年3月時点で、第1期（2018年10月~）、第2期（2019年4月~）、第3期（同10月~）、第4期（同12月~）が終了しており、今後も、第5期を2020年4月、第6期を同6月、第7期を同10月に開講する予定である。養成課程に関する説明会などの状況を見ても、実務家教員の社会的認知と関心は日々広がっていることが明らかであり、今後、養成課程のみならず、多様な実務家教員養成プログラムが全国で開講される必要がある。

養成課程の学習時間は、全37講、合計61時間である。このほか、受講者には、「論文執筆演習」「シラバス作成演習」（第14週）および「模擬講義Ⅰ／Ⅱ」（第15週）の準備作業を求める。

なお、社会人の受講者に対応する観点から、本研修プログラムの開講日は、平日夜間・土曜日・日曜日のうちから設定している。また、全ての授業は録画されており、欠席時のフォローのほか、復習に役立てられる体制を整えている。このほか、毎回提出されるミニット・ペーパーに担当教員が必ずコメントを添えて返却するなど、受講者のモチベーションを高める工夫がなされている。

本研修プログラムの修了要件は、①全体で6割以上の出席と、②第15週に実施される「模擬授業Ⅰ／Ⅱ」の演習において、シラバスを提出するとともに、全教員による評価を受け、合格することである。模擬講義には受講者全員が参加し、受講者同士に相互評価の機会を与えることにより、講義方法について、効果的な学修を促す。教員による判定内容は、全て受講者にフィードバックされる。

模擬授業にあたっては、実務家教員に必須の三素養「実務能力・教育指導力・研究能力」のうち、実際の授業方法や話法などを確認することで、教育指導力の定着を評価する。また、自らの実務経験がどのような立ち位置にあるか理解できているか、それを既存の知識体系との関係の中で言語化できているかといった観点から、実務能力・研究能力についても評価する。

なお、最終的な合否の評価にあたっては、第14週に実施する「論文執筆演習」「シラバス作成演習」の成果物や、「実務の最先端特講」の提出物についても判断材料に加える。

これらの評価は、養成課程の担当教員による会議体や、実務家教員COEプロジェクト（第11章）内「プログラム開発会議」で、評価基準となるルーブリックを作成し、それに基づいて行っている。

また、養成課程の修了者には、文部科学省職業実践力育成プログラム（ＢＰ）の規定に基づき、履修証明書および修了証を発行することで、学修成果の可視化を図っている。同修了証は、質の高い実務家教員を採用したいと考える大学・企業などにおいて、一定の指標となりうる。養成課程の修了者が実務家教員として活躍する例については、本章末尾のコラムにて紹介する。

実施体制と修了生の状況

実施体制

養成課程は、社会情報大学院大学が２０２１年度４月の開設に向けて設置構想中の先端教育研究科（仮称）の専任教員が中心となって実施している。同研究科は、社会学・教育学を専門とする研究者教員のほか、「知識の体系化」や「教授方法」に特化した実務家教員を擁する予定である。

養成課程では、教育・指導法をめぐる研究者教員や実務家教員を擁する本学の強みを活かし、例えば第7週の「高等教育論」「成人教育論」といった、教育制度などに関係する授業を研究者教員が担当する一方で、第4週の「実践講義法」や第11週の「研究指導法」といった実践的な授業では、大学教員のみならず私教育や人材育成領域における勤務経験と実績を持つ「教えることを専門とする実務家教員」が講義・演習を担当するなど、授業のねらいや内容に即した教員配置を行う。これにより、高等教育機関に留まらない、さまざまな教育実践の場で役立つ学修を促している。

２０２０年3月末現在で養成課程を担当する教員の一部を紹介する。

養成課程のうち、理論的・制度的骨格をなす内容を担当するのは、社会情報大学院大学教授・先端教育研究所所長の川山竜二である。知識社会学を専門分野とする川山は、「社会動向と知の関係性」をテーマに、専門職大学、実務家教員養成の制度設計に関する研究発表と講演・コンサルティング、メディアでの解説を多数行っており、専門職業人養成の第一人者といえる。また、専門職大学院をはじめ専門学校から予備校まで、さまざまな現場で教鞭を執ってきた実績を持つ。こうした専門性を活かして、川山はこれまで、ＦＤプログラムの企画・運営を多数担ってきた。第1週「実務家教員概論Ⅰ・Ⅱ」、第3週「実践と理論の融合Ⅰ・Ⅱ」は、川山の研究領域を正面から扱う内容であることから、受講者に適切な学修を促すことが期待されている。

実務家教員である廣政愁一は、教育方法のうち、実践的な方法を教授する授業を担当する。

廣政は社会情報大学院大学 先端教育研究所客員教授であり、先端教育研究科（仮称）設置後は、専任教員に就任予定である。教育ビジネスと講義法を専門分野とする廣政は、予備校講師、学校内予備校の全国展開、私教育全般に関わる企業の経営を経て、２０１５年に設立された私教育事業者の代表を務めている。廣政のような「教えること」そのものの専門家が第４週「実践講義法Ⅰ・Ⅱ」を担当することは、受講者の「教育指導力」醸成の観点から、きわめて有効であるとともに、受講者のモチベーションアップにつながると考える。

また、第13週「実務家教員のキャリアパス」、第14週「論文執筆演習／シラバス作成演習」、第15週「模擬授業Ⅰ・Ⅱ」には、実務家教員ＣＯＥプロジェクトにおける連携校の教員も参加している。例えば、受講者の専門性に対応する形で、連携校より適切な教員の派遣・推薦を依頼するなど、複眼的な視点で養成課程を運営している。

修了生のデータ

養成課程は、２０２０年３月末現在で第４期までが終了している。前述の通り、養成課程は多様なバックグラウンドを持つ受講者に共通して求められる能力の醸成を目的としている。受講者の業種別属性は図表12－２の通りである。

「学術研究、専門・技術サービス業」の割合が大きいのは、高等教育機関などで活躍する現役

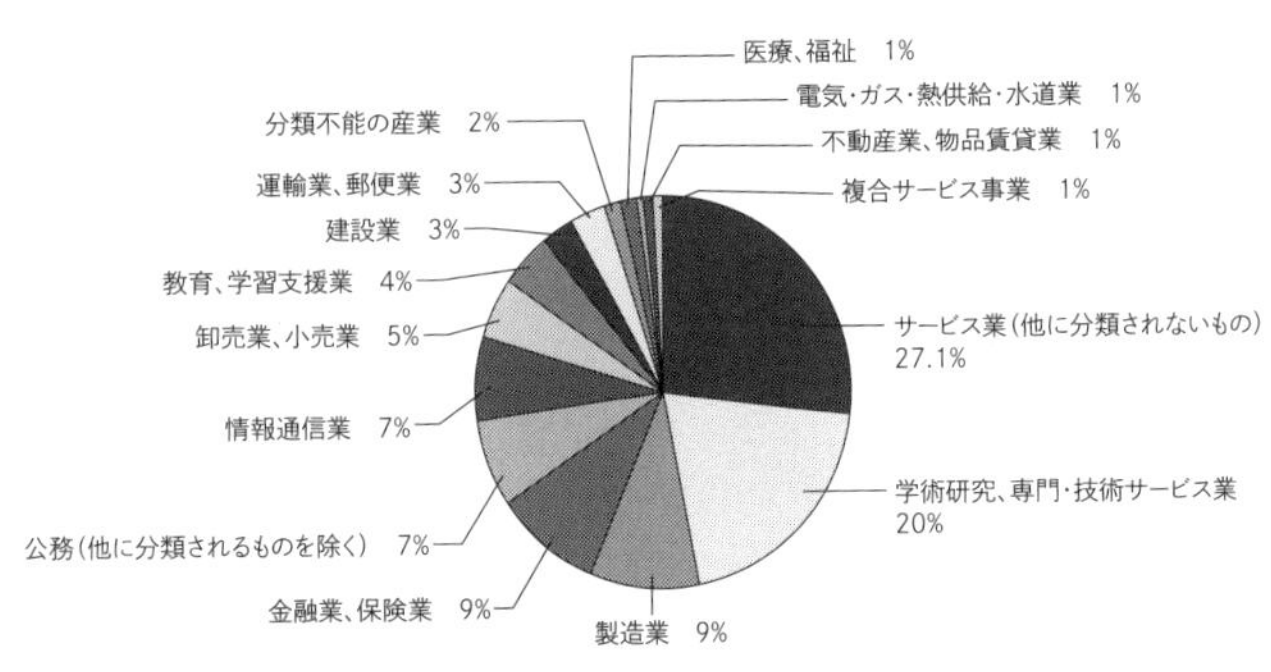

図表12-2　実務家教員養成課程受講者（1～4期）の業種別割合（日本標準産業分類に基づき、実務家教員COEプロジェクト事務局作成）

の実務家教員や研究者教員が養成課程を受講している例が見られるためであり、これは養成課程がFDプログラムとしての役割を担いうることを示唆している。それ以外に特定の業種への偏りは見られず、多様な実務家が実務家教員となるうえで必要なスキルを修得するため、養成課程を受講していることがわかる。

一方で、受講者は必ずしも実務家教員を志す者ばかりではない。すなわち、企業の人事担当者や研修担当者、スキルアップを目指すキャリアコンサルタント、これまでに培ってきた実践知を何らかの形で後世に伝えていきたいと考える個人の方にとっても、養成課程に期待するところは大きいようである。

また、実務家教員ＣＯＥプロジェクトが採択された文部科学省補助事業は、企業との連携により実務家教員を養成・普及することを目的としており、養成課程も、各期に数名ずつ、企業などから派遣された受講者が所属している。派遣する側の企業としては、従業員が実務家教員として学術界と産業界を往還し、自社に新たな価値を創出することを期待しており、そのための第一歩として、養成課程を活用している例が見られる。

おわりに

以上の通り、社会情報大学院大学 実務家教員養成課程は、受講者の専門性を問わず、教えたい全ての方に、活躍するための素養と競争力の双方を提供する教育プログラムである。

今後、養成課程は全国展開を予定しているが、それ以外にも、特定の実務に特化した課程が全国で次々に開講されることが予想される。こうした新たなプログラムとも連携しつつ、質の高い実務家教員を国内外に多く輩出することは、高等教育や組織内教育の質向上につながり、ひいては学術界と産業界双方の発展を支えることになるだろう。

そうだとすると、実務家教員に共通して求められる能力を醸成する養成課程に求められる役割と責任は大きい。したがって養成課程は、課程の内容や実施体制について、連携校・連携企業などの協力を仰ぎつつ、不断のアップデートを試みている。

養成課程の受講者や、あるいは説明会にお越しいただいた方からしばしば尋ねられるのが、「私の実務は実務家教員として求められていますか?」という質問である。本書がこれまでに論じてきた通り、複雑化した現代社会においては、社会に散在するあらゆる知識を総動員して社会課題の解決に取り組む必要があり、一方で、学術界と産業界の往還は、これまでに存在しなかった新たな価値を創出する可能性を秘めている。

したがって筆者自身はこの質問に対して、次のように回答している。すなわち、「全ての実務経験が、社会で共有される価値を持っています。教育の場は大学かもしれないし、専門学校かもしれないし、企業や業界団体かもしれません。実務家教員として必要なスキルを備えていれば、教育の場を自ら作り出すことだってできます」と。

社会情報大学院大学は、実務家教員を「教育変革のエージェント」と捉えている。これまでになかった新たな教育、新たな教育の場、新たな教育コンテンツを創造するための能力を提供することが、「実務家教員を養成する」ことの中心に位置づけられるのではないだろうか。

参考文献

橋本純次（2020）「教員養成プログラムを活用し実務家教員に必要な学びを得る」、『月刊先端教育』2020年2月号、pp.64－65.

橋本 純次（はしもと じゅんじ）

社会情報大学院大学 広報・情報研究科 助教。東北大学 公共政策大学院修了後、英国ロンドン大学ゴールドスミス校への留学を経て、東北大学 大学院情報科学研究科修了。博士（学術）。専門職大学院において、実務家教員と研究者教員双方による研究指導を通じて「実践と理論の融合」の視座を修得。実務家教員養成課程では、その経験を活かして指導にあたっている。専門はメディア論（民放地方テレビ局／オーディエンス研究）と放送政策。

Column

実務と研究を両立し、金融プロの後進育成を

社会情報大学院大学の実務家教員養成課程の第１期修了生である山口智弘さんは、金融関係の実務経験を経て、現在は専門職大学院で実務家教員として研究をしながら官公庁に勤務している。実務家教員を志望した背景、同養成課程で身になったこと、現在の研究活動などを伺った。

山口 智弘

2017年3月東京工業大学大学院イノベーションマネジメント研究科イノベーション専攻修了。博士（工学）。ビジネス・ブレークスルー大学大学院経営学研究科経営管理専攻助教。山一証券株式会社、大手資産運用会社などを経て現職。2019年1月社会情報大学院大学・実務家教員養成課程を修了（１期生）。著書『ファイナンスへの無形資産価値評価モデル』（日本評論社）。

転職を経てキャリアを高め博士号を取得

――実務家教員を志望したきっかけは何ですか。

20代の頃、証券会社に入社しました。ところが入社3年目に経営破綻します。この時「この先、一つの会社に『就社』は期待できないな」と思ったんです。

そこで専門スキルを高めることが、これからの時代、特に重要になると確信し、働きながら大学院に行くことにしました。当時は金融分野のデータ分析や理論構築の専門性を高めることが武器になると予想し、経済学の修士を初めに取得。以降、三つの大学院を経由しながら研究を続け、最終的には博士号の取得を目標にしました。

博士課程の当時、仕事はファンドの運用など金融の実務経験を積み重ねつつ、安定した会社で働いていましたが、学位取得の最終段階で多忙を極める企画部門に異動しました。このまま会社人生を続けるか、研究に打ち込むか迷っていたところ、「博士号を取って世の中の役に立ちたい」といった私に亡くなった父も「ぜひ取りなさい」といって応援してくれていました。会社人生と父との約束、キャリアを秤にかけた結果、大学院での研究と両立可能といわれた会社へ転職。最終的には、東京工業大学大学院で2017年に博士号を取得しました。

転職先でも仕事上の成果を出して社内表彰などいただきましたが、博士号も取得し、これからは実務家教員として自分と同じように金融の道を目指す人を教育したいという思いが強くなり、実務家教員養成課程に申し込みました。

教員調書のノウハウは一番の得難い経験

――実務家教員養成課程を受けて役立ったことをお聞かせください。

やはり書類の書き方ですね。シラバスや教材の作り方、論文執筆などいろいろ教わりましたが、特に教員調書のノウハウが最も得難い経験でした。教員調書の書きぶり次第で教員採用の可否に大きな影響があると思うんです。そこをしっかり教えてくれたので、いま教員になれたのかと思います。

特に教員調書で印象深いのは、抱負欄の書き方です。講師の方から、大学のポリシーと自分の特性が重なり合うところで一ひねり加えて書きなさい、とご自身のエピソードを交えながら教わりました。こうした教員の方から普通は聞きにくい話を聞けたのが大きかったですね。おかげさまで大学院への応募の際も、教員調書を戦略的に書くことができました。

――その他に身に付けたスキルや視点はありますか。

講義の話し方、1コマごとの組み立て方、プレゼン資料の工夫などが参考になりました。パワポの文字は何ポイント以上とか、ここまで細かく指導されるのかと。ある講師の方は「教員それぞれの話し方、資料の作り方が生きた教材」と話していましたが、まさにその通りなんですよね。

模擬講義でもその辺を参考にして実践しました。終了後の講評では、非常に的確なアドバイスをいただきました。あの講評もしかるべき立場の方からしっかり見ていただいた得難い経験かと思います。

実務と研究の両輪で後進育成の道を

――現在の実務家教員としての勤務について教えてください。

今は、官公庁で働きながらビジネス・ブレークスルー大学大学院（ＢＢＴ）に勤務しています。大前研一氏が創った学校で、もう10年以上の実績となっています。ＢＢＴは４年制と大学院と両方ありますが、大学院はほぼ社会人です。ビジネススクールなので、自分で起業される学生も多く、中には上場した方もいるようです。

私の場合は実務経験と博士号を評価いただき、研究活動を期待されて採用されたようです。今、大学には認証評価制度がありますので、研究成果はこうした認証評価に関わってきます。仕事は結構自由にやらせてもらっていますが、研究成果への期待も大きいので、その分プレッシャーも大きいですよ。

――ＢＢＴとこれまでの実務経験や研究活動にはどの程度の関連性がありますか。

ほぼ関連しています。これまでの仕事はファンドの運用をやっていました。運用は会計と経済、経営、あとは工学系、そういったものすべての知識を使って資金運用しています。金融は文系っぽいイメージを持たれる人も多いようですが、金融工学はまさに数理系工学の知識が必要で、数理モデルと大量のデータを使って株価をはじき出す場合もあるので、金融業界も理系人材の需要が高まっています。

ＢＢＴでの私の研究テーマは、企業や無形資産の価値評価、ファイナンス、研究開発マネジメントなどですね。

――今後の目標をお聞かせください。

官公庁の仕事は公益的な貢献と、今後の教育に厚みを持たせる意図もあります。基本的には収益追求が目的となる民間企業と、公の利益が目的である公務員とは、全く立ち位置が異なり、多面的な見方ができるようになるため、官公庁でのキャリアは実務家教員として武器になると思っています。

今は仕事と研究の「二足のわらじ」ですが、今後、父と約束した社会貢献を果たすために、もっと研究の方を太く進めたらなと思います。とはいえ、実務家教員は実務に関わり続けることも大切なので、実務と研究・教育の意識は大事にしていきたいです。

今後は自分と同じように金融のプロを目指す人も含め、実務経験を生かして教育で還元したいなというのが率直な思いです。

東工大での恩師から「研究だけは続けろ」という言葉がありました。この教えを胸に自分も常に研究を続けて、新しいことを生徒に還元していかなくてはなりません。その意味でも、実務と研究の両立を今後とも続けていきたいですね。

（月刊「先端教育」創刊準備号より編集のうえ再掲）

Column

経験知を「次の世代」に生かす実務家教員の醍醐味とは

仁保聡一郎さんは経営コンサルタントとして活躍する傍ら、社会情報大学院大学での実務家教員養成課程の受講を経て、専門学校2校の非常勤講師を務めている。若い学生に教えることの苦労や、養成課程からの学び、実務家教員として働く醍醐味を聞いた。

仁保 聡一郎

1991年よりソニー株式会社にて、放送業務用デジタルVTRの開発・設計、家庭用ビデオ商品の商品企画・戦略、業務用・医療施設用映像システムの事業推進などに携わり、2018年7月に退社。同年、法政大学大学院イノベーション・マネジメント研究科修了。経営管理修士（専門職）。現在、ブルーモーション代表、中小企業診断士、法政大学大学院イノベーション・マネジメント研究科 特任講師。

「学び直し」を通して生き方を見直す

――仁保さんはなぜ、実務家教員を目指したのでしょうか。

私は長年電機メーカーに勤務していましたが、人生100年時代と言われる中で、自分自身の「学び直し」を通して生き方を見直し、2019年4月から中小企業コンサルタントとして独立しました。社会人としての経験知を企業経営に役立てるのが今の仕事ですが、同時に、いずれはその経験知を学生や若い世代にも役立てたいという気持ちがありました。実務家教員養成課程もそのような学び直しの一環で、募集告知を見て、今のうちに学んでおこうと考え応募しました。

――養成課程を修了してすぐに、専門学校2校に非常勤講師として採用されたそうですね。

実は受講開始した時は、実際に教員の仕事をするのはもっと先のことと考えていたのですが、ビジネス系の科目の募集案件があることを知り、「せっかく学んだのだから」という気持ちで二つの専門学校に応募してみたところ、思いがけずどちらも採用が決まりました。自分の社会人経験や、社会人大学院で「学び直し」したことをかみ砕いて、20歳前後の学生でも理解でき、彼らの意欲を掻き立てられるような授業を実践しようとチャレンジを続けています。

一つは語学系の専門学校で、卒業生は航空・ホテル業界などで多数活躍しています。必修の「キャリア開発」という科目を担当し、企業や経営者のケーススタディーを通じて社会人として働くためのビジネス知識を養成しています。学生にとって先生であると同時に社会人の先輩としても接するように心がけています。

もう一つはビジネス系の専門学校で、留学生が多く、日本語は話せますが国ごとの文化や受けてきた教育が異なり、読み書きレベルにも差があるため、苦労はより大きいですね。マーケティングを教えていますが、いわゆる教科書通りの知識を伝える内容ではなく、実践知として役に立ち、同時に日本語の勉強にもなるように、テーマの設定やレジュメにも工夫しながら進めています。

――就職活動などに養成課程は役立ちましたか。

まず、会社員時代には「授業を設計する」という機会自体がありませんでした。教授法を知り、シラバス作成を通して通年の授業を設計する方法、教材の作り方や成績評価など、実践を交えてさまざまな知識を得られましたし、それらを思い出しながら実際の授業を行っています。また「教員調書」について、その書き方を含めて教わり、自分のキャリアや実績を教育機関に伝える方法を学んだことも大きかったと言えます。これは、もっと先と考えていた教員の仕事に応募してみるという行動のきっかけになりました。養成課程で履修したことも履歴に書き添えましたので、全く教員経験のない私を採用していただけた理由には、養成課程の効果もあったのかなと思います。

また、養成課程の中で模擬講義を行ったことも役立ちましたね。一つの専門学校では選考の過程で30分のサンプル講義を求められましたが、しっかりと準備することができました。

講師、受講生からの学びが力に

――専門学校で実践している授業には、養成課程での経験は生かされていますか。

講師の皆さんから、色々な講義スタイルやアイデアを吸収できたので、それに自分ならではの「ひと味」を加えて実践しています。例えば、ファシリテーション演習では「好きな食べ物と嫌いな食べ物を絵で表現する」というものがあり、専門学校の授業にも取り入れました。絵を通じて学生とコミュニケーションが生まれますし、「自分の好きなものを起点に自己表現したり、自分のキャリアをイメージすることが大切」ということも教えられます。ほかにも授業後のミニット・ペーパーで学生の理解度や関心を測る方法を実践しています。

ほかの受講生からもたくさんヒントを得ました。ある受講生は、大学生を想定した模擬講義の際に、穴開きレジュメを作っていました。この手法は若い学生の学習意欲を高めるのに有効だと感じ、早速取り入れています。養成課程の受講生は、皆さんいろいろなバックグラウンドを持っているので、受講生同士の学び合いやコミュニティが生まれることも魅力の一つだと思います。

クイックにPDCAを回す

――実際に実務家教員として働いた感想はいかがですか。

覚悟はしていましたが、始めてみると本当に大変ですね。教材や講義資料などのストックが乏しい状態で教員をスタートすることの苦労を味わっています。

社会人ならば少々退屈な内容でも我慢して聞いてくれますが、若い学生はすぐに集中力を失くし、それが授業態度にも表れますのでシビアです。15人程度の学生ならば顔と名前を覚えてインタラクティブな授業ができますが、50～60人を相手にする授業では、講義内容、レジュメ、タイムマネジメントに一層の工夫が必要です。教室に入ったら、全て自分だけで対処しないといけないという緊張感もありますので、毎回全力投球で、慣れるまでは毎日ヘトヘトになっていました。

でも、後悔は全くありません。授業で何をどう教えるかは教員に任されているので、自分のクリエイティビティをとことん発揮することができる場でもあります。何か反省点を見つけたらすぐに次の授業で改善策を実践することもできます。非常にクイックにＰＤＣＡを回していけるため、会社員時代にはなかった爽快感も味わっています。講義方法に何か新たな工夫をすることは、失敗の恐怖との戦いでもあるのですが、「リスクを恐れずにチャレンジする」ことが成長につながるのは、ビジネスの世界と同じですね。

――今後の目標について聞かせてください。

まず、ご縁を頂いた2校で精いっぱい頑張ろうと思っていますが、実務家教員としては、先々は社会人やビジネスパーソンの「学び直し」の場にも挑戦していきたいですね。私自身、実務家教員養成課程だけでなく、中小企業診断士の資格を取得する際には法政大学経営大学院に通いましたので、その経験も生かせると考えています。

教員以外の業務としては、コワーキングスペースやシェアオフィスといったコミュニティ型ワークスペースの運営者の方々に対するコンサルティングも行っています。自分自身でも現在運営している小規模なワークスペースを発展させて、大人の方向けの「学び合いの機能を持ったワークスペース」を作っていきたいと考えています。これはフリーランサーや複業・起業志望のサラリーマンなど多様な人が利用するコワーキングスペースで、それぞれの持ち味を集めて学び、刺激し合って、何か新しいことが生み出されるような場です。長い企業人生で培ったエンジニアリング、プロダクトマーケティング、ビジネスプランニングの現場経験と、若者向けの教育現場の知見を融合させながら、「次の世代」に対する貢献を進化させていきたいと思います。

（月刊「先端教育」創刊準備号より編集のうえ再掲）

あとがき

——実務家教員をめぐる有意義な実践・研究を目指して

昨今、「実務家教員」という言葉をさまざまな場面で目にするようになってきました。政策文書や学術界における議論だけでなく、一般紙や企業向け雑誌などで特集が組まれることも少なくありません。しかしながら、そもそも実務家教員とは何か、どのような経歴や知識・スキルを持った人材がどのような場で実務家教員として活躍しているのか、実務経験を有する人材が実務家教員になりたい場合にどのような機会を活用すればよいのか、といった点については、わが国において共通理解が十分に醸成されていないのではないでしょうか。このままでは、「実務家教員」という言葉だけが独り歩きし、実務家教員の育成・登用を推進するにしても批判的な立場を取るにしても、有意義な実践・研究に結び付かないかもしれない。そうした問題意識から、本書は一般向け書籍として、実務家教員をめぐる理論的な背景や政策動向（第1部、第2部）、実際に活躍している実務家教員の事例など（第3部）を概観した上で、文部科学省「持続的な産学共同人材育成システム構築事業」による具体的な取り組み（第4部）を紹介してきました。

今回の試みが、広く社会に対して十分な価値を提供できているか否かは読者の皆さまに委ねることとなりますが、少しでも多くの人が実務家教員に関する理解を深める一助となれば幸いです。

本書の執筆・編集を通じてあらためて感じるのは、実務家教員に関する実践・研究の領域は非常に多岐にわたるということです。例えば、第1部や第2部の各章においては、マクロレベルの社会・経済的変化や政策動向を踏まえて、どのような知識・スキル・経験を有する人材が実務家教員として活躍することが期待されているのか、リカレント教育との関係で実務家教員をどのように位置付けることができるのか、そして実務家教員をめぐって議論されている主な課題と対応策は何か、などを概観しました。

しかし、ここで提示している理論的な枠組みや制度理解がどのくらい一般化できるのかということについては、現時点で必ずしも十分に検証されていないため、引き続き社会動向やさまざまな施策・取り組み事例を踏まえて精緻化していく必要があります。実際、第3部で紹介したような各企業・教育機関や個人（実務家教員）の活動は多様で、第1部・第2部で示した考え方を超えて産官学が連携し、豊富な知識・スキル・経験を持った実務家教員が社会的なインパクトをもたらしているケースも見られます。

実務家教員に関する取り組みを推進するか抑制するかにかかわらず重要なのは、産官学連携のもと、関連する議論や活動について継続的に情報を収集・分析・共有し、その成果や課題を明らかにした上で、今後の方向性を具体的に描いていくことでしょう。そのためには、「実務家教員は素晴らしい」、「実務家教員は高等教育の質を下げるだけだ」といった特定の見方に固執するのではなく、本書を通じて論じてきたように、質の高い実務家教員を持続可能な形で育成する仕組みを構築・展開しながら適切に振り返り、より有意義な学修機会を多くの人が得られるよう前向きに検討することが不可欠です。

例えば、仮に実務家教員が十分な教育指導や学術研究を実践できていなければ、その要因を明らかにし、本書第4部で紹介したような養成システムを改善しつつFD（ファカルティ・ディベロップメント）の場を提供する、あるいはどうしても実務家教員で対応するのが難しい領域があれば、いわゆる研究者教員による対応を強化する、といったアプローチも選択肢になるでしょう。他方、実務家教員が従来の高等教育機関などでは実現できなかった新たな学びを提供できている場合には、その実践自体を体系化して広く普及することも有意義と考えられます。

繰り返しとなりますが、このように持続可能な仕組みを作り上げるためには、実務家教員を養成する課程やFDのプログラムを設置・提供し、実務経験者が研究能力や教育指導力を確実に身に付けられるような機会を拡大するのはもちろん、実践知を形式知・学知へ昇華するための方法論や実務家教員による効果的な教育指導法などを、一つの学問領域として研究していくことも重要です。また、客観的に実務家教員およびその育成機関・プログラムの質を担保するための認証評価制度や、産官学の関係者が定期的に情報交換やネットワーキングを行うためのプラットフォーム、実務家教員を必要とする高等教育機関や民間企業などと実務家教員を目指す人材とのマッチング、そして関係者以外も含めた多様な層に対する知見の普及なども大切となってきます。第11章でも紹介しているように、文部科学省「持続的な産学共同人材育成システム構築事業」の各中核拠点校・

連携校を中心として進められている取り組みは、この基盤となります。

これらの活動を推進するにあたっては、多様な個人や組織の参画・協働が欠かせません。例えば、実践知と学知の往還に関する理論や実務家教員の教育指導法などに関する議論にあたっては、実務家教員自身はもちろん、実務家教員が活躍する高等教育機関や民間企業、さらには関連領域を専門とする研究者教員が知見を出し合うことが重要です。また、個々人が実務家教員として求められる資質・能力を身に付けた後、実務家教員として各界で活躍するための仕組み（マッチング）を構築する上では、人材の送り手であり受け手でもある産業界、同様に人材の養成機関であり受け手でもある大学や専門学校など、そして関連施策・制度を策定・運用する官公庁といった多様な主体が協力し、実務家教員養成のためのプログラムとその後の出口を有機的につないでいくことが求められます。

こうした取り組みは始まったばかりであり、海外も含めて先行事例のない新たなモデルを一から構築する試みであるため、一朝一夕に実現できるものではありません。しかしながら、産官学が連携して実践・研究を進めることで、素晴らしい実務経験と高い見識を有する人材が、実務家教員としてのキャリアに関心を持って研究能力や教育指導力を身に付け、より多くの人に知見を伝えていけるような環境を構築することができれば、個人にとっても社会全体にとっても有益と言えるでしょう。

なお本書は、前述のとおり文部科学省「持続的な産学共同人材育成システム構築事業」の中核拠点校である社会情報大学院大学が「実務家教員COEプロジェクト」の一環として刊行するものです。執筆・編集にあたっては、各章をご寄稿いただいた方々や事例紹介の対象とさせていただいた関係各位・機関をはじめ、「実務家教員COEプロジェクト」の連携校および連携企業、その他多くの方々に貴重なご支援・ご助言などをいただきました。これらのご厚意がなければ、本書が完成することはありませんでした。本来であれば、個別に名前を挙げて謝すべきところですが、紙幅の都合上割愛させていただき、この場を借りて心より御礼申し上げます。今後も、読者の皆さまをはじめ多様な個人・組織と連携をしながら、実務家教員をめぐる有意義な実践・研究を推進したいと考えています。本書がそのための一歩となれば、またとない喜びです。

2020年3月

編者を代表して
実務家教員COEプロジェクト事業責任者
川山 竜二

実務家教員への招待

人生100年時代の新しい「知」の創造

発行日　2020年3月15日　初版第1刷発行

編　者　実務家教員COEプロジェクト
著　者　川山 竜二・池田 眞朗・佐藤 浩章・乾 喜一郎・
宮田 一雄・坂本 清恵・竹安 聡・須賀谷 映子・
富井 久義・橋本 純次
発行者　東 英弥
発　行　学校法人先端教育機構 社会情報大学院大学出版部
〒169-0075　東京都新宿区高田馬場1-25-30
編集部　03-3207-0005
販売部　03-3478-8402
https://www.mics.ac.jp/
発　売　学校法人先端教育機構
印刷・製本　シナノ書籍印刷株式会社
DTP　株式会社鷗来堂

本書は、文部科学省の補助事業「持続的な産学共同人材育成システム構築事業」において、実務能力・教育指導力・研究能力を兼ね備えた質の高い実務家教員の育成と普及に取り組む「実務家教員COEプロジェクト」の一環として発行するものです。

ISBN 978-4-910255-01-9